北京师范大学珠海分校精品教材

大学体育 保健与康复教程

王月英
赵　轩　主编

中国纺织出版社

内 容 提 要

体育保健与康复教育是高校素质教育的重要组成内容，是促进大学生身心健康发展的基础课程内容，对于改善大学生的体质状况、发展大学生的身体素质、提高大学生社会适应能力具有重要的促进作用。本书重点对大学体育保健与康复进行了系统研究，理论部分在阐述体育锻炼价值及意义、体育锻炼与大学生身心健康、体育锻炼与肥胖内在联系的基础上，指出了体育锻炼对于残障人及各类疾病康复的重要意义，并就体育锻炼的生理反应处置、损伤防治、医务监督、处方制订、中医保健、按摩等展开详细地论述。实践部分就不同体育运动项目的科学开展进行了详细解析，包括篮球、排球、乒乓球、羽毛球、健美操、游泳、瑜伽、太极拳、太极柔力球、滑冰、滑雪等运动，便于学生有选择性地学练。整体来看，本书逻辑清晰、结构完整，内容丰富，理论与实践结合紧密，对当前高校体育教育课程的开展与完善具有一定的指导作用。

图书在版编目（CIP）数据

大学体育保健与康复教程 / 王月英，赵轩主编 . --
北京：中国纺织出版社，2018.5（2025.2重印）
ISBN 978-7-5180-2543-5

Ⅰ . ①大… Ⅱ . ①王… ②赵… Ⅲ . ①体育保健学—高等学校—教材 Ⅳ . ① G804.3

中国版本图书馆 CIP 数据核字（2016）第 078025 号

责任编辑：姚 君 责任印制：储志伟

中国纺织出版社出版发行
地址：北京市朝阳区百子湾东里 A407 号楼 邮政编码：100124
销售电话：010-67004422 传真：010-87155801
http://www.c-textilep.com
E-mail:faxing@e-textilep.com
中国纺织出版社天猫旗舰店
官方微博 http://www.weibo.com/2119887771
北京虎彩文化传播有限公司印刷 各地新华书店经销
2018 年 5 月第 1 版 2025 年 2 月第 8 次印刷
开本：787×1092 1/16 印张：18.25
字数：444 千字 定价：98.50 元

编写人员名单

主　编：王月英（北京师范大学珠海分校 副教授）
　　　　赵　轩（北京师范大学珠海分校）
副主编：王金玲（北京师范大学珠海分校）
　　　　李文武（北京师范大学珠海分校）
　　　　郑文方（暨南大学珠海校区 副教授）
　　　　杨名晨（哈尔滨医科大学 教授）
编写人员名单：（以姓氏笔画为序）
　　　　王月英（北京师范大学珠海分校）
　　　　王金玲（北京师范大学珠海分校）
　　　　王翠云（黑龙江省电力学校）
　　　　王建军（北京师范大学 教授）
　　　　王楚雯（北京师范大学 研究生）
　　　　林　丽（哈尔滨医科大学）
　　　　吴　艳（哈尔滨医科大学 教授）
　　　　李文武（北京师范大学珠海分校）
　　　　杨名晨（哈尔滨医科大学 教授）
　　　　杨印川（哈尔滨医科大学 教授）
　　　　郑文方（暨南大学珠海校区）
　　　　高　升（北京师范大学珠海分校）
　　　　徐海博（北京师范大学 研究生）
编委会秘书长：王楚雯　徐海博

编者导语

为深入贯彻落实教育部、广东省教育厅有关文件精神，根据《北京师范大学珠海分校关于实施教学"质量工程"的意见》有关计划和要求，坚持"以人为本、健康第一"，着眼于学生全面发展和未来发展，结合我校实际情况，寻找实际性突破，对公共体育保健课进行教学模式改革，经过五年多的教学改革与实践，基本形成了新的教学模式和理论体系。为进一步完善体育健康保健教学，现将积累的教学经验、课件、教案、讲义等教学资源汇编成教材。

本教材主要研究内容包括基础理论和运动实践两大部分，基础理论涉及体育锻炼的价值及意义、体育锻炼与大学生身心健康、体育锻炼与肥胖、体育锻炼与残障人、各类疾病的康复、体育锻炼中常见的生理反应及处置、体育锻炼中运动性损伤的预防和处置、体育卫生与医务监督、运动处方的应用、体育康复保健中医方法、体育康复主要按摩方法与应用等。

运动实践包括：篮球、排球、羽毛球、乒乓球、太极柔力球、太极拳、瑜伽、健身操、游泳、滑冰、滑雪等项目。

《大学体育保健与康复教程》就是运用运动医学基础理论知识，对人体在运动状态下的身体机能状况进行评定，并将理论知识与运动实践融合，科学地指导运动实践，达到健康保健功效目的，此教材适合普通高校公共体育教师、学生学习和借鉴。此外，本教材在编写过程中，王建军、郑文方、王大刚三位同志在资料整理、录入、勘误方面做了大量工作，哈尔滨医科大学、暨南大学珠海校区、北京师范大学珠海分校、黑龙江省电力学校为本教材提供了部分插图及拍摄的照片，在此表示衷心感谢。

限于编者知识面的局限性，书中不当与错误之处在所难免，亟盼教师、学生及读者批评指正。

编者

2016.1.17于珠海

序　言

　　《大学体育保健与康复教程》为2015年北京师范大学珠海分校校级质量工程精品教材立项项目，经北京师范大学珠海分校体育教学指导委员会审定：内容系统、全面，以运动项目练习促进学生健康为主线，融体育知识、健康知识、营养知识、体育文化于一体；以促进健康为目标，以和谐发展为追求，实现体育课程促进身体健康基础上的心理健康和社会适应性的全面发展；以运动项目练习为手段，设计了针对增进身体健康、心理健康和社会适应能力的练习方案，为体育锻炼促进人的健康提供了理论和实践指导。

　　《中共中央国务院关于深化教育改革全面推进素质教育的决定》中明确指出"健康体魄是青少年为祖国和人民服务的前提，是中华民族旺盛生命力的体现。学校教育要树立'健康第一'的指导思想，切实加强体育工作。"为贯彻落实"健康第一"的指导思想，结合我国普通高等学校体育教学改革实际，2002年8月，教育部颁布了《全国普通高等学校体育课程教学指导纲要》（以下简称《纲要》）。《纲要》将体育课程主要使学生获得运动知识、技术和技能以及增强体质，扩展到促进学生的生理健康和社会适应能力的提高，强调体育课程的健康促进功能。基于《纲要》对体育课程的指导思想、课程性质、课程目标、课程内容、课程组织和课程评价等方面的重新定位和普通高等学校体育教学条件的现实状况，我们组织编写了这本《大学体育保健与康复教程》。

　　本书适合作普通大中专高等学校公共体育保健课通用教材及参考书。全书分为理论篇和实践篇两大部分，各章节由以下人员编写：大学体育保健与康复课程导学，实践篇中篮球运动导学、排球运动导学、游泳运动导学、滑冰运动导学、滑雪运动导学及基础理论篇中第一、第二、第五、第六、第七、第八、第十：王月英；第三章：吴艳；第四章：吴艳、杨印川；第九章：杨名晨。实践篇：第十一章：王金玲；第十二章：王楚雯、徐海博；第十三章：王建军、王翠云；第十四章：林丽、王建军、王月英；第十五章：杨印川、王翠云；第十六章：李文武、高升；第十七章：郑文方。

目　录

体育保健与康复课程导学 ··· 1

第一篇　基础理论

第一章　体育锻炼的价值及意义 ··· 8

    第一节　体育锻炼的价值 ·· 8

    第二节　体育锻炼的意义 ·· 9

第二章　体育锻炼与大学生身心健康 ·· 18

    第一节　健康新概念 ··· 18

    第二节　影响大学生健康的因素 ··· 21

    第三节　体育锻炼与大学生健康的关系 ····································· 22

    第四节　高等学校体育与健康教育 ··· 26

第三章　体育锻炼与肥胖 ··· 32

    第一节　肥胖的定义与标准 ··· 32

    第二节　肥胖流行情况 ··· 35

    第三节　肥胖发生的原因 ··· 38

    第四节　肥胖对人体健康的危害 ··· 41

    第五节　肥胖的预防和治疗 ··· 43

    第六节　肥胖与体育锻炼 ··· 45

第四章　体育锻炼与残障人、各类疾病的康复 ····································· 47

    第一节　体育锻炼与残障人 ··· 47

    第二节　体育锻炼与常见疾病的防治 ······································· 48

第五章　体育锻炼中常见的生理反应及处置 ······································· 55

第六章　体育锻炼中运动性损伤的预防和处置 ····································· 70

    第一节　运动性损伤分类及损伤原因 ······································· 70

    第二节　运动损伤的处理办法及预防措施 ··································· 73

第七章　体育卫生与医务监督 …………………………………………………… 92
　　第一节　体育卫生概述 ………………………………………………………… 92
　　第二节　体育卫生内容 ………………………………………………………… 92
　　第三节　体育锻炼的医务监督 ………………………………………………… 94

第八章　运动处方的应用 …………………………………………………………… 97
　　第一节　运动处方的概念 ……………………………………………………… 97
　　第二节　运动处方的内容 ……………………………………………………… 98
　　第三节　运动处方的制订与实施 ……………………………………………… 99
　　第四节　运动处方的基本格式 ………………………………………………… 101

第九章　体育康复保健中医方法 ………………………………………………… 107
　　第一节　拔罐疗法 …………………………………………………………… 107
　　第二节　灸法 ………………………………………………………………… 111
　　第三节　刮痧疗法 …………………………………………………………… 117

第十章　体育康复主要按摩方法与应用 ………………………………………… 120
　　第一节　按摩的概述 ………………………………………………………… 120
　　第二节　按摩的基本手法 …………………………………………………… 121
　　第三节　按摩的应用 ………………………………………………………… 130

第二篇　运动实践

第十一章　篮球运动 ……………………………………………………………… 136
　　第一节　篮球运动导学 ……………………………………………………… 136
　　第二节　篮球运动主要基本技术及练习方法 ……………………………… 141
　　第三节　篮球运动主要基本战术及练习方法 ……………………………… 145
　　第四节　篮球运动主要规则及欣赏 ………………………………………… 149

第十二章　排球运动 ……………………………………………………………… 156

第一节　排球运动导学 ………………………………………………………… 156
　　第二节　排球运动主要基本技术及练习方法 ……………………………… 163
　　第三节　排球运动主要基本战术及练习方法 ……………………………… 170
　　第四节　排球运动主要规则 ………………………………………………… 172

第十三章　乒乓球、羽毛球运动 ………………………………………………… 174
　　第一节　乒乓球运动导学 …………………………………………………… 174

第二节　乒乓球运动基本技术及练习方法⋯⋯⋯⋯⋯⋯⋯⋯⋯⋯⋯⋯　179

第三节　乒乓球运动基本战术及练习方法　⋯⋯⋯⋯⋯⋯⋯⋯⋯⋯　181

第四节　乒乓球运动主要规则⋯⋯⋯⋯⋯⋯⋯⋯⋯⋯⋯⋯⋯⋯⋯⋯　187

第五节　羽毛球运动导学⋯⋯⋯⋯⋯⋯⋯⋯⋯⋯⋯⋯⋯⋯⋯⋯⋯⋯　188

第六节　羽毛球运动基本技术及练习方法⋯⋯⋯⋯⋯⋯⋯⋯⋯⋯⋯　193

第七节　羽毛球运动主要基本战术及练习方法⋯⋯⋯⋯⋯⋯⋯⋯⋯　200

第八节　羽毛球运动主要规则⋯⋯⋯⋯⋯⋯⋯⋯⋯⋯⋯⋯⋯⋯⋯⋯　203

第十四章　健身操、游泳、瑜伽运动 ⋯⋯⋯⋯⋯⋯⋯⋯⋯⋯⋯⋯⋯　207

第一节　健美操运动导学⋯⋯⋯⋯⋯⋯⋯⋯⋯⋯⋯⋯⋯⋯⋯⋯⋯⋯　207

第二节　健美操运动的基本动作⋯⋯⋯⋯⋯⋯⋯⋯⋯⋯⋯⋯⋯⋯⋯　211

第三节　健美操运动欣赏⋯⋯⋯⋯⋯⋯⋯⋯⋯⋯⋯⋯⋯⋯⋯⋯⋯⋯　214

第四节　游泳运动导学⋯⋯⋯⋯⋯⋯⋯⋯⋯⋯⋯⋯⋯⋯⋯⋯⋯⋯⋯　215

第五节　游泳运动基本技术及练习方法⋯⋯⋯⋯⋯⋯⋯⋯⋯⋯⋯⋯　220

第六节　游泳运动的安全与救助常识⋯⋯⋯⋯⋯⋯⋯⋯⋯⋯⋯⋯⋯　223

第七节　瑜伽运动导学⋯⋯⋯⋯⋯⋯⋯⋯⋯⋯⋯⋯⋯⋯⋯⋯⋯⋯⋯　224

第八节　瑜伽运动的基本动作⋯⋯⋯⋯⋯⋯⋯⋯⋯⋯⋯⋯⋯⋯⋯⋯　229

第九节　瑜伽运动欣赏⋯⋯⋯⋯⋯⋯⋯⋯⋯⋯⋯⋯⋯⋯⋯⋯⋯⋯⋯　231

第十五章　太极拳、太极柔力球运动 ⋯⋯⋯⋯⋯⋯⋯⋯⋯⋯⋯⋯⋯　233

第一节　太极拳运动导学⋯⋯⋯⋯⋯⋯⋯⋯⋯⋯⋯⋯⋯⋯⋯⋯⋯⋯　233

第二节　太极拳运动的基本动作⋯⋯⋯⋯⋯⋯⋯⋯⋯⋯⋯⋯⋯⋯⋯　240

第三节　太极拳运动欣赏⋯⋯⋯⋯⋯⋯⋯⋯⋯⋯⋯⋯⋯⋯⋯⋯⋯⋯　241

第四节　太极柔力球运动导学⋯⋯⋯⋯⋯⋯⋯⋯⋯⋯⋯⋯⋯⋯⋯⋯　249

第五节　太极柔力球运动基本技术及练习方法⋯⋯⋯⋯⋯⋯⋯⋯⋯　252

第十六章　滑冰、滑雪运动 ⋯⋯⋯⋯⋯⋯⋯⋯⋯⋯⋯⋯⋯⋯⋯⋯⋯　255

第一节　滑冰运动导学⋯⋯⋯⋯⋯⋯⋯⋯⋯⋯⋯⋯⋯⋯⋯⋯⋯⋯⋯　255

第二节　速度滑冰运动基本技术及练习方法⋯⋯⋯⋯⋯⋯⋯⋯⋯⋯　256

第三节　滑冰运动的安全与救助常识⋯⋯⋯⋯⋯⋯⋯⋯⋯⋯⋯⋯⋯　261

第四节　滑雪运动导学⋯⋯⋯⋯⋯⋯⋯⋯⋯⋯⋯⋯⋯⋯⋯⋯⋯⋯⋯　262

第五节　滑雪运动基本技术及练习方法⋯⋯⋯⋯⋯⋯⋯⋯⋯⋯⋯⋯　266

第六节　滑雪运动的安全与救助常识⋯⋯⋯⋯⋯⋯⋯⋯⋯⋯⋯⋯⋯　269

第十七章　《国家学生体质健康标准》测试操作方法 ⋯⋯⋯⋯⋯⋯⋯　270

参考文献 ⋯⋯⋯⋯⋯⋯⋯⋯⋯⋯⋯⋯⋯⋯⋯⋯⋯⋯⋯⋯⋯⋯⋯⋯⋯　276

体育保健与康复课程导学

一、体育保健学基本概念

体育保健学是研究人体在体育运动过程中保健规律与措施的一门应用科学。它是在医疗保健和体育运动相结合的过程中发展起来的一门新兴的综合、交叉学科。它研究体育运动对人体各方面的影响及人体对体育运动的积极性适应,利用体育活动进行机体功能改善,从而达到预防疾病、保持身体健康的目的。

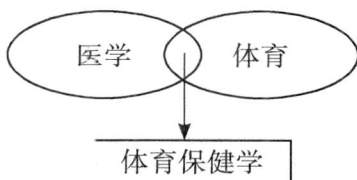

二、体育康复学基本概念

康复:是指综合地、协调地应用医学的、教育的、社会的、职业的各种方法,使病伤残者已经丧失的功能尽快地、最大可能地得到恢复和重建,使他们在体格上和经济上的能力得到尽可能的恢复,使他们重新走向生活、工作和社会。

体育康复:是指用体育的各种手段进行康复,以使病伤残者已经丧失的功能尽快地、最大可能地得到恢复和重建。

人体的伤病往往会引起机体功能障碍,功能障碍会影响伤病的治疗,甚至会加重伤病。比如,由于瘫痪病患长期卧床,产生的褥疮会影响瘫痪的治疗。临床治疗可达到伤病的临床治愈,此时机体的病理改变获得基本矫正,症状基本消除,机体功能也有所恢复,但是仍然可能遗留一定的功能障碍,严重时形成残疾。所以说临床治愈并不等于功能恢复。以功能恢复为目的的学科称为康复医学。医疗与体育相结合,是康复医学中一种重要的治疗手段,其主要目的在于尽快促进患者各种功能的恢复,加速疾病的痊愈。体育保健康复活动不同于体育运动。体育运动是健康人为了增强体质和提高运动技能所从事的体育锻炼。体育保健康复是根据疾病病理变化的特点和患者的情况,选用相应的体疗方法,安排合适的锻炼方式与适宜的运动量来治疗疾病和创伤。

三、体育保健与康复误程简介

体育保健学是研究不同性别、年龄、不同健康水平的人体在参加体育运动过程中有关的医学问题,目的是要求学生通过学习本课程后能应用医学知识和技术,对体育运动参加者进行有效的医务监督,达到增强体质、提高运动能力、防治运动性伤病的目的。

体育保健与康复课是我校开设的体育课程之一,是为特殊身体状况的学生(如有残障或通过医生诊断有疾病不适于剧烈运动的学生)具有掌握体育保健与康复知识需要的同学和部分未修满体育学分准备补满学分的学生而开设的一门适应性体育教育课程。课程以本育理论、运动生理学、运动医学、康复医学等运动人体科学知识为基础,以中国传统体育养生保健和现代运动技术技能的实践等体育疗法相结合作为锻炼手段,达到适应性体育教育的目的。学生通过保健课的学习,参加适宜的体育活动,可改善学生的健康状况、治疗疾病、保持健康、提高身体机能、增强体质,并且能根据自身的健康状况制订科学的运动处方,进行有目的的锻炼,从而达到身心健康目的;以积极的态度和良好的状态投入到学习生活中,圆满地完成在校期间的学习任务。

四、体育保健与康复误程教学计划

(一)教学目标及要求

(1)使学生初步掌握体育保健与康复的基本原理以及人体运动过程中的保健规律和措施。掌握一至几种有益于身心健康并能加速身体康复的体育技能和方法。

(2)学习和了解自身伤病的保健和治疗方法,增进战胜伤病的信心和勇气,从身心和机能两方面得以恢复和提高。

(3)帮助学生选择自己所喜欢的体育项目(根据自身的身体条件和体质健康状况),掌握有效的锻炼方法,并进行适当的身体练习。

(4)通过身体练习,培养学生增进健康、增强体质的体育意识和乐观向上的精神面貌与稳定的情绪。

(5)全面发展和提高身体的活动能力,提高学生的健康水平。

(6)增强学生抵抗疾病的能力和适应环境、适应社会的能力。

(二)教学内容

1.理论部分

体育保健与康复课程导学

教学目的与要求:

使学生了解体育保健与康复的特点、性质、内容、目的及意义和当前发展趋势,以及对本课程学习要求。

（1）体育保健与康复的概念。

（2）体育保健与康复课程简介。

（3）体育保健与康复教学计划。

第一章　体育锻炼的价值和意义

教学目的与要求：

使学生了解体育锻炼的价值和体育锻炼的重大意义，以及本课程学习要求。

（1）体育锻炼的价值。

（2）体育锻炼的意义。

第二章　体育锻炼与大学生身心健康

教学目的与要求：

掌握现代健康观、健康的概念与分类，影响健康的因素。现代体育健康观，运动对个体健康的影响。

（1）健康观。

（2）健康的概念与分类。

（3）影响健康的因素。

第三章　体育锻炼与肥胖

教学目的与要求：

掌握肥胖与肥胖症的成因，肥胖与肥胖症的危害、控制饮食与运动相结合，养成长期锻炼的习惯等基本知识。

（1）肥胖与肥胖症的成因。

（2）科学减肥＋运动。

第四章　体育锻炼与残障人、各类疾病的康复

教学目的与要求：

通过传授理论知识和实践操作三能力，使处于特殊身体状况（疾病和残障）的学生了解自身机体的生理特点而选择适合的体育锻炼方式和日常保健方法，从而达到康复和保健的目的。

学习体育锻炼必须遵循科学的锻炼方法，掌握特殊群体锻炼身体的方法，提高学生的体育锻炼兴趣。

（1）锻炼身体的基本原则及特殊群体锻炼身体的基本原则。

（2）锻炼身体的方法及特殊群体锻炼身体的方法。

（3）锻炼方法的选择及特殊群体锻炼方法的选择。

（4）身体锻炼监督、效果的自我评价。

第五章　体育锻炼中常见的生理反应及处置

教学目的与要求：

学习掌握常见运动性疾病的原因、原理和预防，了解主要征象及一般处理。

（1）过度训练的原因，原理，征象，处理，预防。

（2）过度紧张的原因，原理，征象，处理，预防。

（3）运动性贫血的原因，原理，征象，处理，预防。

（4）运动中腹痛的原因，原理，征象，处理，预防。

（5）肌肉痉挛的原因，原理，征象，处理，预防。

（6）运动性血尿的原因，原理，征象，处理，预防。

（7）昏厥的原因，原理，征象，处理，预防。

第六章　体育锻炼中运动性损伤的预防和处置

教学目的与要求：

掌握常见运动损伤的特点、分类、发病原因及预防原则，掌握各种运动损伤的主要症状、基本检查方法及现场处理原则。

（1）运动损伤的防治概论：分类、运动损伤的原因及预防原则。

（2）运动损伤的急救　止血、绷带包扎、关节及骨折的处理、心肺复苏。

（3）运动损伤的一般处理：冷敷、热疗、拔罐、药物、保护支持带、伤后训练。

（4）闭合性损伤：挫伤、肌肉拉伤、损伤性腱鞘炎、疲劳性骨膜炎、网球肘、腰部损伤、髌骨劳损、膝关节的急性损伤、踝关节韧带损伤的原因、原理、症状（检查方法）和处理。

（5）开放性损伤：擦伤、裂伤、刺伤、切伤的处理。

（6）人体各部位运动损伤。

第七章　体育卫生与医务监督

教学目的与要求：

掌握体育卫生的基本概念和人体运动卫生的基本原则以及女子体育卫生的基本知识；了解女子月经调节机制，合理安排经期活动。熟悉运动环境与场地、器材、设施的卫生要求；了解自然力锻炼、早期专门化、"早衰"等基本知识。

使学生了解运动医务监督工作的内容及基本方法，合理安排运动负荷，增进学生健康，预防和减少运动性疾病的发生；掌握有关疲劳消除方法，加速疲劳消除；了解兴奋剂的有关知识。

（1）体育卫生的概念。

（2）了解女子体育卫生。

（3）医务监督的概念。

（4）运动训练和比赛的医务监督：自我监督、运动量。

第八章　运动处方的应用

教学目的与要求：

使学生掌握制订运动处方的基本原则；运动处方的基本内容；运动处方制订的程序；运动处方的实施，并在实践中会应用。

（1）运动处方的概念。

（2）运动处方的内容。

（3）运动处方的制订与实施。

第九章　体育康复主要中医保健方法

教学目的与要求：

使学生了解中医保健方法的作用，掌握中医保健的基本方法，并能在实际工作中应用。

（1）拔罐疗法。

（2）刮痧疗法。

（3）针灸疗法。

第十章 体育康复主要按摩方法与应用

教学目的与要求：

使学生了解按摩的生理作用，掌握按摩的基本方法，并能在实际工作中应用。

（1）生理作用及注意事项。

（2）基本手法：推、擦、揉、揉捏、搓、按压、扣打、运拉、抖动。

（3）治疗手法：滚、分筋、理筋、弹筋、刮、切、搬、背法。

（4）按摩方法：头部、上肢、腰背部、下肢。

（5）按摩在体育实践中的应用：运动前按摩、运动中按摩、运动后按摩，运动损伤的预防和处理。

2. 实践部分

教学目的与要求：

熟练掌握运动实践课技术技能，达到强身健体的目的。

（三）教学重点和难点

1. 重点

（1）运动损伤预防与处理。

（2）按摩理论与手法。

（3）医务监督与营养卫生。

（4）球类运动技术初步掌握。

2. 难点

（1）运动损伤的处理。

（2）按摩手法。

（3）各类运动技术的应用。

（四）教学时数分配

教学时数分配表

教学内容	教学时数	授课时数	实践时数	时数合计	百分比
体育保健与康复简介健康概述	2	2			
运动与科学减肥运动实践	4	2	2		
科学锻炼方法、体育卫生运动处方、运动实践	6	4	2		
残障者体育锻炼、医务监督运动实践	6	4	2	32	89%
运动性病症、运动损伤急救运动损伤处理、常见运动损伤、人体各部位运动损伤运动实践	8	4	4		
保健按摩：常用手法及应用运动实践	6	4	2		
考试	4	4		4	11%

续表

教学内容	教学时数	授课时数	实践时数	时数合计	百分比
合计	36	24	12	36	100%

（五）教学方法与手段

1. 理论部分

（1）利用多媒体（幻灯片）展示内容纲要和主要概念、基本理论和图片、图表等内容，讲解中适时利用板书，展开相关内容，补充有关材料进行讲解。课上实践操作、挂图等。

（2）采用讲解法、启发式和讨论式等教学法分析讲解特殊人群的生理特点及其体育锻炼与康复的基本手段、方法和要求。

2. 实践部分

（1）指导法：包括语言法、直观法、完整和分解法、纠正错误法等。

（2）练习法：包括重复练习法、变换练习法、循环练习法、游戏练习法、比赛练习法、综合练习法以及集中注意力练习法、念动练习法和放松练习法等。

（六）教学进度

教学进度表

课次	教学内容
1	体育保健与康复简介、健康概述 + 运动实践
2	运动与营养 + 运动实践
3	科学减肥 + 运动实践
4	科学锻炼方法 + 运动实践
5	体育卫生 + 运动实践
6	运动处方 + 运动实践
7	残障者的体育锻炼 + 运动实践
8	医务监督 + 运动实践
9	医务监督 + 运动实践
10	运动性病症 + 运动实践
11	运动损伤急救 + 运动实践
12	运动损伤处理 + 运动实践
13	常见运动损伤 + 人体各部位运动损伤 + 运动实践
14	中医保健方法 + 运动实践

续表

课次	教学内容
15	保健按摩＋运动实践
16	常用手法及应用＋运动实践
17	考试（实践）
18	考试（理论）

（七）考核内容、方法和评分标准及要求

（1）考试依据：以本课程教学大纲为依据。

（2）考核评分标准：考核内容两种，学生可二选一。

①理论考核：笔试开卷，满分100分，占考试总成绩70%。

综合评价：满分100分（包括参与意识、学习态度、考勤），占考试总成绩30%。

②运动实践考核：运动技能满分100分（某一单项运动技术的考核），占考试总成绩70%。

综合评价：满分100分（包括参与意识、学习态度、考勤），占考试总成绩30%。

运动实践单项技术的考核内容和方法见第二篇运动实践各运动技术导学章节的考核内容和标准。

第一篇 基础理论

第一章 体育锻炼的价值及意义

第一节 体育锻炼的价值

一、大学体育的重要性

"生命在于运动",这是一句耳熟能详的至理名言。生命对于我们每个人而言既是宝贵的,也是脆弱的,人生苦短犹如白驹过隙,珍惜生命自然离不开运动。生命在于运动,运动能够带来旺盛的生命力。尽管如此,随着人们生活英节奏的加快,现代人很少有人能抽出足够的时间运动,即使每天做一些运动,也只是我们看得见的骨骼肌在运动,难怪十个人就有八个会回答:"我连睡觉都没时间,哪来时间运动?"

当代大学生更是如此,大一新生因为刚从高考的压力中缓过神来,所以会有部分同学把时间花在游戏上,整日坐在电脑前敲击键盘。大二学生会忙于各种等级考试,天天忙于学习亦抽不出时间锻炼。大三大四学生忙于找工作,为自己的将来奔波更不会再去专门抽出时间来运动。所以,我们每周的锻炼只能依靠学校安排的体育课来完成,大学体育就显得尤为重要,同时它也是大学生步入社会前最后的体育教育教学。

体育是大学生发展体能、获得运动技能,提高健康水平,形成乐观的生活态度的重要途径。体育课是促使大学生主动参与体育活动的关键,是通过形式多样的教学手段,丰富多彩的活动内容,培养他们参与活动的兴趣和爱好,形成主动锻炼的习惯和终身体育的意识过程。体育对大学生当前的成长以及未来的工作和生活是一种物质的基础,没有好的身体就不可能有美好的未来。体育锻炼不是一蹴而就的,它是一个漫长的过程即终身体育,终身体育是人们在一生中,为了多种需要不间断地进行多种形式的体育锻炼的总和。它还蕴含着应该使家庭、社会、学校的体育紧密联系起来实现一体化的诠释。

体育锻炼是强身健体、防治疾病的有效手段,但不是每项运动都适合不同大学生,所以,在此提醒大学生们,体育锻炼与体育保健及康复治疗应该对症下"药"。

二、体育锻炼价值的主要表现

（1）体育锻炼使大学生更接近大自然。

（2）体育锻炼使大学生更接近人的游戏和审美本原。

（3）体育锻炼丰富了大学生的社会交往空间。

（4）体育锻炼可以强身健心，预防和治疗大学生多种身心疾病。

（5）体育锻炼能够促进大学生的社会化。

（6）体育锻炼对大学生具有很强的素质教育功能。

（7）体育锻炼能够预防和治疗大学生不良生活习惯。

三、体育锻炼的益处

（1）降低所有死因所造成早死的风险。

（2）降低死于心脏病的风险。

（3）降低高血压、糖尿病的风险。

（4）减少结肠癌的风险。

（5）帮助控制体重，增加肌肉组织，减少脂肪组织。

（6）帮助建立和维持健康的肌肉、骨骼和关节。

（7）帮助中老年人更强健且不易跌倒。

（8）减少沮丧及焦虑感。

（9）增进心理健康。

第二节　体育锻炼的意义

一、体育锻炼对大学生身体的积极作用

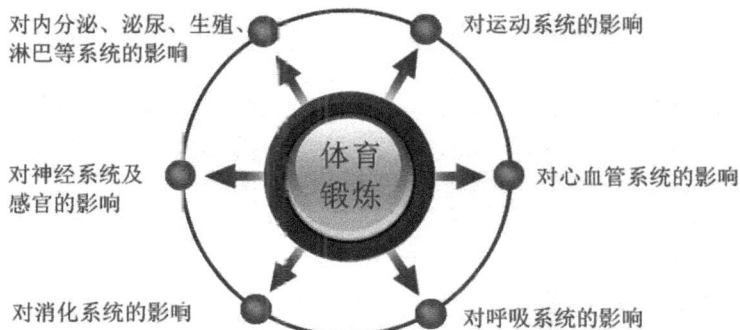

图 1-2-1

（一）影响大学生身体的新陈代谢

体育锻炼能促进体内组织细胞对糖的摄取和利用能力,增加肝糖原和肌糖原储存。体育锻炼还能改善机体对糖代谢的调节能力,如在长期体育锻炼的影响下,胰高血糖素分泌表现对运动的适应,即使在同样强度的运动情况下,胰高血糖素分泌量减少,其意义是推迟肝糖原的排空,从而推迟衰竭的到来,增加身体持续运动的时间。

脂肪是在人体中含量较多的能量物质,它在体内氧化分解时放出能量,约为同等量的糖或蛋白质的两倍,长期坚持体育锻炼的大学生能提高机体对脂肪的动用能力,为身体从事各项活动提供更多的能量来源。

（二）影响大学生控制体重与改变体形

大学生身体过分肥胖会影响他们的正常生理功能,尤其容易造成心脏负担加重,寿命缩短。如果一个人的皮下脂肪超过正常标准的 15%~25%,那么,他的死亡危险率会增加到30%。由于体育锻炼能减少脂肪,增强肌肉力量,保持关节柔韧,故可控制体重,改善体形和外表。

（三）影响大学生运动系统

坚持体育锻炼,对骨骼、肌肉、关节和韧带都会产生良好的影响,经常运动可使肌肉保持正常的张力,并通过肌肉活动给骨组织以刺激,促进骨骼中钙的储存,预防骨质疏松,同时使关节保持较好的灵活性,韧带保持较佳的弹性,锻炼可以增强运动系统的准确性和协调性,保持手脚的灵便,使人可以轻松自如,有条不紊地完成各种复杂的动作。

在不断运动的过程中,由于促进了新陈代谢,骨的血液供给得到了改善,骨的形态结构和机能都发生了良好的变化:骨密质增厚,使骨变粗,骨小梁的排列根据压力和拉力不同更加整齐而有规律,骨表面肌肉附着的突起更加明显。这些变化使骨变得更加粗壮和坚固,从而提高了骨的抗折、抗弯、抗压缩和抗扭转方面的功能。坚持体育锻炼还可以增强关节周围的力量,关节囊和韧带也增厚,从而增大关节的稳固性;同时,体育锻炼使关节囊,韧带和关节周围肌肉伸展性加大,从而提高关节的灵活性。

（四）影响大学生心血管系统

适当的运动是心脏健康的必由之路,有规律的运动锻炼,可以减慢静息时和锻炼时的心率,这就大大减少了心脏的工作时间,增强心脏功能,保持冠状动脉血流畅通,可更好地供给心肌所需要的营养,使心脏病的危险率减少。

大学生经常参加体育锻炼可使心肌细胞内的蛋白质合成增加,心肌纤维增粗,心肌收缩力量增加,这样可使心脏在每次收缩时将更多的血液射入血管,导致心脏的每搏输出量增加,长时间的体育锻炼可使心室容量增大。

体育锻炼可以增加血管壁的弹性,这对大学生健康的远期效果来说是十分有益的,大学生随着年龄的增加,血管壁的弹性逐渐下降,因而可诱发高血压等退行性疾病,通过体育锻炼,可增加血管壁的弹性,预防或缓解退行性高血压症状。

体育锻炼可以促使大量毛细血管开放,因此加快血液与组织液的交换,加快了新陈代谢的水平,增强机体能量物质的供应和代谢物质的排出能力。

体育锻炼可以显著降低血脂含量(胆固醇、b–蛋白质、三酰甘油等)、改变血脂质量,有效地防治冠心病,高血压和动脉粥样硬化等疾病。

体育锻炼还可以使安静时脉搏徐缓和血压降低,增强心脏功能。良好的体育锻炼,可以增强心脏功能,使每搏输出量增加,动脉血管壁的中膜增厚,平滑肌细胞和弹力纤维增加;使骨骼肌肉的毛细血管分布数量增加,分支吻合丰富;使冠状动脉口增粗和重量增加;使心肌的毛细血管数量增加,这均有利于包括心脏本身在内的器官供血和机能的提高。同时,体育锻炼还可以使血压有所下降,并能降低血清胆固醇含量,对于预防高血压,冠心病有良好的作用。

有效预防心血管病。体育锻炼时,由于肌肉的紧张活动,心脏工作增加,心肌的血液供应和代谢加强,心肌纤维增粗,心壁增厚,心脏体积增大,外形圆满,搏动有力。这一切也是治心血管病的良方。心血管病是当今世界上危及人类生命的头号杀手。据报道,在我国,死于心血管病的人亦居首位。大量研究表明,参与有规律的体育锻炼可以显著地降低心血管病形成和发生的危险性。

(五)影响大学生的呼吸系统

大学生经常参加体育锻炼,特别是做一些伸展扩胸运动,可以使呼吸肌力量加强,胸廓扩大,有利于肺组织的生长发育和肺的扩张,使肺活量增加,经常性的深呼吸运动,也可以促使肺活量的增长,大量实验表明,经常参加体育锻炼的人,肺活量高于一般人。

体育锻炼由于加强了呼吸力量,可使呼吸深度增加,以有效增加肺的通气效率,研究表明,一般人在运动时肺通气量能增加到 60 升 / 分钟左右,有体育锻炼习惯的人运动时肺通气量可达 100 升 / 分钟以上。

一般人在进行体育活动时只能利用其氧气最大摄入值的 60% 左右,而经过体育锻炼后可以使这种能力大大提高,体育活动时,即使氧气的需要量增加,也能满足机体的需要,而不致使机体缺氧,有效改善呼吸系统的功能。经常锻炼的大学生由于身体适应能力较强,其呼吸显得平稳、深沉、匀和,频率已较慢,安静时呼吸频率为 7~11 次 / 分钟,而不锻炼的大学生呼吸频率为 12~18 次 / 分钟,女生比男生快 2~3 次 / 分钟。

(六)影响大学生的消化系统

体育锻炼可提高大学生消化系统的功能,体育锻炼会增强体内营养物质的消耗,使整个肌体的代谢增强,从而提高食欲;另外,还会促进胃肠蠕动和消化液分泌,改善肝脏和胰腺的功能,从而使整个消化系统的功能得到提高,为大学生的健康和长寿提供良好的物质保证。

(七)影响大学生的中枢神经系统

体育锻炼能改善大学生神经系统的调节功能,提高神经系统对身体活动时错综复杂的变化的判断能力,并及时做出协调、准确、迅速的反应。研究指出,经常参加体育锻炼,能明显提高脑神经细胞的工作能力。反之,如缺乏必要的体育活动,大脑皮层的调节能力将相应下降,造成平衡失调,甚至引起某些疾病。

总而言之,经常参加体育锻炼可以提高大学生各种身体素质,这是因为身体锻炼是在特殊条件和特殊环境下进行的,有机体必须最大限度地动员和发挥身体各器官系统机能,如神经调节,呼吸加强,血液循环加快,这样天长日久,各种身体素质就会不断提高,更有利于延年益寿。有一项持续十年的研究显示,不运动的人比经常踢足球等的人早逝的可能性大42.5%。原因是身体不运动,便会加快多处衰老,甚至会未老先衰。而这些不运动的人对于癌症,心脏病等的抵抗力也比踢足球的人低。

二、体育锻炼对大学生的心理调节作用

体育锻炼对大学生心理的发展(如增强信心,建立良好的环境,培养稳定的情绪,培养独立和处事果断的能力,提高智力发展等)有巨大的推动作用。相反,不积极从事体育活动,不良情绪就得不到彻底宣泄,对大学生心理健康有负面影响。

(一)心理健康的定义及标准

心理健康定义:第3届国际心理卫生大会认为:"心理健康是指在身体上、智能上、情感上与他人的心理健康不相矛盾的范围内,将个人心境发展成最佳状态"。

心理健康标准:世界卫生组织具体指出心理健康的标志为:身体、智力、情绪调和;适应环境,人际关系中彼此能谦让;有幸福感;在工作和职业中,能充分发挥自己的能力,过着有效率的生活。可见,心理健康并不仅仅是指没有心理疾病,更重要的是指一种积极的、适应良好的、能充分发展其身心潜能的丰富状态。

(二)体育锻炼对大学生心理健康的促进作用

体育锻炼促进大学生心理健康:健康心理的促进与维护是现代人所必须注重的一种心理教育内容,也是预防心理异常的最好方法。大学生经常参加体育锻炼可以培养良好的心理素质(情绪乐观,意志坚强,有较强的抗干扰、抗刺激的能力),减轻或消除紧张、焦虑和抑郁,培养自觉性、坚韧性、竞争意识,提高自控能力,使大学生学会超越自我,超越别人。这些心理素质有利于形成开朗的性格、坚强的意志和充分的自信心。积极的、快乐的情绪,是获得健康、幸福与成功的动力,可使人充满生机。

(三)适量运动对大学生心理功能的影响

(1)通过提高本体运动感知觉,使大学生对自身更加了解。
(2)通过运动表象,提高认知和记忆能力。
(3)适量运动对思维的发展有良好的促进作用,具体如下。
①通过运动形象、想象、模仿和直觉思维及空间判断活动,提高右脑功能。

②通过运动时多种感知觉的参与、从整体角度对信息进行综合及进行决策和应答、不停地对对手的意图及可能采取的行动做出判断和预测、与同伴的战术配合等活动,提高操作思维和直觉思维能力。

③通过视觉的快速搜索(球和同伴的位置)、准确预测(球的落点)、决策与反应选择(必须决定做出何种应答反应,为行动留出时间)、快速有力的始发动作(起跑)、完成动作(协调、适宜、有效地支配身体完成动作)等活动,提高心理敏捷性。

(4)适量运动对大学生的情绪有良好的影响。

①通过克服困难、竞争、冒险、把握机会、追求不确定结果、达到目标、控制、成功、挫折等过程,产生丰富的情绪体验。

②适量运动具有宣泄、中和、抵消和对抗不愉快(负性)情绪和焦虑的作用。

③适量运动可适应和对抗应激刺激,提高心理应激能力。

④适量运动后可出现良好的心境。

⑤适量运动以兴奋和充满活力的特点有抗抑郁的作用。

(5)适量运动可使运动者产生特殊的体验。

①高峰表现:运动者有时可出现超出正常机能水平的行为表现。

②流畅体验:运动过程中有时可出现理想的内部体验状态,表现出忘却、投入、乐趣、享受和控制感。

③跑步者高潮:跑步者在跑步时出现瞬间的欣快感。

(6)适量运动可促进大学生心理建设。

①大学生在适量运动中一次次证明自己的能力,使自我概念发生积极变化。

②适量运动可促进大学生的社会化过程。

③适量运动可培养大学生的自信心。

④适量运动可培植大学生的进取精神。

三、体育锻炼与大学生社会适应能力

(一)社会适应能力

社会适应能力是指大学生对所处的社会环境的认识及自己与社会环境间所保持的均衡关系。

(二)体育锻炼对大学生社会适应能力的影响

(1)增进友谊,促进交往。

(2)适应环境,与时俱进。

(3)奋力拼搏,积极向上。

(4)遵规守则,奉献社会。

（三）体育锻炼对大学生价值观念、竞争意识和竞争手段形成的作用

体育锻炼不仅仅是增强大学生体质和增进健康的一种运动形式，更是体现大学生意志和精神的一种文化。它追求健康发展动力，其核心表现是公平，竞争和友爱、和平、拼搏精神。它带给大学生的已不是简单健身运动，它的影响已远远突破了物质、经济范畴，成为一种激励人类超越自我的精神动力，表现了一种强大的体育精神。体育精神是在体育运动中表现出来的对公正、伦理、尊严和对手伙伴关系予以恰当考虑的倾向或特质。它与公平、自控、勇气和坚韧等美德联系在一起，具有"己所不欲勿施于人"的内涵。

（1）体育锻炼可以培养大学生适应社会需要的价值观，具体如下。

①体育锻炼促进大学生和平相处。

②体育锻炼处处体现着自由与和平。

③体育锻炼最能体现大学生付出与收获的关系。

④体育锻炼可以培养大学生崇尚知识、崇尚人才的意识。

（2）体育锻炼可以培养大学生适应社会需要的竞争意识和竞争手段。

①体育竞争是以实力获胜。

②体育竞争最体现公平性。

③体育竞争最能锻炼参与者对挫折和失败的适应性。

（四）体育锻炼对大学生协作意识、社会角色、个性形成以及人际关系的作用

1. 体育锻炼促进大学生协作意识和协作能力的形成

（1）体育锻炼对大学生协作意识的影响。协作意识是体育意识的基本内容之一，协作即协同配合、齐心协力。坚强集体的力量是巨大的。而坚强集体的形成和保持，则取决于每一个成员是否具有强烈的协作意识和群体精神。体育运动的集体性特点，为培养大学生的协作意识、群体精神提供了有利条件。

（2）体育锻炼能够促进大学生协作能力的提高。体育锻炼以其明显的特殊交往方式，培养着每一位大学生锻炼者的协同配合能力、待人接物能力、豁达坦荡的心胸和"忍辱负重"的涵养。这些在处理人际交往中的协作能力是奠定人们走向未来成功的阶梯和基础。

2. 体育锻炼可以形成社会需要的个性并胜任社会角色的需要

（1）体育锻炼所固有的特性，直接影响着大学生形成适应社会需要的个性。个性是指个人在其生理和心理素质的基础上，在一定生活环境条件下，通过实践锻炼和陶冶，逐步形成的观念、态度、习惯和行为。大学生的个性心理特性包括能力、气质和性格等内容。

①体育锻炼对大学生的个性形成具有调整功能。

②体育锻炼对大学生的个性形成具有约束功能。

③体育锻炼可以使大学生形成积极向上的个性。

④体育锻炼可以培养大学生丰富情感的个性。

⑤体育锻炼对培养大学生勇敢品质具有良好的效果。

（2）体育锻炼是培养大学生胜任社会角色的有效途径。通过体育角色的学习,可以使大学生懂得社会角色是与人们的某种社会地位、身份相一致的一整套权利、义务的规范与行为模式。也可使大学生体会到经过个人努力是可以成功扮演各种角色的,从而体验出人的主观努力是改变社会地位的重要途径。

3．体育锻炼可以培养大学生良好的人际关系能力

体育运动是一种特殊文化现象,是现代人类重要的生活方式之一。体育运动之所以牵动亿万人的心弦,诱发人们心灵深处的强烈反应,这主要来自体育的特殊魅力竞技性,要求人们进行公平竞赛。在公平的竞争中表现特定的民族意识,集体意识和自我价值,证明自己的优秀。

（1）体育锻炼可以提高大学生的沟通能力。

（2）体育锻炼可以增强大学生对身体语言的理解和使用能力。

（3）体育锻炼可以改善大学生自我意识水平、移情能力和社交技能。

（五）体育锻炼与民主意识

（1）体育程序的民主化是影响人们形成民主意识的有效途径。民主是指人们对事情具有参与或自由发表意见的权利。民主包括目标的民主和程序的民主两个含义。

由于体育自身的特殊性,在从事体育活动的过程中,可以使每一位大学生受到平等、公正、正义和荣誉的启蒙,可以让大学生在锻炼中懂得在今后的生活中既要珍惜自己获得胜利的权利,也要懂得如何承担起尊重对方、尽其所能的义务。所以,体育锻炼是促进大学生民主意识形成的好方式。

（2）体育目标的民主化处处规范着大学生的民主行为。体育比赛极大的公开性和透明度是体育目标民主化的保证,同时,体育目标民主化的产生也影响着大学生的民主行为养成,是教育和引导大学生成为民主法制成员的有效方式。所以,体育锻炼对培养大学生适应社会的民主意识、养成民主行为具有示范作用。

四、体育锻炼与大学生现代生活方式

（1）体育锻炼可以缓解、转移大学生的现代化生活方式所造成的疲劳感。

（2）体育锻炼可以提高大学生对现代生活节奏的适应性。

（3）体育锻炼可以丰富大学生余暇活动的内容。

人的现代化的过程就是从传统人向现代人转变的过程。在这一转化中体育运动所产生的影响如下。

①体育运动传播着现代人的社会知识。

②体育运动灌输着现代人需要的行为规范。

③体育运动培养着现代人正确的价值观念。

④体育运动支撑着现代人对立生活的目标。

⑤体育运动锻炼着现代人具备生活角色的能力。

（4）身体强健所带来的好处主要表现如下。

身体越健硕，大脑与神经系统也越能得到改善。原来一个人的持续活动，是靠神经系统之间的协调活动，运动器官的每一个动作、身体各器官、系统的生理活动都是以刺激的形式作用于神经系统。体育锻炼可使神经细胞工作能力提高，神经过程的灵活性、均衡性得到发展，因而反射时间短，分化能力强，提高对外围器官的协调能力。坚持锻炼的人尤其是中老年人，因神经系统功能还健壮的关系，常表现得肌体灵活、精力充沛。他们比不运动的人还聪明二至五倍。

身体越健硕，做事也倍感容易。在日常生活、学习、劳动和锻炼中，无时无刻不在运用大学生身体的各种基本活动能力，如走、跑、跳、投、攀登、爬越、负重、搬运等。大学生身体基本活动能力的发展是建立在身体的形态结构、生理机能、身体素质发展的基础上的。身体健硕，当然有好处。

身体越健硕，对生活环境的适应能力也越有帮助。经常参加体育锻炼，能提高有机体对外界环境变化的敏感度，能应付各种错综复杂多变的环境，如视野较阔，大脑皮质对各种感觉的分析综合能力强，本体感觉敏锐，在练习动作时，对外界的情况反应比较灵活并能协调地支配有机体及时做出正确的反应。

身体越健硕，对劣境中也会越易适应，在各种恶劣气候和环境（严寒，酷暑，风，雨，雪，水，日光，空气稀薄等）条件下生活，你的身体会有调节体温的能力，这一切能促进血液循环，加速新陈代谢，提高造血机能，增强免疫能力等，因此也就提高了对各种病毒、病菌的抵抗力，更好适应自然环境，增强身体的适应能力。

人人都希望有一个健健康康的身体，故也会选择做运动；然而，你也要小心，不要运动过度，否则只会有害无益，身体的问题也随之而来。据《纽约时报》2004 年的报道，喜爱体育锻炼的人都知道那种肌肉疼痛和僵硬的感觉。这种感觉会在剧烈活动比如持续性地跑、难变大的举重、第一天到滑雪场等之后的一天出现，这就称为延迟性肌肉酸痛（Delayed onset muscle soreness）。因这些疼痛是延迟了才出现，在剧烈运动时是察觉不到的，故很多人没有意识到这种肌肉酸痛是由先前锻炼引起的。这也正是职业运动员常有的问题，因为在这种情况下，即便是很简单的下楼梯也会造成持续疼痛。如果疼痛很严重的话，可能原计划的下一次球赛无法进行或是很长时间不能去踢足球。目前没有人清楚知道到底是什么原因导致了这种肌肉酸痛。很多科学家认为，当人们在活动时，尤其是开始一项新的活动时，会造成肌肉在微观上的拉伤，这会导致后来的肌肉酸痛。有些锻炼活动几乎百分之百会造成延迟性肌肉酸痛，如跑步、长途步行、在山上滑雪等。医学专家认为马拉松等持久性运动、缺水，或在高温下锻炼更容易对身体造成伤害。

除了肌肉酸痛之外，许多运动员因常年从事剧烈活动，身体多处损伤，有时甚至未老先衰。而且，尽管人们由于适度的体育锻炼对预防感冒等有一定效果，但对于癌症、帕金森等并发症却并不能幸免。运动是"双刃剑"，它可以对你有利，也可以对你有弊。其实我们大可不必狂做运动。有人也开始尝试其他的健身方法，比如气功、太极等。这种活动要求强度不高，因此老少皆宜。总而言之，身体是人最大的本钱，适可而止是运动的第一大诫条。

本章思考练习题

1. 当你了解到体育锻炼对大学生身体健康发展的作用后,应该如何规划自己在校期间和今后的健身锻炼?

2. 通过本次课的学习,你是如何理解"健康第一"的观念的?

3. 试分析在当前社会中运动缺乏对人的健康有何影响。

第二章　体育锻炼与大学生身心健康

第一节　健康新概念

一、何为健康

健康是一种全面的身体方面、心理方面及社会方面"幸福"的理想状态。健康不仅是免于疾病和虚弱,而且是保持身体上、精神上和社会适应方面的完美状态。健康包括身体健康、心理健康、社会适应良好和道德健康。世界卫生组织(WHO)对健康的定义是:"健康是身体上、精神上和社会适应上的良好状态,而不仅仅是没有疾病和虚弱。"

二、健康的四要素

身体健康、心理健康、道德健康与社会适应能力。

三、健康的评价

(一)健康的自我评价手段

监督、指标、测试。

(二)评价大学生身体健康的基本特征与标准

1. 生理健康概念

生理健康也称"体质健康",是指大学生身体在形态、结构、机能、体能和环境适应上的良好状态。

(1)基本特征:
①身体形态与结构的发育状况良好。
② 生理机能水平高。
③心理发育与心理素质好。
④身体素质好与运动能力强。

⑤身体具有良好的适应能力。

（2）基本标准：

①眼睛有神。

②呼吸微徐。

③心率缓匀，搏动有力。

④体格健壮。

⑤面色红润。

⑥牙齿坚固。

⑦双耳聪敏。

⑧腰腿灵便。

⑨声音洪亮。

⑩须发润泽。

⑪食欲正常。

⑫二便正常。

2. **心理健康概念**：指人在情绪、意志、平衡人际和社会关系等方面处于良好状态。

（1）基本特征：

①有良好的自我控制和调节能力。

②对于外界的刺激有良好的应激能力。

③心理经常处于平衡和满足状态。

（2）基本标准：

①有充分的安全感。

②有自知之明。

③善于平衡人际关系。

④热爱生活，乐于工作。

⑤能保持人格的完整与和谐。

⑥善于学习，努力进取。

⑦在一定环境条件下适度发挥个性。

⑧能适度地宣泄情绪和控制情绪。

⑨在现实社会条件下，适当地满足个人的基本要求。

3. **道德健康概念**：是指人的信仰、品德、情操、人格等处于积极向上、高尚和完善的状态。

（1）基本特征：

①有健康、积极向上的信仰。

②具有高尚的品德与情操。

③有完美的人格。

（2）基本标准：

①有坚定而完美的人格信念。

②作风正派，遵纪守法。

③坚持真理,敢于斗争。

④努力工作,乐于奉献。

⑤严于律己,团结群众。

⑥生活简朴,以苦为乐。

⑦对社会、朋友、家庭要善于承担责任。

⑧善于学习,努力进取。

4. 社会适应概念:是指人自身适应社会环境的变化与发展过程处于良好状态。

基本要素:

① 承认社会发展的变化与复杂状态。

②不断改变自己的工作、生活与学习习惯。

③要不断地学习新知识,接受新事物。

④不断调整理想与现实的差距。

⑤不断加强身体锻炼。

四、衡量一个人健康与否的标准

1. 世界卫生组织健康的 10 条标准

(1)充沛的精力,能从容不迫地担负日常生活和繁重的工作而不感到过分紧张和疲劳。

(2)处世乐观,态度积极,乐于承担责任,事无大小,不挑剔。

(3)善于休息,睡眠好。

(4)应变能力强,能适应外界环境中的各种变化。

(5)能够抵御一般感冒和传染病。

(6)体重适当,身体匀称,站立时头、肩位置协调。

(7)眼睛明亮,反应敏捷,眼睑不发炎。

(8)牙齿清洁,无龋齿,不疼痛,牙龈颜色正常,无出血现象。

(9)头发有光泽,无头屑。

(10)肌肉丰满,皮肤有弹性。

1. 三维健康观

生理健康、心理健康、社会适应。

2. 健康七维度

体格健康、智力健全、心理健康、情绪健康、社会交往、职业卫生、环境卫生(图 2-1-1)。

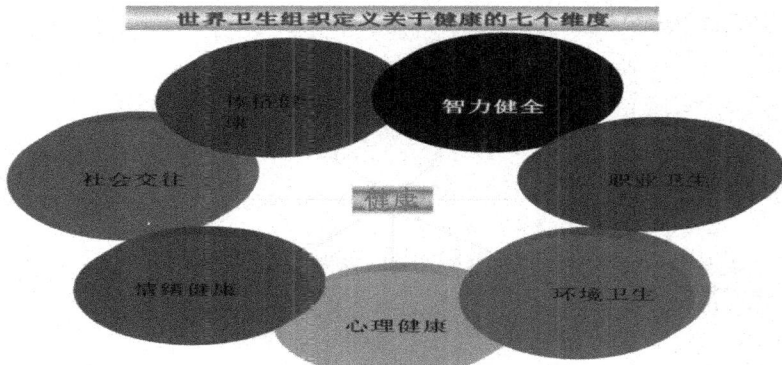

图 2-1-1

五、亚健康状态

（1）"亚健康"是人体处于非病非健康，有可能转化为疾病，也可能恢复到健康的中间状态，处于亚健康的人多表现为易疲劳、情绪低落、工作效率低等。在流感等传染病多发季节特别容易染病。

（2）亚健康状态最大的危害是容易引发多种慢性病，如心脑血管疾病、呼吸消化系统疾病、肿瘤等。这些疾病已经逐渐成为现代文明社会最主要的杀手。

（3）摆脱亚健康状态的建议：

①淡泊名利、积极乐观。

②改变不良生活习惯。

③生活规律，劳逸结合。

④参加体育锻炼，增强体质。

⑤改善饮食，合理营养。

第二节　影响大学生健康的因素

一、生活环境因素

环境因素（7%）：包括社会、经济、文化教育、人际等人文环境以及生物、物理、化学等自然环境。

二、先天遗传生物因素

生物遗传因素（15%）：从亲代遗传的体形特征、生理特征、代谢类型、行为本能等。

三、医疗卫生保健服务因素

医疗卫生服务（8%）：社会的医疗卫生设施和制度及其利用。

四、行为与生活方式因素

行为生活方式（70%）：包括营养、风俗习惯、嗜好（吸烟、酗酒）、交通工具（如汽车所带来的车祸）、体育锻炼、精神状态等。

第三节　体育锻炼与大学生健康的关系

一、体育的功能

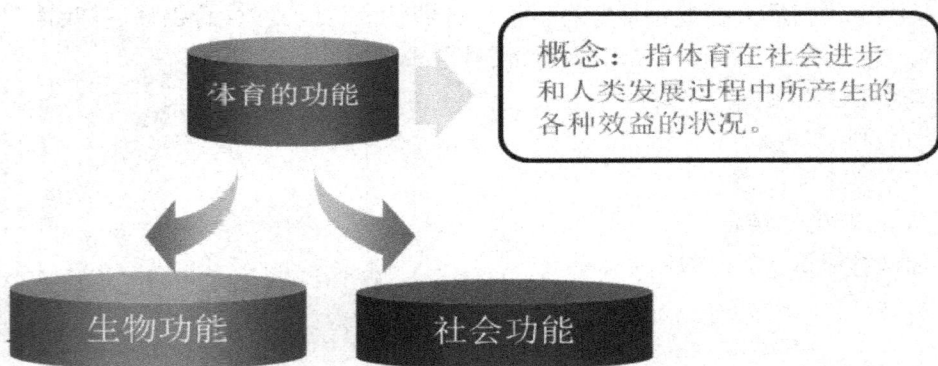

概念：指体育在社会进步和人类发展过程中所产生的各种效益的状况。

体育的功能

生物功能　　社会功能

图 2-3-1

（一）生物功能

包括健身养生功能、健美功能、健心功能。

1. 健身养生功能：生命在于运动

（1）体育能促进各器官与系统的生长发育，促进结构与机能的改善。
（2）体育能全面发展身体素质和提高基本活动能力。
（3）体育可以提高人适应自然和抵抗疾病的能力。
（4）体育能防治疾病、健全身体。
（5）体育能延年益寿。

2.健美功能

只有通过体育锻炼塑造出来的健康美,才具有魅力,才能持久。

(1)体育可以塑造人的形体美。

(2)体育可以使肌肉和皮肤健美。

(3)体育可以塑造人的姿态美。

(4)体育可以塑造人体健康美。

3.健心功能

通过体育锻炼,可以发展人良好的心理品质和高尚的道德情操,同时还可达到消除烦恼、延年益寿的目的。

(1)体育可以培养人的心灵美。

(2)体育可以调节人的情绪。

(3)体育可以培养人良好的心理品质。

(4)体育可以促进人的智力发展。

(二)社会功能:

包括教育功能、政治功能、经济功能、娱乐功能、社会情感功能(图2-3-2)。

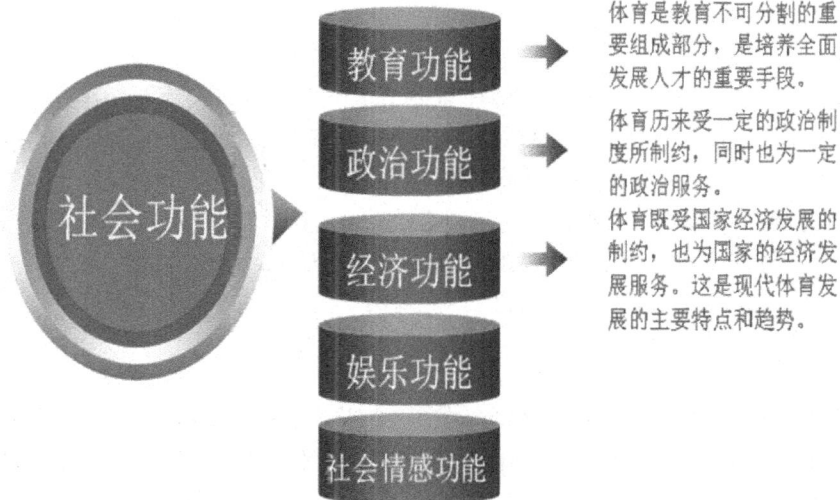

图2-3-2

1.教育功能

(1)体育可以培养良好的道德品质。

(2)体育能培养全面发展的人才。

(3)体育可以提高民族素质。

2.政治功能

(1)体育可使国家扩大国际影响、振奋民族精神。

（2）体育可以发展国际文化、为外交事业服务。

（3）体育可以加强民族和睦、促进祖国统一和世界和平。

3. 经济功能

（1）体育能强身健体、提高劳动者的工作效率。

（2）体育能促进产业的发展。

（3）体育能促进科学事业的发展。

（4）体育发展能减少社会待业人口。

4. 娱乐功能

（1）体育为社会提供了娱乐场所。

（2）体育促进了文化形态的发展。

（3）体育可以满足人们的精神需要。

5. 社会情感功能

（1）体育可以促进人的社会心理稳定。

（2）体育可以"净化"国民情感、激发爱国热情。

二、人体健康发展概论

健康是基本人权,达到尽可能高的健康水平,是世界范围内一项最重要的社会指标。

体育健康学是指人体通过科学的身体运动方法和手段,对人的生理、心理、道德和社会适应等方面产生良性影响,全面促进人体健康发展的科学。

体育健康学研究的领域主要是探讨运动促进人的生理健康、心理健康、道德健康和社会适应能力的基本规律、原理、方法和手段。

三、体育锻炼与大学生健康关系

世界卫生组织对身体适应能力[简称体适能（Physical fitness）]的定义是：在应付日常工作之余,身体不会感到过度疲倦,还有余力去享受休闲及应付突发事件的能力。美国运动医学会认为：体适能由健康体适能和技能体适能组成。健康体适能是与健康有密切关系的体适能,是指心血管、肺和肌肉发挥最理想效率的能力。它不仅是机体维护自身健康的基础,而且还是机体保证以最大活力完成日常工作、降低慢性疾病危险因素出现的条件,主要内容包括有氧体适能、肌适能、身体成分和柔韧素质。技能体适能是指与动作、舞蹈和体操等表现有关的运动技术能力,主要包括灵敏、平衡、协调、速度、爆发力和反应时等。技能体适能一般受遗传的控制,是从事各种运动项目的基础。

研究证明,任何健康的人都具有一定的体适能;而一定的体适能必须经过适当的体育锻炼才能获得和保持。

（一）体育锻炼可影响大学生各器官系统

见第一章第二节内容。

（二）体育锻炼可发展大学生身体素质和提高基本活动能力

体育锻炼是提高学生的身体素质和基本活动能力的重要手段。但基本活动能力的提高，是以发展各项身体素质为前提的。学生从一出生到长大成人，如果任何活动和劳动都不参加，其基本活动能力是很差的，甚至是没有。只有通过一定的生产劳动和体育锻炼，才能发展学生的速度、力量、耐力、灵敏和柔韧等身体素质，才能使学生完成各种复杂的生产劳动和高难度的技术动作。另外，学生通过运动使各种生活能力得到很大提高。

（三）体育锻炼可增强大学生适应自然环境和抵抗疾病的能力

当下大学生要求既要有科学知识，又要有强壮的身体去适应自然环境的变化。所以通过体育锻炼可提高学生适应气候、温度等环境变化的能力，改善学生的各种防御系统，抵抗各种疾病，特别是传染病对身体的侵害。

（四）体育锻炼可促进大学生的智力发展

1. 体育锻炼增强记忆力

人的记忆力与血糖含量有关，当血糖升至 120 毫克 /100 毫升时，记忆力最佳。在学习时间过长时人体血糖下降，自然学习也是无效果的，因而记忆力也会减退。所以，只有参加一定的身体锻炼活动，才可使血糖维持在最佳水平。

2. 体育锻炼可使思维快速、准确和敏捷

经常参加身体运动，脑部血液和氧气供应充足，体内各种酶的活性增强，这样使人的头脑清醒、思维敏捷。一旦脑部贫血和缺氧，人的思维就混乱，出现头昏、眼花等现象。

3. 体育锻炼可提高分析和理解能力

大学生在进行运动时，对时间、空间、方位、速度、定向等感知能力得到良好发展，对相互之间的关系可产生一些特定的理解和判断能力。所以，大学生的抽象思维和逻辑思维可以得到很好发展，在认识事物过程中形成概念准确而迅速，对时间的利用和支配更加合理。

体育锻炼与智力活动不能对立起来看，从生理学角度来说，智力与大脑及神经系统的结构和机能发展是分不开的，然而，体育锻炼可以改善这种结构和机能。显然体育锻炼可以促进大学生智力发展。

（五）体育锻炼可促进心理机能发展

1. 体育锻炼可以培养民族自尊心和社会情感

体育属于一种社会文化现象，古代体育与现代体育总是和民族自尊、民族气节紧密相关的。所以,现在提倡全民健身,其功能是全方位的,具有广泛的生物学和社会学意义。

2. 体育锻炼可以培养良好的意志品质

体育锻炼中的竞争性,可以有效地激发人们不断进取和获得胜利的动机,从而造就现代人的积极心理品质。

3. 体育锻炼可以培养良好个性特征

体育作为一种教育活动,在培养人才、锻炼人才过程中起着重要作用。体育活动可以改变学生的先天素质,发展能力。能力的发展就是个性形成的过程。参加身体运动的性质、层次和方法不同,形成的个性特征也不同。

4. 人体运动可以培养正确的行为规范

在长期的锻炼与竞赛活动中,要求参加活动者务必遵守规则、尊重裁判与对手、尊重观众、科学锻炼、不违反生理学原则、善于控制自我、克服感情和意气用事、增强法制观念等。最终对个人和社会都有益处。

5. 体育锻炼可以发展注意品质

经常参加身体锻炼的大学生,对事物的反应更迅速、更准确、更清晰;注意的指向性和稳定性增强,注意的分配能力和转移能力提高。这种注意品质的发展,对于学习、工作和生活以及遗传具有重要意义。

第四节　高等学校体育与健康教育

一、高等学校体育与健康教育应具备的理念

(一)学校体育是大学生人生健康意识建立的关键

学校体育贯穿于一个人所受教育的全过程,这包括学前教育、小学教育、中学教育、大学教育等,将其串联为统一的整体,在其各阶段发挥着不同的功能。同时它也与家庭、社会体育相关联,由此而引出目前人们常提及的终身体育这一新观念。

体育作为教育体系中不可分离的一部分是毋庸置疑的。终身体育思想的传输是顺应整个社会的政治、经济、文化教育的发展需要,随着社会的发展、人们物质文化生活的富足、健康意识的加强而逐步加强,健身运动使更多的人丰富了闲暇生活。在步入社会前的最后阶段,高校学生的思想意识、观察思考能力也较前几个阶段教育期更加成熟和完善。因此,在此阶段的体育教育,应能密切结合学生未来走上社会的实际需要,改变以往单纯以技术教学为主的观念,以增强体质、提高学生身心健康和社会适应能力为中心,树立终身体育为指导思想的教学模式;设置合理的课程,引导学生学习体育,激发兴趣,使学生在学习中获取乐趣,感受快乐,乐中育心,从中自觉地探索和追求健康。指导学生去了解健康,应是全面的,如仅

取其一,就易使人在实际运动中产生偏差。健康应是人体从内到外全面的,还要包括心理和社会适应力等方面,只有充分全面地认识,才能自觉以良好的心态从事健康运动。世界上一些国家如美国有专门机构关注学生健康,日本早在 20 世纪 80 年代初就将学校体育的方针修订为"增进健康,提高体力,增强体质,培养终身从事体育锻炼的态度和能力,过健康生活"。

(二)时代发展对学校体育与健康教育的要求

20 世纪末,世界发达国家和地区大多把体育课改为《健康与体育》《保健体育》《体育与健康》等,都把健康教育放在重要地位。有的单独开设健康教育课程,有的把体育与健康合成综合性课程,其目的在于开发学校体育与健康教育相结合的综合效应,促进人才的培养。

1999 年全国第 3 次教育工作会议提出"健康第一"的素质教育理念,这一理念成为 21 世纪教育发展的基础。我们认为体育教育与健康教育的结合,是今后学校体育整体改革的发展方向,是应试教育向素质教育转化的一个重要方面。

体育课程是大学生以身体练习为主要手段,通过合理的体育教育和科学的体育锻炼过程,达到增强体质、增进健康和提高体育素养目标的公共必修课程。2002 年教育部颁发的《全国普通高等学校体育课程指导纲要》提出了体育健康教育的新理念。

(三)学校体育与健康课程的价值取向

纵观现代体育课程的价值取向,主要是注重体育课程的健康价值、实用价值及满足不同个体的体育需求。

体育与健康课程的价值是增进学生身体健康、提高学生心理健康水平、增强学生社会适应能力,获得体育与健康知识和技能。

体育与健康课程是将目标定位在"健康"上,强调以身体练习为主要手段,新课程标准的改革是从"健康"这一目标出发改造和完善体育与健康知识内容,重新选择组合完善运动技术内容,补充三维健康观内容,改革完善学习评价体系等。

大学生自我发展的需要:缺乏基本的健康知识,没有形成健康的生活习惯;不知如何调整自己的心理状态,保持心理健康;缺乏对健康行为的判断能力;缺乏应对危险健康行为的技能等。

二、高等学校体育与健康教育的目标

中国自 20 世纪 90 年代对终身体育的思想加以认可。中国高等院校体育教育真正达到的目标应是:通过体育教育增强学生体质,健全体格,掌握体育运动与卫生保健的基本知识、技术、技能,促进学生身心全面和谐发展,培养学生具有自学、自练的良好习惯和能力;提倡个性发展,以良好的心态为长远的终身体育打下坚实的基础;具有进取与竞争精神,以健康文明的生活态度面对未来,为社会服务。要达到上述体育教育目标,体育教学要从以下几方面着手。

（一）体育教学要在传授知识的同时充分发挥体育的德育功能

通过理论与实践课使学生了解中国体育运动的发展，以事实论证国力增强、体育运动发展、人民健康幸福的现实，强调健康对于人生的意义。大学体育课中的理论教学安排较少，因而不仅在理论课上，即使在技术课中也要将理论知识融于其中，使学生通过教学活动加深对体育运动的认识，体会到身体的健康，对于国家的兴旺、个人的发展所显现的重要性。在集体和个人项目的教学中，强调集体主义精神和个性发挥的魅力，通过体育课的形式，将体育运动的知识、技能教授给学生，培养学生克服困难、自觉刻苦锻炼的优秀品质。

体育运动所包含的内容很多，每个人的志趣各异，体育教学要使学生对现代体育运动及中华民族传统体育项目有所了解，促使学生有意识主动地去参与其中，以运动的形式同他人交流思想；引导学生树立良好的心理品质，选择适合自己的运动项目，以体育运动的形式向人们展示自己的才能。体育运动对于心理品质的影响应该是很直接的，教育部领导曾指出："体育不仅能强壮体魄，而且能培养学生不怕困难，不怕挫折和失败，敢于竞争，敢于拼搏的精神，还能培养孩子与他人合作的团队精神。"只有将思想品德教育渗透到体育教学中去，才能体现出体育教育的特殊作用。利用课余时间，组织形式多样的体育活动，激发学生自觉锻炼的健康意识，调动学生的积极性和主动性。大学生从事体育锻炼，仅一周一次的体育课是不能满足健康需要的，因而体育锻炼更多应在体育课之外。

课外体育锻炼是学校体育不可缺少的组成部分，要通过学校各级组织及体育部门的协作，组织多种形式的体育竞赛，并通过报纸、广播等形式进行宣传。要使体育活动能吸引学生参与，就要采取形式活泼的方法，使人人都可做、都会做。中国民族、民间的传统体育活动很多，我们曾经在学校运动会中安排少数民族传统体育项目，如举办趣味运动会，深受学生欢迎，这也为民族体育在学校中的开展做了很好的尝试。

（二）加深对体育多种功能的认识和健康意识的培养

大学阶段是学生生长发育、个性形成的重要时期，也是培养学生养成自觉从事体育健身习惯的重要时期。这一时期的体育活动进展如何，将会直接影响学生对于体育运动价值观和运动习惯的养成。作为体育教师，应了解学生的生理和心理特点，有意识地培养学生增强自我保健意识，养成体育锻炼的习惯，同时为今后的终身体育活动打下坚实的基础。

大学体育是连接学生参与社会体育的桥梁，学校的自身环境为学生个体积极参与体育运动、增加对健康的真正认识提供了良好的实践机会。大学体育教育应在学生进行身体练习时，不断加强主体意识的培养，提高学生独立参与锻炼身体的能力，并以有效的途径，为学生掌握基本的卫生保健常识创造条件，如一些常见的运动性疾病和损伤的医治与预防的理论和技能，使其有充沛的精力愉快地从事所喜爱的工作。特别是走上社会后仍能运用在大学所学得的有关体育运动知识，在增强自身体质和获得健康实效的同时，为社会体育运动的开展做出贡献。

在大学生群体中，随社会环境、家庭经济状况的变化，有更多的人越来越懂得健康投资的长远功效。他们有进行体育锻炼的愿望，也就有可能将闲暇时间投入到体育运动中去。北京的一些高校以俱乐部、协会等名义组织学生参加活动，体育教育人员作为辅导员参与其中的工作,为学生群体工作的良性发展起到了推动作用。但也有一些高校体育设施不完善,无法为学生的体育锻炼提供充足的器材和场所。一些高校利用体育设施大量从事经营性活动,导致学生在自己的学校却不能充分利用运动场,各种制约因素导致学生离开运动场而寻求其他消遣方式,从而引起各种问题的产生。

高等院校要推行健康第一的指导思想,首先应使教育者对自己的定位有新的认识,即为学生服务。国外的很多大学,其体育工作的运行多在俱乐部的体制下进行,体育教师对学生参加运动的合理性给予指导,并作为辅导员从体育的角度热心帮助学生。而目前我国高校的体育教师,习惯以传统的家长式教育管理学生。教师对如何培养学生对体育与健康、体育与自身的未来、体育在社会及学校中的实质功能的具体认识尚有很大的差距,必将导致在实际工作中总是落后于别人。

在推行素质教育的今天,学校领导应在广大体育教育者的积极配合下,认真把握机遇,将体育融于日常生活,切实地为学生服务,创造各种条件,增强学生体育锻炼的习惯与兴趣,积极引导学生树立良好的心态和终身体育的指导思想,快乐且富有意义地度过自己的一生。健康意识的教育在当前学校体育中占有重要地位,提倡素质教育,提高学生对体育与健康的认识,体育能增进健康,健康能使个人幸福、家庭幸福、社会幸福。在 21 世纪中,我们有健康的身体、良好的心态,就能为国家全面振兴做出更大的贡献。

三、体育健康管理

（一）体育健康管理概念

（1）健康管理:一种对人和人群的健康危险因素进行全面管理的过程。

（2）运动系统:包含骨骼、骨骼肌(肌肉)、骨连结(关节)。

（3）肥胖:指一定程度的明显超重或脂肪层过厚,使体内脂肪尤其是甘油三酯过多而导致的一种状态。

（4）有氧健身条件:锻炼时间持续 30 分钟以上,锻炼频率每周 3 次,心率控制在 130 次/分钟左右。

（5）体重指数 = 体重(千克)/(身高的平方)(平方米)。

（6）疲劳:机体生理过程不能维持机体在一定水平上或不能维持预定强度。

（7）六大营养素:蛋白质、脂肪、糖、维生素、矿物质、水。

（8）老化:身体各组织器官出现退行性变化和机能衰退的现象。

（9）衰老:指人体不可避免地自然衰退、老化、消亡的过程,有明显个体差异,却又是大势所趋(3 天不活动,其力量下降 3%;长期不活动,各组织器官将发生退行性变和机能衰退,甚至危及生命)。

（10）最大心率=220-年龄;有氧运动心率达到130次/分钟;老年人最高心率=180-年龄。

（二）体育健康管理标准和方法

（1）健康标准：躯体健康、心理健康、社会适应、道德健康。

（2）亚健康表现：暴躁、失眠、头痛、紧张、关节痛、肌无力（长期符合任何 3 种以上称为亚健康，即第三状态）。

（3）营养与营养素的区别：

营养是指机体摄取、消化、吸收和利用食物整个过程。

营养素是食物中被机体消化、吸收和利用，供给热能构成机体组织和调节生理机能，为身体正常物质代谢所必需的物质。

（4）低血糖症状：机体运动能力下降、头晕、肌无力、恶心等。

（5）维生素：有活性的低分子化合物。

脂溶性维生素：维 A（夜盲症）、维 D（日光浴）、维 E（解酒）。

水溶性维生素：维 B（脚气）、维 C（坏血病、抗氧化剂）。

（6）基础代谢条件：充足睡眠、平躺、安静环境、20℃左右、无负荷。

（7）不同年龄健康管理：

婴幼儿：0~2 岁，健康成长。

少年儿童：6~17 岁，处于生长发育阶段。

青春期：11~14 岁，身体素质发展。

（8）生长与发育关系：

生长是指身体各组织器官在形态上的增大或组织细胞在数量上的增多；其表现形式是身体体重增加。

发育是指身体内组织器官的分化而引起的在结构和机能上的改变；其表现形式是机能能力的增强。

只生长不发育会长胖，只发育不生长会得侏儒症。

（9）身体素质的发展：平衡、协调、耐力、速度、柔韧、力量、灵敏。

男 19 岁、女 13 岁以前，10~12 岁提高速度。

13 岁前柔韧发展最好，10 岁后青春期练灵敏。

女（耐力）13 岁后下降，17~18 岁回到 13 岁水平，21 岁下降。

12 岁前心率快每搏输出量少，不能满足长期运动时机体对氧的需要。

（10）体育训练注意事项：

时间：体育运动持续时间不宜过长，运动量要适当。

形式：活动内容和形式要多样化或经常交换，防止单一内容。

休息：应保证充足的休息和睡眠，并有足够营养和能量。

器械：器械大小、重量要符合其身体发育特点，不能使用成年人的器械以免发生外伤。

15~16 岁练力量；12~13 岁练习球类运动；10~11 岁练习速度、灵敏、体操。

（11）女性身体特征：皮下脂肪多，骨盆相对较宽，躯干较长，四肢较短。

（12）女性经期注意事项：

①经期的第一、二天应适当减少运动量及强度。

②有痛经和月经紊乱的女生,月经期不宜进行体育运动。

③不宜游泳。

④不宜从事剧烈运动,尤其是震动强烈,增加腹压的工作。

(13)提前行经的方法:月经周期的第十五天开始,口服安宫黄体酮片,每日 3 次,每次 2 片,连服 5 天,停 2~5 天。

(14)糖原填充法:利用高糖膳食以增加糖原含量,从而提高肌肉耐力工作能力的方法。

①赛前 1 周的 4~7 天(75%~85% 大强度训练每 次 训 练 30 分钟左右再 配 合 低糖混合饮 食以助于储存身体蛋白质)。

②赛前 3 天(补充 65%~75% 高糖饮食,500 克左右 / 天)。

③休息一天。

④赛前 4 小时摄入 65%~85% 高糖饮食——超高糖。

⑤赛前 15~45 分钟不能直接摄入糖——增加身体负担。

本章思考练习题

1. 什么是健康(健康的定义),哪些是影响健康的因素?

2. 什么是亚健康,造成亚健康状态的原因是什么?

3. 如何进行体育健康管理?

4. 分析本人健康状况及其产生原因。

5. 提出改善自己健康状况的对策。

第三章　体育锻炼与肥胖

第一节　肥胖的定义与标准

一、肥胖定义

肥胖是指人体脂肪的过量储存,表现为脂肪细胞增多和(或)组胞体积增大,即全身脂肪组织块增大,与其他组织失去正常比例的一种状态。常表现为体重增加,超过了相应身高所确定的标准体重,见表3-1-1。

表 3-1-1　中国与亚洲、WHO比较

指标 ＼ 标准	WHO	亚洲	中国
正常体重	18.5~24.9	18.5~22.9	18.5~23.9
超重	≥ 25~29.9	≥ 23~24.9	≥ 24~27.9
肥胖	≥ 30	≥ 25	≥ 28

二、诊断方法与诊断标准

人体测量法、物理测量法和化学测量法。

（一）人体测量法

（1）身高标准体重法。
（2）皮褶厚度法。
皮褶法(量度皮下脂肪厚度):所有量度的位置皆在身体的右边(见图3-1-1)。
一般皮折测量的位置,女性会在肱三头肌及腰侧,而男性则在肩胛骨下缘及大腿前侧(见图3-1-2、图3-1-3)。

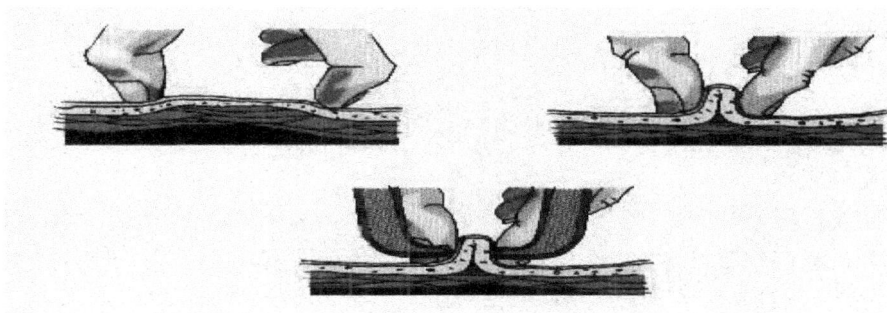

图 3-1-1

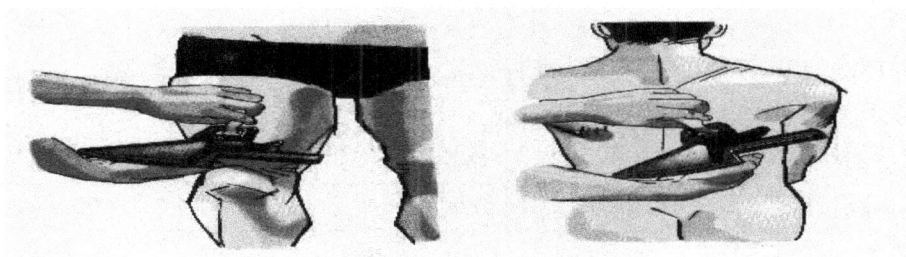

图 3-1-2

图 3-1-3

（3）体质指数（BMI，Body mass index）法。

BMI 的公式为：

BMI ＝体重（千克）/[身高（米）]^2（单位为千克 / 米）

青少年理想 BMI 范围见表 3-1-2。

表 3-1-2 青少年理想 BMI 范围

年龄(岁)	男生	女生
12	16.6~22.2	16.0~21.9
13	17.1~22.8	16.4~22.2
14	17.7~23.6	17.3~22.9
15	18.2~23.6	17.7~23.0
16	18.2~24.2	18.0~23.0
17	18.0~24.0	18.0~22.5
18	18.0~24.2	18.0~22.3

（二）物理测量法

（1）全身电传导。
（2）生物电阻抗。
（3）双能 X 线吸收。
（4）计算机断层扫描法。
（5）核磁共振扫描。

（三）化学测量法

包括稀释法、40K 计数、尿肌酐测定法。
脂肪的平均比率见表 3-1-3。

表 3-1-3　脂肪的平均比率

类别	男性	女性
优秀运动员	5%~10%	10%~15%
良好	11%~14%	16%~19%
可接受	15%~17%	20%~24%
过胖	20%~24%	25%~29%
肥胖症	25% 以上	30% 及以上

三、肥胖分类

（1）一般型肥胖可分苹果型、水梨型两种（BMI 超过 23），如图 3-1-4 所示。

图 3-1-4

（2）儿童肥胖：6~12 岁儿童，以预防为主。
（3）产后肥胖及更年期肥胖：因体内荷尔蒙的变化所造成。
（4）病理性肥胖：肥胖合并慢性疾病，如糖尿病、高血压、痛风。
（5）病态性肥胖：超级大胖子（BMI 超过 38）合并症有糖尿病、高血压等慢性病。
（6）遗传性肥胖：先天性的问题造成肥胖或先天性甲状腺功能不全。

第二节 肥胖流行情况

一、国外一些国家肥胖发生率

国外肥胖发生率见表 3-2-1。

表 3-2-1 国外一些国家肥胖发生率

国家	男（%）	女（%）	年份
前东德	20.5	26.8	2010 年
英国	15	16.5	2012 年
加拿大	12	14	2011 年
巴西	5.9	13.3	2011 年
澳大利亚	11.5	13.2	2012 年

二、我国肥胖发生率

超重率、肥胖率见表 3-2-2、表 3-2-3。

表 3-2-2 成人超重率

居民	2002—2005 年（%）		2008—2010 年（%）		2012 年（%）	
	男	女	男	女	男	女
北京 W	32.7	39.7	46.2	50.3	51.9	44.2
北京 F	18.3	23.4	41.1	47.7	54.6	62.3
北京 C	–	–	36.1	41.5	54.6	42.3
黑龙江 C*	–	–	30.9	38.4	51.2	48.4
河北 W	15.7	26.7	31.3	49.6	–	–
河北 F	5.1	15.2	19.1	33.0	37.2	51.5
山东 F1	–	–	20.2	25.8	41.4	58.8
山西 F	–	–	19.1	17.0	17.5	42.3
上海 C	2.1	6.6	12.1	24.4	36.2	36.1
四川 C	1.3	4.3	3.2	7.1	25.9	22.1
江苏 F	5.6	7.3	6.1	11.4	18.4	22.3
陕西 F	5.9	13.6	13.4	20.6	10.5	15.9
浙 F1	0.5	1.4	6.4	6.4	17.1	23.6
广州 W	1.5	2.9	9.0	13.5	22.1	27.1
广州 F					11.9	11.3
江西 F					8.2	14.3

W：工人，F：农民，C：城市居民，F1：渔民。*BMI ≥ 25 千克 / 米

表 3-2-3　成人肥胖率

居民	2002—2005 年（%）		2008—2010 年（%）		2012 年（%）	
	男	女	男	女	男	女
北京 W	1.9	7.2	3.9	9.4	5.8	7.1
北京 F	2.2	3.0	4.4	9.2	8.1	14.1
北京 C	–	–	2.8	6.0	7.4	9.8
黑龙江 C*	–	–	1.5	–	6.6	8.8
河北 W	1.5	4.3	2.8	15.1	–	–
河北 F	–	–	–	–	3.5	9.6
山东 F1	–	–	–	–	5.7	15.0
山西 F	–0.1	1.8	0.4	4.3	1.6	6.1
上海 C			1.3	2.4	2.1	5.6
四川 C	–	–	0.8	0.2	0.5	2.0
江苏 F	0.1	0.2	0.2	1.7	1.2	1.4
陕西 F	0.1	0.1	0.0	0.3	0.4	0.3
浙 F1	0.1	0.9	0.0	0.4	1.3	1.9
广州 W	0.2	0.9	0.5	2.0	1.3	5.3
广州 F	0.0	0.4	0.7	0.3	1.5	1.2
江西 F	0.04	0.2	0.9	1.4	1.0	1.0

W：工人，F：农民，C：城市居民，F1：渔民。*BMI ≥ 30 千克／米

三、肥胖总的发生情况

（1）我国各地人群超重与肥胖发生率差异较大，北方高于南方，大中城市高于内地农村，女性高于男性，经济发达地区偏高，其中以北京最高，超重与肥胖发生率分别为 51.1%、8.7%。

（2）发展趋势见表 3-2-4。

表 3-2-4　我国肥胖发展趋势

年份	超重率	增长速度	肥胖率	增长速度
2002 年	28.5%		3.6%	
2010 年	43.8%	4.4%	5.95%	5.2%
2012 年	51.1%	2.6%	8.7%	6.5%

（3）我国肥胖的特点：多为中心型（腹型）肥胖。

肥胖是全球重要的公共卫生问题，是导致糖尿病、高血压、血脂异常及代谢综合征（MS）与心血管疾病的高危因素。

中心型肥胖（腹型肥胖）是连接代谢综合征与心血管疾病的重要环节，2005 国际糖尿病联盟（IDF）及 2009IDF/ 美国心脏学会 / 美国心肺血液研究所的全球代谢综合征的统一定义均提出以腰围判断腹型肥胖时，不同种族和性别的切点不同，并指出需要新的循证资料来证实腹型肥胖作为心血管疾病风险筛查工具的诊断阈值。

腹部脂肪聚集程度的精确测量及其分布的判定需要采用核磁共振或计算机断层扫描技

术。为此,我们对中国人腹型肥胖与糖尿病及心血管疾病的发生发展方面进行了系列研究,发现了一些中国人的发病特点和新证据。

与欧美国家相比,中国人的体脂分布具有一定的特殊性,表现为肥胖程度较轻,而体脂分布趋于向腹腔内积聚,即易形成腹型肥胖。

通过应用核磁共振技术进行体脂分布研究发现,在中国人体重指数(BMI)≥25千克/米人群中,62%是腹型肥胖。即使在正常体重(BMI<25千克/米)人群中,亦有14%的人表现为腹内脂肪的严重堆积。而腹内脂肪增多的个体更容易发生糖尿病和MS。在大样本人群中(1140例)开展了核磁共振技术精确评价腹内脂肪积聚与MS关系的研究,结果表明,中国人腹内脂肪面积(VFA)大于80平方厘米,判定MS的特异性及敏感性最好(无论是中华医学会糖尿病学分会还是IDF定义)。故将腹内脂肪面积大于80平方厘米定义为腹型肥胖的精确标准,并与简易体脂参数腰围进行了对比分析,得出了相应的腰围参数:男性87.5厘米,女性84.2厘米。

此外,另一项应用核磁共振诊断腹型肥胖预测糖尿病的七八年随访研究中则见到,腹型肥胖是独立于糖调节异常以外的致糖尿病的风险因素,该人群发生糖尿病的相对危险度(RR)在男性和女性分别为3.35和4.57,而相应的腰围在男性中约为88厘米,女性约为82厘米。这些研究都提示将腰围男性90厘米、女性85厘米作为中国人腹型肥胖的诊断切点是较为合理的。因此,《中国成人血脂异常防治指南》制订联合委员会采用了该标准制订了新的MS的工作定义(JCDCG)。此后,我们应用JCDCG在上海社区人群开展了5.5年心血管发病风险的研究亦发现,在调整年龄、吸烟和低密度脂蛋白胆固醇后,JCDCG定义诊断的代谢综合征较之用IDF(2005)和美国国家胆固醇教育纲要成人教育组第三次报告(NCEP-ATPIII2001)。定义对心血管事件发生风险具有更好的预测价值,风险比(HR)分别为1.55(1.17~2.04)、1.21(0.90~1.61)和1.23(0.93~1.62)。在1005例既往无心血管病史的社区人群中发现,男性VFA≥80平方厘米是识别颈动脉粥样硬化的有效指标,并且见到即使总体脂未增多,但腹内脂肪聚积相对较多者其动脉粥样硬化的风险仍然较高。

此后,我们在国内开展了多中心、大样本人群队列的随访研究,得出了判断成人腹型肥胖的体脂参数的最佳切点:精确参数:腹内脂肪面积80平方厘米;简易参数:腰围男性90厘米、女性85厘米。在随访研究中进一步验证了上述切点预测代谢综合征发生的意义。阐明了成人体脂分布特征表现为腹部脂肪聚集为主,即使在正常体重人群中腹型肥胖者占1/4~1/5。

上述研究成果判断腹型肥胖的简易指标腰围切点:男性90厘米,女性85厘米,被2013年国家卫生和计划生育委员会《中华人民共和国卫生行业标准——成人体重判定》(标准号WS/T428-2013)所采用,并于2013年10月1日正式实施。

腰围测量操作简单、省时廉价、便于推广,适用于各级医疗单位。该指标对代谢综合征的早期预警、早期识别、干预效果的评估、提高和促进全民健康水平、减轻国家的疾病负担具有重大意义。

第三节　肥胖发生的原因

一、发病机理：摄入能量 > 消耗能量

（一）肥胖的分类

（1）遗传性肥胖。
（2）继发性肥胖。
（3）单纯性肥胖。

（二）肥胖产生的原因

1. 遗传

肥胖的父母所生的儿童比一般儿童变成痴肥的概率高 25%~30%。虽然这不是定律，但却会增加变成肥胖的机会，这与遗传及家庭的生活及饮食习惯有关。

2. 性别

男性的肌肉通常比女性发达，所以基本代谢率亦较快，有研究指男性比女性在静态时会多消耗 10% ~20% 的热量，所以女性常比男性胖。

3. 年龄

年纪愈大，肌肉愈少，基本代谢率亦下降，造成体重渐渐上升。所以青少年吃得多也不易长胖。

4. 吸烟

吸烟人士的体重常较不吸烟的低，但戒烟后体重便会上升，这是因为尼古丁可提高代谢率。吸烟人士往往在戒烟后又会比以前吃更多食物，这亦是令体重上升的原因之一。虽然体重会上升，但戒烟对身体的益处远远超过体重增加的坏处，想减肥的人士亦不要以吸烟为减肥方法，因吸烟对自己及身边的人的健康是百害而无一利的。

5. 活动量

肥胖人士的活动量通常会较低。事实上，运动可消耗多余的热量，有助控制体重。

6. 高脂肪饮食

高脂肪饮食的热量高，容易使身体积聚脂肪，而且脂肪每克含 9 卡路里，比任何营养素的热量都要高（碳水化合物及蛋白质每克只有 4 卡路里）。

7. 疾病

荷尔蒙失调、甲状腺功能衰退等都可使体重上升，所以很多女性在更年期后，因荷尔蒙的

变化,体重亦会逐渐上升。

8.药物

例如:用于治疗过敏反应、类风湿性关节炎及其他炎性疾病的泼尼松(Prednisone)或会导致体重上升。

事实上,因患疾病而导致肥胖的人只占肥胖人士的极少数,大部分人士都是因为运动量不够,饮食的脂肪及热量太高而导致肥胖的。

(三)肥胖的表现

1.肥胖表现

(1)体重增加。

(2)体内积存过多脂肪。

2.脂肪细胞

(1)白色脂肪细胞。

①多余能量转成脂肪。

②积存体脂肪,造成肥胖。

(2)褐色脂肪细胞。

①交感神经抑制。

②分解脂肪,消耗能量。

③体内少有褐色细胞存在。

3.肥胖者体脂肪分布状态

(1)下半身(皮下脂肪型)。

(2)上半身(内脏脂肪型)。

内脏脂肪型肥胖危险性较高,易罹患糖尿病等疾病。

二、肥胖发生的外因

(一)社会因素

肥胖以每年7%~8%的速度递增;动物性食品、脂肪等高热能食品摄入明显增加;由于交通的发达、方便快捷,人们的活动量明显减少;由于电视机、电脑的普及人们坐着的时间明显比活动时间增多等。这些因素均会导致能量摄入大于支出,从而引起肥胖。

(二)饮食因素

胚胎期的营养补充,出生后人工过量喂养。

（三）行为心理因素

行为心理→肥胖→行为心理→肥胖。

三、肥胖发生的内因

遗传因素表现在以下两个方面。

（一）环境因素与遗传因素相互作用

在肥胖研究中,近几年有很大突破,见表3-3-1。

表 3-3-1　与肥胖有关的基因

神经肽 Y（NPY） 增食因子 A、B（OrexinA、B） 黑色素浓缩激素（MCH） 解偶联蛋白	瘦素（Leptin） 黑色素皮质激素（Melancortin） 蛙皮素（Bombesin） 胆囊收缩素（CCK） 胰升糖素样肽类（GLP-L）

1. 肥胖基因与瘦素

（1）ob 基因的结构与功能。小鼠 ob 基因,第 6 号染色体长度为 4.5kb,蛋白质含有 167 个氨基酸,命名为瘦素,分子量为 16.0KD,瘦素具有抑制食欲、减少摄食量、促进能量消耗、抑制脂肪合成的作用,先天性肥胖小鼠 ob 基因第 105 位点的密码子发生突破,由 CGA → TGA（翻译终止信号）,已有许多实验证实,瘦素具有减肥作用。

（2）肥胖基因表达的影响因素。

①摄食对肥胖基因表达的影响。

②膳食构成对 ob 基因表达的调节。

③膳食成分对 ob 基因表达的调节,铬和多不饱和脂肪酸对大鼠血中瘦素的影响。

（3）目前研究的热点和发展趋势。

①研究肥胖病人体内产生瘦素抵抗的原因,并研究改善抵抗的措施。

②鉴于瘦素的受体是糖尿病基因（db 基因）,同时瘦素与胰岛素之间有非常密切的相互调节机制,因此国外正研究瘦素与糖尿病的关系。

③研究瘦素促进能量和三大营养素代谢的途径和瘦素抑制食欲的信号传导途径。

④目前已发现瘦素不仅在脂肪组织表达,而且还在许多其他组织中表达,并且许多组织有它的受体,如胃、乳腺、子宫内膜、胎盘等,但它们的生理意义和功能目前还不清楚。

⑤研究 ob 基因及瘦素受体基因的多态性,以便进一步探讨瘦素及其受体与人类肥胖的关系。

2. 解偶联蛋白基因（Uncoupling protein gene、UCP gene）

研究发现五种解偶联蛋白在机体内的综合作用可能决定了一个人的整体代谢率，决定了热量消耗，从而也就决定了一个人的肥胖倾向。UCP2、UCP3 表达活性降低可能是肥胖发生的部分原因，见表 3-3-2。

表 3-3-2　解偶联蛋白基因

基因	年份	组织分布	功能
UCP1	1978 年	褐色脂肪组织	是线粒体内膜的转移因子，使细胞呼吸的氧化磷酸化解偶联，使能量不以 ATP 形式贮存，而以热量形式散失掉，使机体能量贮存与消耗保持动态平衡
UCP2	1997 年	褐色、白色脂肪组织，骨骼肌、心、脑、肺、肾、脾、胎盘、淋巴细胞等	
UCP3	1997 年		
UCP4	1999 年	骨骼肌、褐色脂肪组织	
UCP5	2000 年	脑	

小结：肥胖与肥胖症的主要成因：
（1）不良的饮食习惯。
（2）遗传因素。
（3）缺乏锻炼。

第四节　肥胖对人体健康的危害

一、肥胖对儿童健康的危害

（1）心血管系统的影响。心血管系统工作量增大，负荷增强，容易发生心血管系统疾病。
（2）对呼吸系统的影响。肥胖儿童的肺活量和每分钟通气量明显低于正常儿童。
（3）对内分泌系统与免疫系统的影响。肥胖儿童的生长激素和泌乳激素大都处于正常的低值；甲状腺素 T3 升高，T4 大都正常；性激素，肥胖男孩血清睾酮降低，血清雌二醇增加，而肥胖女孩雌激素代谢亢进，可发生高雌激素血症。另外，肥胖儿童可发生胰岛素抵抗、糖代谢障碍、患糖尿病危险性增加。肥胖儿童，细胞免疫功能低下。
（4）肥胖对生长发育的影响。肥胖儿童生长发育提前，第二性征发育明显早于正常体重儿童。肥胖对心理行为、智力也有不良影响。行为商数（ADQ）肥胖儿童明显低于对照组。肥胖男生倾向于抑郁和情绪不稳，肥胖女生倾向于自卑和不协调，反应速度低、阅读量慢、大脑工作能力指数等指标的均值低于对照组。

二、肥胖对成年人健康的危害

易引起高血压、糖尿病、高脂血症、冠心病、脑卒中、某些肿瘤、肥胖者的内分泌代谢紊乱、生长激素浓度明显下降、男性血浆睾丸酮浓度降低、女性雌激素水平升高、血管闭塞等。如图 3-4-1、图 3-4-2 所示并见表 3-4-1。

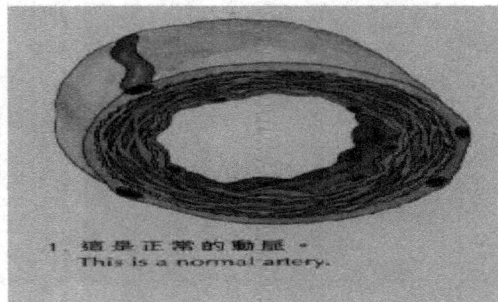

图 3-4-1

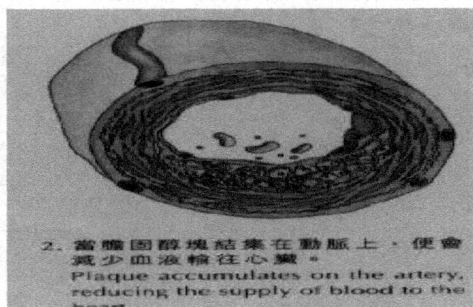

图 3-4-2

表 3-4-1　发病率情况

分类	体重指数	患上与肥胖相关的疾病发病率
正常	18.5~22.9	正常
过重	23.0~24.9	增加
一级肥胖	25~29.9	中度
二级肥胖	≥ 30.0	严重

三、均衡饮食 + 适当运动

图 3-4-3

小结：肥胖与肥胖症的危害：

1. 引发高血压。

2. 增加糖尿病的发病率。

3. 易患脂肪肝、胆结石、冠心病。

第五节　肥胖的预防和治疗

一、预防和治疗肥胖的难处与益处

难处：人们很难做到长期保持能量摄入和能量消耗的平衡,特别是进食方面的控制。

益处：见表 3-5-1。

表 3-5-1　身体指标变化情况

体重减小 10%	高血压	收缩压 ↓ 40 毫米汞柱,舒张压 ↓ 18 毫米汞柱
	冠心病	发病率 ↓ 20%
	糖尿病	体重减轻 5 千克以上,患病危险性降低 50%
	血糖	↓ 0.14 毫摩尔 / 升
	血胆固醇	↓ 0.292 毫摩尔 / 升
	高密度脂蛋白胆固醇	↑ 0.09 毫摩尔 / 升
	血清尿酸	↓ 19.6 毫摩尔 / 升

二、如何减重

（1）饮食控制：减肥当然需要均衡健康的饮食,吃慢一点,吃少一点,就可以减肥,但要持之以恒,一年、二年、三年、五年,甚至是一辈子。

均衡膳食：饮食要均衡、少吃脂肪、盐和糖,多吃含高纤维的食物,如蔬菜、水果和谷类等。

七种基本的食物物质：蛋白质、碳水化合物、矿物质、维生素、脂肪、纤维素。

蛋白质是由氨基酸组成,蛋白质主要可分为动物蛋白质及植物蛋白质。包括：猪肉、鸡蛋、牛奶、鱼、豆、麦等谷类。

碳水化合物是热量的主要来源,主要可分为单一碳水化合物及复合碳水化合物。碳水化合物则主要存在于淀粉质食物中,如壳物、面包、马铃薯、麦、豆、蔬菜。

矿物质：食物中含有多种矿物质,其中包括钙、铁、碘、钠和磷等。

维生素的种类很多,其中包括维生素 A、B、C、D、E 和 K 等。

（2）运动：只要达到运动量,就算是运动了。做任何运动达到流汗、心跳加速的地步就够了,即使只是 3~5 分钟也是可以的。

运动与健康：运动无须剧烈,也可促进身体健康。每日只要消耗 150 千卡[①]热量,已足以令身体获益。简单来说,令人心跳加速加强、流汗或呼吸加重的运动,都可视作剧烈程度中等或适量的运动。

---

① 1 千卡 =4.18 千焦

例如：① 活动 30 分钟所耗的卡路里

游泳运动　　　　518 卡

骑脚踏车　　　　95 卡

行楼梯　　　　　141 卡

打扫　　　　　　114 卡

快步走　　　　　114 卡

跳绳　　　　　　224 卡

跳舞　　　　　　150 卡

②活动 60 分钟所耗的卡路里

逛街　　　　　　110 卡

跑步　　　　　　352 卡

散步　　　　　　132 卡

仰卧起坐　　　　432 卡

郊游　　　　　　240 卡

打高尔夫球　　　86 卡

唱 KTV　　　　　81 卡

打拳　　　　　　450 卡

有氧运动　　　　252 卡

打网球　　　　　352 卡

体力活动与热能需要见表 3-5-2。

表 3-5-2　体力活动与热能需要

劳动强度	消瘦千卡 / 千克 / 天	正常千卡 / 千克 / 天	肥胖千卡 / 千克 / 天
卧床休息	20~25	15~20	15
轻度体力劳动	35	25~30	20~25
中度体力劳动	40	35	30
重度体力劳动	40~45	40	35

（3）药物：目前卫生署合法的减肥药有罗氏鲜和诺美婷，而药物的作用是有效的辅助工具之一，生活及饮食方式的改善、行为的修正这才是减肥之本。

（4）手术：近年来由于减肥风气旺盛，不少人寻求这种既快又有效率的减肥方式，慎选医师及手术前与医师详细的沟通是必要的。

（5）行为修正：生活、饮食习惯的改善，把你过去一些不正确的饮食习惯、生活习惯慢慢从日常生活中调整过来。行为修正可减低复胖概率。

预防肥胖专家建议：

（1）减少食物中能量的摄入。

（2）增加每天的运动量，运动时以耐力练习为主。

（3）控制饮食与运动相结合。

（4）养成长期锻炼的习惯。

（5）注重对减肥速度的控制。

第六节　肥胖与体育锻炼

一、减肥运动处方

减肥的关键在于运动。目前,专家们认为,要减肥一要节制饮食,二要加强运动,即减少摄入的热量或者努力消耗体内的热量。所以说值得大力提倡的有两个方面:一是平衡膳食,另一个就是运动。美国专家的调查表明,要使减肥持久支持下去,除了有节制地减少摄入的热量外,必须增加运动量。

科学节食与运动相结合。一般限制饮食,适当减少碳水化合物及脂肪摄入,仅对轻度肥胖者有效。对较重肥胖者严格限制饮食,减肥效果不能持久,单纯限制饮食能控制体重者一般不到20%,大约50%的人在2~3年内恢复以前的体重。

二、减肥运动的强度

从能量消耗的角度来看,强度中等的运动(如长跑),可以持续较长的时间,总能量消耗较多。而且中等强度运动除了糖以外,脂肪是供能的重要来源。根据这个道理,时间长、中等强度的运动对减肥效果最好。

日本爱知大学运动医疗中心提出的运动减肥方案是:运动强度为最大运动量的40%~60%;每次运动2.5小时,消耗能量1 004.5~1 255.7千焦耳(240~300千卡);每周运动3次以上,有人认为减肥运动最佳心率的计算方法是:

$$最佳心率 = （220 - 年龄 - 安静心率）÷ 2 + 安静心率$$

三、选择适合的运动项目

（1）选择锻炼全身体力和耐力的有氧运动项目,如长距离步行、慢跑、自行车和游泳等。

（2）选择锻炼肌力、肌肉耐力为目标的拉力器等静态运动。

（3）选择准备活动和整理活动的伸展体操。尤应注意不断更换运动内容,以免厌烦。但有高血压和冠心病时,不要做等长(静力)运动,以免引起心率过快和血压升高。

四、制订减肥目标和计划

美国运动生理学家莫尔豪斯认为:减肥必须采取理智和稳健的方法,即根据自己的实际情况制订切实可行的减肥目标和计划,然后逐渐调整热量消耗与饮食的关系。他提醒减肥者,在1周内减体重不应超过0.45千克,否则不能真正长久地减肥。切不可用报刊上的模特儿做你的榜样。

实行每周 0.45 千克的减肥计划。由于 0.45 千克脂肪可以产生 14 649 千焦耳（3 500 千卡）的热量，所以，平均每天要比摄入量多消耗 20 927 千焦耳（500 千卡）。消耗这些热量的最佳办法是：每天减少 8371 千焦耳（200 千卡）热量的食物，再用运动多消耗 12 556 千焦耳（300 千卡）热量。

运动锻炼目的：一是减轻体重、防止肥胖；二是保持和增加体力，预防肥胖合并症。

耐力运动项目：如长距离步行或远足，自行车、游泳等。

运动强度：60%~70%HRmax 相当于 50%~60%VO2max 或心率掌握在 120~130 次 / 分。

锻炼时心率的控制：220- 年龄 ×（70%~85%）。

运动时间和频度：每次 30~45 分钟，每周 3~4 次。

①准备活动 5 分钟，可做些腰、腿髋关节轻微活动。

②慢走与快走交替 20 分钟，如步行由慢—快—慢，用 10 分钟走完 1 200 米，速度 2 步 / 秒，再用 10 分钟走完 1 300 米。

③基础体力练习 15 分钟：仰卧走坐 20 个（手抱头或不抱均可），俯卧撑 20 个，俯卧抬起上体 20 个，提脚跟 50 次，立卧撑 20 次，蹲跳起 20 次。

以上全部内容锻炼 45 分钟，共消耗热量约 12 556.5 千焦耳（300 千卡），此热量相当于米饭 90 克，或 3 个煎鸡蛋。

注意事项：锻炼时轻松或过于吃力，可稍调节内容和次数；锻炼后第二天不感到疲劳为宜，可每周适当增加运动量；严寒、酷暑或身体不适时，应停止锻炼，不可蛮干。

运动种类：步行、慢跑、自行车、游泳、滑冰等。

辅助项目：太极掌（套路）、乒乓球、羽毛球、网球、迪斯科健身操等。

力量性锻炼：应根据肥胖者脂肪蓄积的部位选择。脂肪蓄积在腹部者，主要是进行仰卧起坐、双腿直扣高及抗阻性抬腿运动等，每个动作 20 次。脂肪蓄积在肩、胸、背部者，可做哑铃操及拉力器练习等。

注意事项：锻炼前应做医学检查，判定心功状态及有无心血管系统合并症；运动疗法必须和控制饮食相结合，主要是控制脂肪、糖类及食量；力量锻炼主要是锻炼四肢大肌肉群，用力程度逐渐增加；有合并症者可分别按冠心病、高血压糖尿病运动处方锻炼。

本章思考练习题

1. 肥胖的诊断标准是什么？
2. 肥胖的流行情况是什么？
3. 肥胖发生原因是什么？
4. 肥胖的预防和治疗是什么？

第四章　体育锻炼与残障人、各类疾病的康复

第一节　体育锻炼与残障人

一、残障人的概念

残障：由于先天性或获得性原因,在身体的形态结构、生理功能或心理品质方面存在明显的缺陷,进而影响生活、学习、劳动和社会交往能力状态。

生物学残障：部分器官或功能不可再生性丧失。

医学残障：以医院病历诊断书和预后推断为基础的,对生物学残障的性质和程度的判别。

二、残障人参与体育锻炼的特点和作用

（1）残障人参加体育活动的特点：残障人不是一个同质人群,各种不同的残障及残障程度不同,对体育的要求也不同,开展体育活动比较困难;体育器材不足;因残障引起的对运动的心理障碍。

（2）残障人参与体育锻炼的作用：增强残障人生活的信心和勇气;有利于残障人身心的康复和素质的提高;有利于残障人回归主流社会,促进社会文明进步;促进残障人之间的情感交流。

三、适合残障人参加的体育比赛项目

（1）肢体残障人的体育项目。
（2）智力残障人的体育项目。
（3）视觉残障人的体育项目。
（4）听觉残障人的体育项目。

四、如何组织残障人参加体育活动

（一）残障人体育活动的类型

一般有球类、登山、长距离走、游泳、跑步、跳绳等。

（二）鼓励和组织更多的残障人参加体育活动的作用

（1）可增强残障人生活的信心和勇气：残障人参加体育活动有助于残障人之间的交流，改善残障人的心理品质，克服心理障碍。消除缺陷心理、挫折心理、信赖心理、防御心理带来的种种弊端。残障人参加体育活动有十分重要的社会意义。通过体育活动，积极参与社会，增添生活情趣，陶冶情操，促进身心健康，扩大生活领域；同时，开展残障人体育运动还可以通过意志和体能的较量，向生命的潜力挑战，展示人的创造力和价值。

（2）有利于残障人身心的康复和素质的提高：促进残障部分的功能恢复，提高其他部分生理功能的代偿能力，改善残障人的心理状态，提高残障人的生活自理能力和社会适应能力。

（3）有助于残障人回归主流社会，促进社会文明进步：促进残障人之间的情感交流，提高自信心。残障人因残障而生活自理能力受到不同程度的影响，而体育活动对残障人提出了更高的要求。通过参加体育活动残障人挑战自我，增强适应能力和代偿能力。改善残障人的生活质量，展示残障人的精神面貌，体现社会文明的进步和发展，促进残障人事业的发展。

第二节　体育锻炼与常见疾病的防治

一、体育锻炼对脂肪肝的防治

（一）脂肪肝概述

（1）脂肪肝是指由于各种原因引起的肝细胞内脂肪堆积过多的病变，脂肪异常大量地在肝脏内蓄积，可分为酒精性脂肪肝和非酒精性脂肪。

（2）非酒精性脂肪肝（NAFLD）是代谢综合征（MS）在肝脏的表现。

（3）正常人内脂肪占肝湿重的 2%~4%。当比例大于 5%，或组织学上肝实质脂肪化超过30% 即称为脂肪肝。重者脂肪量达 40%~50%。

（4）引起脂肪肝的脂类主要是甘油三酯及脂肪酸。

（5）我国人群中的肥胖者已超过 7 000 万，脂肪肝发病率逐年上升。

（二）脂肪肝成因与危害

（1）成因：不科学的饮食结构，缺乏运动和滥用药物。

（2）危害：影响人的消化功能和肝脏正常的代谢功能。

（三）临床症状与诊断

（1）临床症状：食欲减退、恶心呕吐、喘气、有疲乏感、右上腹或肝区有疼痛感。

（2）诊断：肝脏 B 超检查,血脂和肝功能检查。

（四）专家建议

（1）戒除烟酒,控制饮食,补充蛋白质、维生素等食品。
（2）适当增加小强度的运动。
（3）制订科学的运动处方。

（五）体育锻炼与脂肪肝

运动量选择：
（1）运动是指体育锻炼,有出汗和强度要求,日常家务"活动"不能理解为运动。
（2）建议 30 岁以下进行稍高强度的运动,如篮球、羽毛球、足球运动等;30~45 岁进行快跑步运动(15 分钟 2 000 米)和乒乓球;50 岁以上进行稍快跑步(25 分钟 2000 米)。
（3）运动为有氧运动,强度为第二天不感觉疲劳为佳。
例如：
足球等运动 1 小时。
跑步为 3 000 米 / 天,可分为早晚进行。
运动量平均分配为每周至少 3 次。
运动时间：跑步分早晚,1 500 米 / 次,建议早起跑 1 500 米后洗澡、吃饭,晚上跑 1 500 米后洗澡睡觉。

二、体育锻炼与神经症的防治

（一）神经症的主要症状

（1）精神活动极易兴奋。
（2）睡眠障碍。
（3）情绪障碍。
（4）恐惧强迫症状。
（5）躯体强迫症状。

（二）神经症的成因

（1）患者本身的人格特点。
（2）心理压力、心理挫折和心理冲突的诱发。
（3）注意力过分集中于自我感觉和症状上。

（三）专家建议

（1）心理治疗,辅以药物治疗。

（2）持之以恒地积极参加各种体育活动。

（3）自我调整运动强度。

（4）根据兴趣、爱好和习惯选择各种运动项目。

三、体育锻炼与哮喘的防治

（一）哮喘概述

哮喘是一种机体对抗原性或非抗原性刺激引起的气管——支气管反应性过度增高（气管、支气管收缩痉挛）的发作性慢性疾病。

（二）哮喘的成因

（1）空气污染。

（2）呼吸系统感染。

（三）哮喘的危害

（1）哮喘经常发作，会使患者体质变差、体能减退、免疫力下降。

（2）长期重症哮喘并半有感染，会引起心肺功能障碍。

（四）专家建议

（1）哮喘患者应在医生的指导下，积极治疗，防止哮喘经常发作。

（2）哮喘患者参加体育锻炼，能增大肺活量，增强体质，提高免疫能力，减少发病。

（3）运动前要做好准备活动，逐渐增加运动量。

（4）对无心肺功能障碍的患者，运动强度的控制：儿童心率可达 150~170 次 / 分，成年人 140~150 次 / 分。

（5）哮喘患者适合于间歇运动。

（6）运动时要随身携带哮喘喷雾器。

四、体育锻炼与肝炎的防治

（一）慢性肝炎

肝炎是由病毒感染而引起的一种肝脏为主的传染性疾病。肝炎有甲、乙、丙、丁、戊五种类型。

（二）慢性肝炎的症状

1. 轻度患者

有轻度乏力,食欲稍减、腹胀,肝区有轻微刺痛感,肝肿大,肝功能试验有轻度异常。

2. 中、重度患者

食欲与体力明显减退,腹胀、肝肿大、肝功能试验有明显异常。

（三）专家建议

（1）肝功能指标日趋好转时可适当参加体育锻炼。
（2）运动强度因人而异,以不感觉疲劳为原则。
（3）患者可参加气功、太极拳、步行练习等项目。
（4）患者要注意医务监督。

五、体育锻炼与高脂血症的防治

（一）高脂血症概述

高脂血症:由于脂肪代谢或运转异常使血浆一种或多种脂质高于正常称为高脂血症。

（二）运动与高脂血症

1. 运动促进脂代谢

运动有降低 LDL 的作用,运动预防 CHD 主要是通过促进 HDL 街道的胆固醇逆向转运。运动对心血管的保护作用的可能机制包括减少脂质沉积和促进 CRT。

长时间低到中等强度运动可诱导脂贡负平衡,此时 FA 是骨骼肌的能量来源。

2. 运动促进脂代谢的机理

（1）促进脂肪氧化。
（2）降低糖原的贮存。

3. 降脂运动方案

传统上推荐的防治高脂血症的运动是:每天最少 20~30 分钟的中等强度的持续运动,每周最少 3 天,这样的运动有利于心血管健康。推荐的运动强度是 65%~85% 心率储备(心率储备＝最大心率－安静心率),即运动的靶心率＝(最大心率－安静心率)×%心率＋安静心率。

六、体育锻炼与高血压的防治

（一）体育锻炼对高血压的预防作用

动物实验结果表明,体育锻炼可减缓自发性高血压大鼠伴随成熟而发生的血压上升。经常性体育锻炼可以减少高血压的发生。

（二）体育锻炼对高血压的降压作用

既往的研究报道证实体育锻炼可使大部分低中度原发性高血压患者的收缩压和舒张压降低,而对于高度的高血压患者而言,在药物治疗的基础上结合体育锻炼将会有更好的降压效果。

（三）体育锻炼降压的可能机制

目前体育锻炼使高血压患者血压降低的机制仍不清楚。但至少有一点是可以确定的,体育锻炼引起的降压效果独立于体重和体脂的减少。

（四）降压运动处方

1. 体育锻炼形式
（1）步行。
（2）跑步。
（3）骑自行车。
（4）游泳。
（5）登山或爬楼梯。
（6）划船。
（7）有氧舞蹈。

2. 运动频率
大量的研究表明,适宜的运动频率是每周 3~5 天。

3. 持续时间
大多数研究表明,每天 20~30 分钟的运动是心血管机能改善的适宜量。

4. 运动强度
这是运动处方中最重要的因素。对于大多数人来说,适宜的运动强度为 ≥ 60%。

七、体育锻炼与糖尿病的防治

（一）糖尿病概述

1. 糖尿病的定义和分类

糖尿病：由多种病因引起的代谢紊乱,其特点是慢性高血糖,伴有胰岛素分泌不足和（或）作用障碍,导致糖类、脂类蛋白质代谢紊乱,造成多种器官(眼、肾、神经、心脏、血管等)的慢性进行性病变,引起功能缺陷及衰竭。

2. 糖尿病的主要临床特点

（1）多饮和多尿。

（2）多食。

（3）消瘦与体重减轻。

（二）体育锻炼与糖尿病

1. 体育锻炼控制糖尿病的作用机理

（1）增强胰岛素分泌能力及组织对胰岛素的敏感性。

（2）加强脂肪分解,改善脂类代谢。

（3）有利于控制体重。

2. 糖尿病人的体育锻炼方案

（1）运动方式的选择。一般说来,I型糖尿病患者以散步、下楼梯、平道骑自行车、打羽毛球、打太极拳以及轻微家务劳动等低强度运动为宜。II型糖尿病患者,尤其是肥胖者可选择慢跑、上楼梯、登山、坡道骑自行车、滑冰等中等强度的运动形式。

体育锻炼应当经常进行,每周至少3次,每日体育锻炼更好。每次运动至少维持20~30分钟,但运动前后需做5~10分钟准备活动及恢复活动。

（2）运动量和运动强度的选择：糖尿病人一般以60%最大摄氧量的中等强度为宜。

（3）运动时间的选择。一般来讲尽可能选择饭后1~2小时参加运动,尤其早餐后是运动的最佳时间。

（4）运动疗法的适应症：

①肥胖的II型糖尿病患者。

②血糖在11.1~16.7毫摩尔/升之间的II型糖尿病患者。

③I型糖尿病患者的病情处于稳定期。

本章思考练习题

1. 残障人群如何分类？
2. 如何为高血压患者制订运动方案？
3. 什么是心理健康？
4. 参加体育锻炼对心理健康有何促进作用？
5. 如何发挥体育活动的心理促进效应？

第五章　体育锻炼中常见的生理反应及处置

一、运动性昏厥

昏厥是由于脑部一时性供血不足或血中化学物质变化所致的意识短暂丧失。
其发病原因与发病机理主要包括以下几个方面。

(一)血管扩张性昏厥病因

常因精神过分激动、受惊、恐怖等原因引起。由于神经反射使血管紧张性降低,引起广泛的小血管扩张,血压下降,产生一时性脑部缺血。

(二)植物性神经功能失调

长时间站立或久蹲后骤燃起立或长期卧床后突然改变为站立时,使肌肉泵和血管调节功能失调,致使回心血量骤减以及动脉血压降低所致。

(三)重力休克

疾跑后立即站立不动,下肢毛细血管和静脉,失去肌肉的收缩对它们的节律性挤压作用;血液本身的重力关系,使大量的血液积聚在下肢舒张的血管中,导致回心血量和心输出量的减少。

(四)胸内压和肺内压增高

吸气后憋气用力,致使胸内压和肺内压显著增高,引起回心血量和心输出量的减少,可出现短暂的昏厥前状态。

(五)低血糖症

正常人当血糖浓度低于一定数值时,会发生血糖过低而引起昏厥。此症多发生于长跑和超长跑项目,亦见于中小学生在上体育课时。其主要原因是由于长时间剧烈运动,体内血糖大量消耗,再加上饥饿等造成。

（六）心源性昏厥

心源性昏厥常发生在足球、篮球、网球、马拉松和慢跑等项目，以中老年人常见。因剧烈运动时心肌需氧量增加，易造成冠状动脉供血不足，引起心肌缺血、缺氧而发生昏厥；剧烈运动还会激发心律失常，也可引起短暂昏厥；另外，在剧烈运动后立即洗澡或淋浴也会造成心肌缺血和脑供血不足而发生昏厥。

症状：

（1）昏迷前，全身软弱、头晕、耳鸣、眼前发黑、面色苍白。

（2）昏迷后，意识丧失或迷糊不清，面白、手足发凉，出冷汗、脉搏增快或正常。

（3）清醒后，精神不佳，仍有头痛，头晕，全身无力等，有出现逆行性健忘的现象。

处理：

（1）使患者处于仰卧位或下肢抬高位，松解紧身衣服和束带，注意保暖。

（2）做双下肢向心性重推摩或揉捏，必要时嗅以氨水或点掐人中、百会、涌泉等穴。

（3）如有呕吐，将患者头部转向一侧，以免因舌头后坠及呕吐物堵塞气道而妨碍呼吸。

（4）如呼吸停止，立即进行人工呼吸；若伴有心跳停止，应同时进行胸外心脏挤压。

（5）知觉清醒前或有呕吐时，均不宜给予任何饮料。

（6）清醒后可给予热饮料或少量白兰地，注意休息。

（7）神智未能迅速恢复者，应送医院做进一步处理。

预防：

（1）坚持体育锻炼，提高心血管功能。

（2）加强医务监督，在重大比赛和大强度训练前应进行体格检查。

（3）对发生过昏厥者应做全面的检查，并避免剧烈运动。

（4）久蹲后要慢慢地站立。

（5）疾跑后应继续慢跑，并做深呼吸，逐渐地停下来。

（6）饥饿或空腹时不宜参加体育活动。

（7）进行长距离运动要及时补充糖、盐和水分。

（8）进行剧烈运动后，应休息约半小时后再洗澡或淋浴，以防昏厥的发生。

（9）若有昏厥先兆时，应立即平卧。

二、运动性腹痛

运动性腹痛是一种症状，多泛指在运动过程中或运动结束时产生的腹部痛疼现象。其发病病因如下。

（一）胃肠痉挛

饭后过早进行运动；运动前吃得过饱、喝得过多；空腹锻炼引起胃酸和空气对胃的刺激等都可能引起胃肠痉挛，致使胃肠壁的神经受到牵扯而产生腹痛。

（二）肝脾郁血

开始运动时，速度过快，内脏器官的功能跟不上运动的需要，心脏搏动无力，影响静脉血回心，下腔静脉压力上升，肝静脉回流受阻，从而引起肝脾郁血肿胀。

剧烈运动时，如果呼吸急促而表浅，可使胸内压上升，从而妨碍下腔静脉和肝静脉的回流，造成肝脾郁血。肝脾被膜的张力增加，使被膜上的神经受到牵扯而产生疼痛。

肝痛在右，脾痛在左。

（三）肌肉痉挛

由于肌肉收缩过于频繁，过于紧张；肌肉在剧烈的运动中受伤；肌肉疲劳以及由于大量排汗，丢失盐分，使水盐代谢紊乱都可导致肌肉痉挛产生疼痛。

肌肉痉挛分呼吸肌痉挛、腹直肌痉挛、髂腰肌血肿。

（四）腹部慢性疾病

患有肝炎、胆道感染、溃疡和慢性阑尾炎的人，病变部位常有充血、水肿，比较敏感，参加剧烈运动时受到牵扯和震动等刺激，即可产生疼痛。

症状：

运动中腹痛的部位一般与有关脏器的解剖部位有关，见表5-1-1。

表 5-1-1 脏器的解剖部位

胆结石 肝郁血	胃痉挛 胃或十二指肠溃疡	脾郁血
	肠痉挛等	
右髂腰肌血肿 阑尾炎	腹直肌痉挛等	左髂腰肌血肿 宿便刺激

处理：

（1）一般情况下，减速度、加深呼吸、按摩疼痛部位即可使症状减轻。

（2）严重的停止运动，针刺、点按内关、足三里等穴位，并请医生来处理。

预防：

（1）合理安排膳食，运动前避免吃得过饱和饮水过多。

（2）做好准备活动。

（3）运动中注意呼吸节律与动作配合。

（4）夏季运动要适当补充盐分。

（5）对患有慢性疾病的人，就医治疗，不可勉强运动。

三、肌肉痉挛

肌肉痉挛俗称抽筋,是肌肉长时间不自主的强直性收缩。多发于小三头肌、足底屈踇和屈趾肌。也就是说负重的肌肉容易痉挛,如图 5-1-1 所示。

图 5-1-1

病因:

(一)大量排汗

较长时间参加剧烈运动,大量失水,氯化钠丧失过多,可使肌肉兴奋性增高而发生肌肉痉挛,也称热痉挛。

(二)肌肉收缩失调

由于肌肉快速连续收缩,放松时间太短,肌肉的协调性被破坏;特别是在局部肌肉处于疲劳状态时,肌肉更容易拉伤。

(三)寒冷的刺激

准备活动不足,突然遇到寒冷的刺激,神经兴奋与抑制失调。例如,游泳时突然受到冷水的刺激;游泳时间太长,散热多,就容易发生痉挛。

(四)疲劳

人体工作或运动到一定的时间,就会出现疲劳,当肌肉疲劳时收缩力降低放松也不完全,故在用力时,易发生抽筋。因此,水中活动时不能过于疲劳。

症状:

痉挛处肌肉出现硬块,小关节出现挛缩疼痛难忍。例如,夜晚睡觉伸腿时脚趾抽筋。

处理:

(1)牵扯痉挛的肌肉如图 5-1-2 所示。

(2)点按穴位。

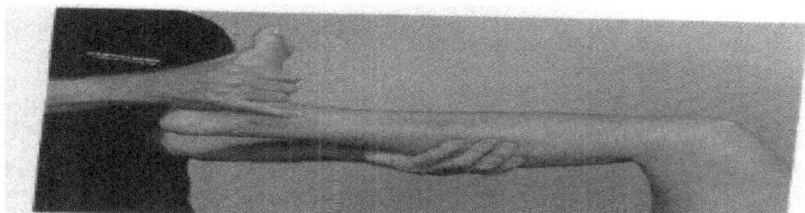

图 5-1-2

预防：

（1）加强锻炼，提高身体的耐寒能力和耐久力。

（2）做好准备活动，尤其是在下水前。

（3）夏季运动要注意补充盐分、维生素 B_1 硫胺素可使体力、神经的疲劳程度减轻。

（4）疲劳后，不宜做剧烈运动。

（5）游泳时间一般不要太长。

四、中暑

概念：中暑是长时间处在高温或热辐射环境中所发生的一种急性高温疾病。

病因：当空气湿度大、温度高、通风不良及头部缺乏保护而被烈日直接照射下，致使体温调节发生紊乱，人体机能也随之紊乱而发病。

其症状表现为以下几种。

（一）热痉挛

在高温环境中，因出汗过多，体内丢失大量氯化钠，以致电解质平衡紊乱。引起肌肉疼痛和痉挛，尤以对称性腓肠肌痉挛为多。体温正常，严重者血压下降。

（二）热衰竭

高温时大量出汗可引起失水，使血容量减少，同时由于皮肤散热的需要，皮肤的血液循环大量增加，由于调节差可导致周围循环衰竭。起病急，大量出汗，皮肤温凉，脱水明显，呕吐，面色苍白，血压下降，体温正常或稍低，自述头痛、头晕，严重者出现意识丧失。

处理：

首先将患者移到阴凉通风的地方，垫高头部，物理降温，补水，服十滴水、人丹；有昏迷者点按人中、十宣、足三里等。

预防：

（1）平时要坚持在较热的环境中锻炼，逐步提高身体的耐热能力。

（2）在烈日下锻炼时衣着要色浅、宜薄、宽松，时间不宜过长。

（3）"三暑天"的作息要调整，应在早上与下午较晚的时间训练。

（4）室内训练场地要有良好的通风、降温设备。

（5）应准备低糖含盐的饮料。

五、冻伤

冻伤是人体受低温、寒冷侵袭,引起局部组织血液循环障碍,发生水肿、水疱、坏死等损害的症候群。冻疮是最常见的一种冻伤。

(一)原因与发病机理

1. 冻伤原因

(1)外界温度过低。
(2)局部保暖措施不当。
(3)机体状况不良。

2. 发病机理

当组织冻伤后,局部血管收缩、痉挛、血流减少,组织缺血、缺氧,出现皮肤苍白,继而血管扩张,毛细血管渗透性增高,局部出现水肿或水疱。同时,又因血流淤滞,红细胞凝集在血管腔内,最后形成血栓,使组织坏死,皮肤呈紫褐色。

(二)症状与分类

1. 第一度为红斑级

为皮肤的浅层冻伤,局部皮肤苍白、微肿、瘙痒、疼痛,若处理及时,一般几小时或 24 小时内可消失。未经处理的,数日后可自行恢复。

2. 第二度为水疱级

为皮肤全层冻伤,皮肤明显红肿,还出现大小不等的水疱,水疱液为草黄色;泡内液体干后结成黑色痂皮并脱落,其下有新的上皮再生。局部发热、疼痛。如无感染,一般 2 ~ 3 周痂皮脱落痊愈。

3. 第三度为坏死级

为全层皮肤冻伤或有部分皮下组织的损害。皮肤局部或肢体发生坏死,皮肤成紫褐色,结成坏死的痂皮。痂皮脱落后,其下是溃疡的肉芽面。运动员冻伤部位多见于手足末端、鼻尖、两耳及男性外生殖器。第一度冻伤较多见,第三度冻伤较少见。

(三)处理

冻伤的处理原则是对患处复温、保暖、改善血液循环;预防感染;改善和提高全身状况。首先是将患者送到温暖的室内,采用逐渐加温法或快速加温法立即进行复温。

（四）注意事项

（1）快速加温法的水温不能超过43℃,否则可能造成更大损伤。
（2）皮肤出现水疱时,不要把水疱弄破,以防感染。
（3）局部复温后还要注意保暖,并将患处稍垫高,以促进静脉回流。
（4）处理冻伤时,严禁用火烤或用热水烫,也不要用雪擦或用力按摩受冻组织。
（5）在搬移冻伤肢体时动作要轻柔,避免碰撞和牵扯,以防骨折或扭伤肢体。
（6）严重冻伤应送医院处理。

（五）预防

（1）平时注意提高机体对寒冷的适应性。
（2）在湿冷的季节进行长时间户外运动时,戴上御寒用品。衣服、鞋、袜要温暖合适。
（3）男性还应注意预防外生殖器冻伤,在内裤里加上保温兜裆。
（4）运动后或比赛间歇要及时穿好衣服。
（5）膳食中适当增加含蛋白质和脂肪较多的食物。

六、疲劳

疲劳是人们由于运动或工作引起组织器官甚至整个机体工作能力暂时性下降的现象。
运动性疲劳公式:

$$F=K.[-\triangle R.(M)]+S$$

式中,F 为疲劳;K 为运动能力与身体素质变化;$-\triangle R$ 为各器官功能的下降、能量物质的减少,以负值表示;M 为精神意志因素;S 为主观疲劳感觉。

消除疲劳的方法:充足的睡眠,合理补充营养;热水浴;按摩。体育锻炼是提高人们的抗疲劳能力最积极、有效的途径。合理安排体育锻炼的运动量和运动节奏,防止过度疲劳发生。

七、溺水

病因:
水经口鼻进入肺内,造成呼吸道阻塞,又因水(泥沙)等的刺激引起喉痉挛,致使气体不能进出导致窒息;同时患者的不断挣扎又使窒息加重,造成肌体缺氧,如时间稍长,就有生命危险。

淡水渗透压低,经肺泡毛细血管进入血液,使血容量突然增加,导致血液稀释和溶血,使血纳、血钙降低,溶血使血钾过高,引起心室颤动而迅速死亡。

海水入肺,(含电解质较高)水分至血液入肺,造成肺水肿及心脏停搏而死亡。

症状:
不省人事,口鼻充满泡沫,肢体冰冷,面部肿胀,身体有发绀现象,腹部胀大,甚至呼吸、心跳停止。

急救：

（1）岸上：用救生圈、竹竿、绳子；

（2）水中：水中救护要从溺水者的身后靠近，避免被溺水者所抱住，如果被抱住，要用反关节动作解脱，使其头部出水，拖行。

处理：

（1）控水。清除口鼻内的异物和分泌物，松开裤带、衣领口控水。动作要迅速，操作时间要短。

方法：

①让患者头胸低，伏卧在救护者的腿上。

②让患者头胸低，伏卧在救护者的肩上。

③让患者头胸低，伏卧在牛背上。

不管用哪一种方法控水，都要使被救护者的腹部有节律地受到震动。

（2）人工呼吸。

对口呼吸：

溺水者仰卧，头部尽量后仰，把口打开，有条件的在口上盖一块纱布。救护者一手托其下颌，另一手捏住其鼻孔，深吸气，对口吹入，后松手让其出气。接着继续重复前面的动作，中间不要间断，每分钟对口吹气 16~18 次，如图 5-1-3 所示。

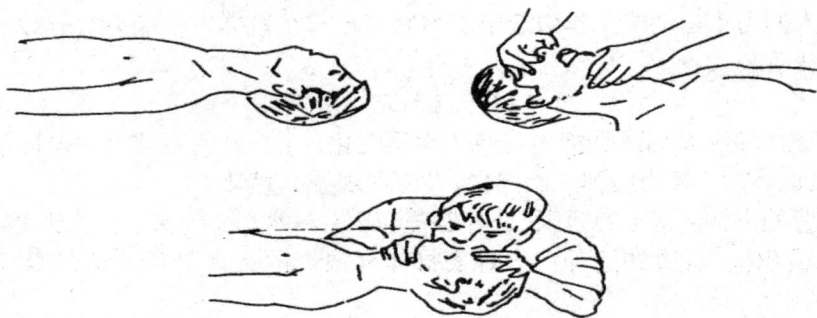

图 5-1-3

心脏外按摩：

另一人两手相叠，放于胸骨体下段及剑突部，适度用力下压，松手快，用力不可过猛，反复进行。

对口呼吸与心脏外按摩要同时进行，两者的比例为 1：4。见图 5-1-4。

图 5-1-4

（3）死亡的特征。

①呼吸停止：绒毛放在鼻孔上也不见摆动。

②心跳停止：用耳或用听诊器也听不到心音，心电图无波动。

③瞳孔对光反射消失：瞳孔在亮处不见小，暗处不见扩大；用手指挤压眼球，瞳孔变成椭圆形。

④角膜反射消失：用手或绒毛轻触角膜，不出现眨眼反射。

⑤现代医学的新概念：脑死亡。

八、低血糖症

概念：

运动性疾病之一，由于体内血糖大量消耗，以致使体内血糖低于 55HG 时，大脑皮质调节糖代谢的机能紊乱，出现一系列临床症状，称之为"低血糖"。

病因：

（1）长时间剧烈运动，血糖大量消耗和减少。

（2）运动前饥饿，肝糖元储备不足。

（3）中枢神经系统调节糖代谢的功能紊乱，引起胰岛素分泌量增加。

（4）情绪紧张或身体有病可诱发此病。

征象：

（1）轻者：病人感到非常饥饿，疲乏无力，头晕，心悸，面色苍白，出冷汗。

（2）严重：神志模糊，语言不清，精神错乱，躁动不安，惊厥，昏迷。

急救：

（1）轻者补充一些糖分症状就能很快好转。

（2）昏迷者可针刺或点按急救穴，后及时送医补糖。

预防：

（1）没有锻炼基础、有病、饥饿的人，不要参加长时间的剧烈运动，包括洗澡时的长时间热水浸泡。

（2）长时间的运动中要注意补充糖分。

九、运动性贫血

概念：

贫血是一种症状，运动性贫血与运动训练有密切关系，或者是直接由运动训练造成的血液中红细胞数目及血红蛋白量低于正常生理数值，称之为"运动性贫血"。

标准：

血红蛋白的浓度与红细胞的数量密切相关。一般情况下，血液红细胞数量越多，血红蛋白的浓度也就越高。

血红蛋白是一种结合蛋白，由一个珠蛋白和四个亚铁血红素组成，易与氧结合，生成氧合血红蛋白。

常数：

我国成年男性血红蛋白浓度为 120~160 克 / 升，女为 110~150 克 / 升。男低于 120 克 / 升，女低于 105 克 / 升，均被视为贫血。

病因：

（一）红细胞的机械性脆性增加

（1）运动时脾脏收缩释放溶血因素，使红细胞脆性增加，红细胞膜的抵抗力减弱；把脾脏摘除后，再运动就会出现贫血现象，同时红细胞脆性也不会增加。

（2）运动时血流加速，致使红细胞与血管壁碰撞加剧，引起细胞破坏增多，红细胞新生与衰亡之间的平衡被破坏，从而导致运动性贫血。

（3）有人对运动后两周的大鼠与安静对照组的大鼠比较，发现骨骼肌中肌红蛋白量增加。推测红细胞中血红蛋白被利用来制造肌肉蛋白和新的红细胞，把红细胞的破坏视为肌肉剧烈活动中机体的一种适应性反应。

（二）蛋白质和铁的摄入量不足

（1）运动时汗液中铁的排泄量增加。
（2）由于肌肉增长，机体对蛋白质的需要量也增加。
（3）偏食，食欲差，影响正常饮食的摄入。
（4）疾病影响营养素的吸收。

特点：

（1）由运动训练的生理负担量过大造成的贫血，与风湿类、内分泌疾患、肠道寄生虫、消化慢性出血、血液病等造成的贫血区分开。
（2）多数为低色素性小细胞性贫血，少数为溶血性，个别为混合型。
（3）女性高于男性。
（4）年龄小的高于年龄长的。前者发病较轻。

征象：

血红蛋白减少，血液输送氧的功能不足，以致全身各器官、组织缺氧，从而引起各种临床症状。

（1）头晕、乏力、易倦、记忆力下降、食欲差。
（2）运动时症状较明显，伴有气促、心悸等。
（3）皮肤、黏膜苍白、心率较快。
（4）心尖区可听到收缩期吹风样杂音。
（5）症状与血红蛋白数量及运动量有密切的关系。
（6）红细胞数低于正常值。即男低于 400 万 / 立方毫米，女低于 350 万 / 立方毫米。正常值：男 450 万 ~550 万 / 立方毫米，女 380~460 万 / 立方毫米。

处理：

（1）适当减少运动量。

（2）改善营养，尤其是补充蛋白质和铁。

（3）服硫酸亚铁片剂，每日 3 次，每次 0.3 克，服维生素 C、胃蛋白酶合剂，有利铁的吸收。

预防：

（1）合理安排运动量和运动强度。

（2）遵守训练原则。

（3）合理的饮食。

（4）加强医务监督。

十、运动性血尿

由于剧烈运动引起肉眼或显微镜下的血尿，检查时无原发病发现者，称为"运动性血尿"。

运动性血尿的发病机理，迄今仍不清楚，有以下几种解释。

（一）肾静脉高压

耐力运动员体脂百分比较少，肾周围脂肪组织亦较少，长时间连续的跑、跳运动，使身体和肾脏受到震动，造成肾脏下垂，肾静脉与下腔静脉之间的角度变锐或扭曲，使肾静脉血回流受阻，引起肾静脉高压，从而导致红细胞渗出。

（二）肾脏缺血、缺氧

剧烈运动时，为适应运动需要，身体的血液重新分配，大量血液流向心、肺和骨骼肌，使肾脏的血流量减少，造成肾脏相对性缺血、缺氧；同时，因运动产生大量乳酸，使血液中乳酸含量增高。

以上两个原因都影响肾小球的正常功能，使其滤过率下降，通透性增加，导致红细胞渗出。

（三）肾脏损伤

运动时，腰部猛烈屈伸或蜷缩体位，使脏肾受到挤压，肾小球微血管壁受损伤，从而引起肾出血。另外，肾脏遭受到剧烈的震动或打击，也会引起肾血管破裂而出现血尿。

（四）膀胱损伤

跑步时，当膀胱内尿液充盈量不够，由于地面对身体产生震动，使膀胱后壁与膀胱底部相互撞击，导致膀胱壁出血，引起血尿。也有人认为运动性血尿是一种功能性改变。

症状与体征：

（1）运动性血尿的特点是运动后骤然出现血尿。

（2）大多数患者在大运动负荷或运动强度突然猛增后出现血尿。

（3）血尿严重程度与运动负荷和运动强度的大小有关。

（4）若停止运动，血尿迅速消失，多数患者血尿在 3 天内消失，最长不超过 7 天。

（5）除血尿外，一般无其他症状与体征。血液化验、肾功能检查、腹部 X 光平片及肾盂造影等检查均属正常。

鉴别诊断：

器质性疾病和外伤所致的血尿与运动性血尿体征不同，要加以鉴别。首先要到医院做详细检查，找出引起血尿的原因，只有排除器质性疾病所引起血尿之后，才可考虑运动性血尿。

运动性血尿与病理性血尿的区别如下。

运动性血尿：

（1）运动后出现。

（2）血尿严重程度与运动负荷和运动强度的大小有关。

（3）一般无其他症状与体征。

病理性血尿：

（1）其血尿程度与运动负荷无明显关系。

（2）伴有各种症状。

①肾小球肾炎者，常有浮肿、尿少、血压升高等症状，尿液检查除有红细胞外，还有蛋白和管型。

②泌尿系结石者，常有肾绞痛、尿频、尿急、尿少、尿痛和尿中断等症状，腹部 X 光平片或肾盂造影常可发现结石。

③泌尿系感染者，如肾盂肾炎、膀胱炎、肾结核等，除血尿外，还有脓尿（尿液中有大量白细胞）及膀胱刺激症状（尿频、尿急、尿痛），尿液细菌培养和尿沉渣涂片染色检查，都可找到细菌，有时还伴有发热、腰痛、膀胱区压痛和肾区叩击痛等。

④外伤引起的血尿，腰部有明显受伤史。

浓缩的蛋白尿在肾小管内受酸性反应作用以及运动时肾缺血等因素，在远端肾小管中凝固形成管型。运动性颗粒管型尿为一过性的生理变化，运动结束后 24 小时内可以全部消失。

处理：

（1）肉眼血尿，无论有无症状，均应停止运动。

（2）镜下血尿，而尿中红细胞数量不多，又无自我症状者，应适当调整运动量和运动强度，尤其要减少跑跳动作，加强医务监督，定期检查尿液并给予治疗。

（3）镜下血尿伴有身体机能下降的运动员可肌肉注射 ATP 和维生素 B_{12}。运动性血尿在多年内也可能反复出现，且愈后良好。器质性和外伤性所引起的血尿，应针对原因进行治疗，一般不能进行正常训练。

预防：

（1）合理安排运动负荷。

（2）长跑前或跑中喝些饮料。

（3）可在运动鞋里垫上较厚的、弹性好的鞋垫,并避免在过硬的地面上反复跑跳。

十一、肌肉酸痛

产生原因：

肌肉运动时产生大量代谢产物。堆积在肌肉组织之中,刺激神经末梢,使肌肉出现酸痛感。过量运动引起局部肌纤维及结缔组织细微损伤或痉挛。

对策：

（1）参加体育锻炼要循序渐进,避免局部负担过重。

（2）运动前后认真做好准备活动和整理活动。

（3）最积极的办法是坚持体育锻炼,提高机体有氧代谢与无氧代谢的能力。从根本解决肌肉酸痛问题。

十二、极点和第二次呼吸

现象：

在长时间运动的某一阶段会出现呼吸困难、胸闷难忍、四肢无力、动作失调,甚至腹痛、呕吐等现象。这在运动生理学中称为"极点"。在坚持运动后逐渐呼吸顺畅,动作轻松有力,运动能力提高。这在运动生理学上称为"第二次呼吸"。

原因：

运动时人体机能存在的惰性差异所致,是体育运动中常见的生理现象。

对策：

（1）降低运动强度。

（2）加深呼吸。

（3）坚持运动。

特别提示：

"极点"的出现与每个人的运动水平有关。缺乏体育锻炼的人"极点"出现早,反应激烈,持续时间长。而运动水平高的人"极点"出现晚,持续时间短,症状不明显。因此,对付"极点"第一要不怕,第二要坚持。这样才能有效地增进健康,提高运动水平,培养不怕困难、勇于战胜自我的意志品质。

十三、游泳性中耳炎

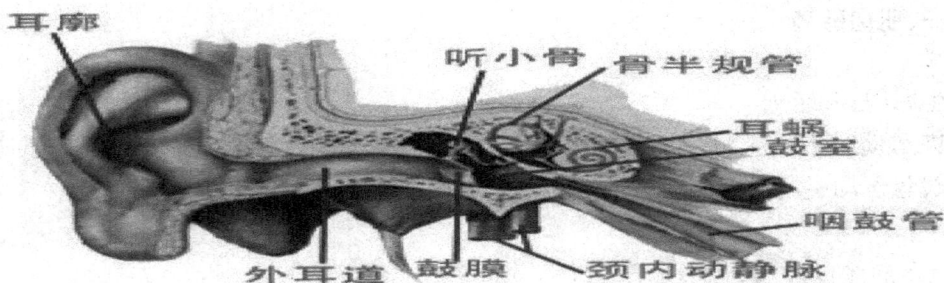

位听器模式图（右侧）

图 5-1-5

概念：

中耳的普通炎症性疾病统称为中耳炎。游泳性中耳炎是游泳时细菌随水进入中耳而引起的中耳炎症，如图 5-1-5 所示。

原因及原理：

（1）当外耳道积水时间较长，鼓膜可被浸软，使耳部产生不适，此时如用硬物挖耳，极易损伤鼓膜，水中的致病菌便会侵入鼓膜，从而引起中耳炎。

（2）游泳时呛水，或过度用力擤鼻，常会使感染物经咽鼓管进入中耳，造成中耳感染。

（3）患感冒、流感和上呼吸道炎症时，如果疾病未愈而下水游泳，此时机体抵抗力下降，水中致病菌乘虚进入咽鼓管，并蔓延、扩散进入中耳。

症状与体征：

急性中耳炎的早期一般无全身症状，有些患者常有疲乏感。若是化脓性炎症时期，患者有寒战、发热、全身乏力、恶心、呕吐、食欲减退（儿童较成人严重），大便干燥或便秘等。局部症状常有耳内刺痛难忍、听力减退、耳鸣、在乳突部有压痛。若鼓膜穿破，常有黄色脓液从外耳道流出，此时，全身症状和局部症状均明显减轻。

若急性中耳炎反复发作或未彻底根治，常会转变为慢性化脓性中耳炎。此时，患者长期或间歇性流耳脓，有不同程度耳聋。严重者有剧烈头痛，眩晕、呕吐等，还会出现各种并发症，如慢性乳突炎，耳后骨膜下脓肿、硬脑膜外（或下）脓肿等。有时甚至危及生命，应引起重视。

处理：

患者最好应卧床休息，多饮开水，吃流质食物，保持大便通畅，并及时到医院治疗，以防发生并发症，尽早使用抗菌素或磺胺类药物。患急性中耳炎后，一定要及时、彻底治疗，否则，容易转变为慢性中耳炎。

预防：

（1）不要在不清洁的水中游泳。

（2）游泳时注意正确的呼吸方法，不要在水中嬉戏，以免呛水。

（3）游泳前应检查鼓膜是否破损或穿孔。

（4）患上呼吸道感染或感冒等疾病、在没有完全治愈时不宜下水游泳。

（5）外耳道进水后,不要随便掏耳,上岸后可采用同侧单足跳法等将水排出。

本章思考练习题

1.你是否穿合适的运动鞋参加运动?

2.体育锻炼前是否做主要运动肌肉群的伸展练习?

3.是否做准备活动?

4.是否避免过度牵拉颈部和背部肌肉?

5.是否保持运动肌群的用力平衡?

6.是否避免脊柱同时伸展和旋转?

第六章　体育锻炼中运动性损伤的预防和处置

第一节　运动性损伤分类及损伤原因

一、运动损伤的概念与分类

（一）概念

"人虽然不能享受生命的永恒,但体育锻炼却能延长生命之时钟。"事物发展必然有两重性,体育亦然。在"头脑发达,四肢萎缩"的今天,经常能使劳累的大脑休息一下,让饥饿的肢体重新发达起来,是体育运动的天职。体育运动中,不管任何原因造成的损伤都称为运动损伤。

运动损伤是体育运动过程中所发生的伤害。它是保健学的重要组成部分,也是保健指导工作中的重要内容。它研究损伤的预防、治疗、康复,并通过统计学方法,总结损伤发生的原因、机制及规律,用以协助改进运动条件,改善教学、训练方法,提高运动成绩。

（二）运动损伤分类

1.按损伤组织种类分

分为：肌肉、韧带、皮肤、关节、骨折、神经、血管、内脏等损伤。

2.按损伤组织有无裂口与外界相通分

（1）无裂口与外界相通称为"闭合性损伤"。

（2）有裂口与外界相通称为"开放性损伤"。

3.按损伤程度分

（1）轻度伤。伤后不损失工作能力,仍能完成教学训练计划。

（2）中度伤。丧失工作能力24小时以上,需要治疗,训练计划和运动量需要减少。

（3）重度伤。需要较长时间住院治疗,完全不能运动。

4.按损伤病程分

（1）急性损失。一次性损伤,发病急,病程短,病理变化和症状明显。

（2）慢性损伤。小伤或疲劳累积,或急性损伤后所致。

二、运动损伤的原因

（一）思想因素

（1）对运动损伤的预防不重视,训练不注意安全,对损伤的发生不分析原因,不总结经验,吸取教训。

（2）盲目冒失地进行锻炼,急于求成,忽视循序渐进和量力而行的原则。

（3）意志品质不坚强。

（二）准备活动方面

（1）不做准备活动。由于机能惰性,各部分机能没有相应提高,容易发生肌肉拉伤和关节扭伤。

（2）准备活动不充分。神经系统和其他器官系统的机能还没有做好准备,就投入到紧张的正式运动,或者准备活动较马虎。

（3）准备活动内容与运动的基本内容结合不好,或者缺乏专项准备活动。

（4）准备活动过量,机能下降,已经疲劳。

（5）准备活动与正式运动间隔时间过长,失去准备活动的意义。

（三）技术上的缺点和错误

违反人体结构机能的特点和力学原理的容易导致伤害。

（1）传球时的手形不对,手指易挫伤。

（2）掷标枪、手榴弹时,肘低于肩,可造成肱骨骨折。

（3）竞走不送髋,易造成胫骨前肌负担过重。

（四）运动量安排不合理

1.局部负担量过大,超出生理负担量

（1）过多的跳跃和蹲杠铃,导致膝部负担过大,易患髌骨劳损。

（2）过多的跳、跑能引起胫腓骨疲劳性骨膜炎。

（3）过多地做支撑动作,易引起桡骨远端骨骺炎和肱骨小头骨骺炎。

2.人体机能状态不良

身体疲劳,机能降低,伤病刚愈,肌力减弱,反应迟钝,再进行正常的训练,就难免出现伤害。

3. 教学、训练和比赛的组织方法不当

不遵守训练原则,缺乏医务监督,不遵守循序渐进、个别对待原则,不从实际出发。器械练习缺乏指导和保护,训练场地小人多,没有区域划分。

（五）其他原因

（1）场地、设备上的缺点。
（2）不遵守竞赛规则,违反体育道德。
（3）气候条件不良,高热中暑,寒冷冻伤;光线不好,看不清物体,易发生跌、撞等。

（六）诱因

1. 各运动项目的特点

（1）过多的半蹲动作可致髌骨损伤。
（2）过多的支撑项目可致肩、肘、腕伤。
（3）长跑中髂胫束前后滑动,摩擦股骨外侧髁,可致膝外侧疼痛症候群。

2. 人体解剖特点与弱点

（1）冈上肌受大节结与肩峰的挤压可致肩袖伤。
（2）关节在一定的屈曲位稳定性下降。

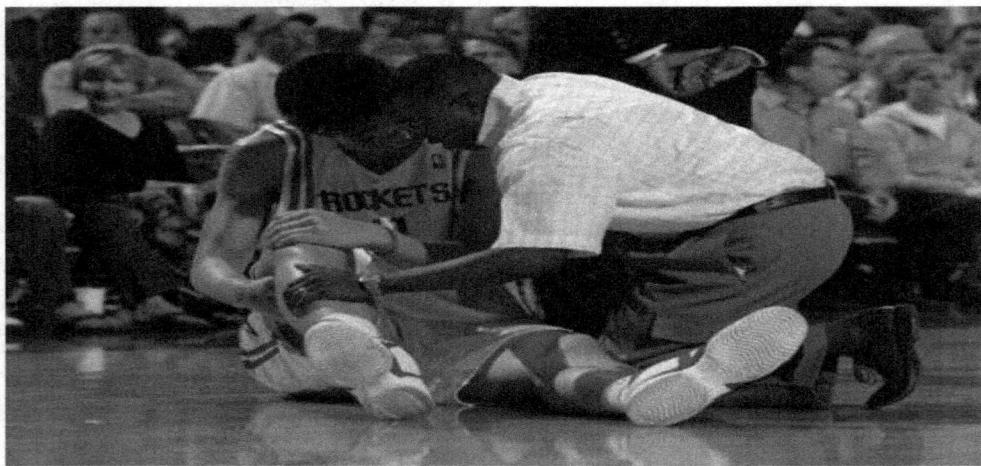

NBA 常规赛上姚明扭伤膝盖

图 6-1-1

第二节　运动损伤的处理办法及预防措施

一、运动损伤的危害

运动损伤不仅影响个人的身体健康、学习和工作,影响运动员的系统训练和运动成绩,影响运动寿命,还会给人们造成心理影响,妨碍体育运动的正常开展。积极预防运动损伤对广泛开展群众性体育运动、体育教学和运动训练有着重要的意义,对增强人民群众的身体素质和迅速提高我国的运动技术水平具有积极的作用。

预防为主、积极治疗、抓早抓小、练治结合。

二、运动损伤的预防措施

(一)加强思想教育

(1)克服麻痹思想。

(2)树立良好的体育作风。

(二)遵守教学、训练原则,合理安排运动负荷

(1)重视身体素质和基本技术的训练。

(2)严格遵守若干训练原则。

(3)正确制订训练和比赛计划。

(4)适宜地加大运动量。

(三)加强保健指导

(1)要做好准备活动。

(2)要加强保护和自我保护。

(3)注意设备的安全卫生。

(4)要避免伤后的过早训练,加强易伤部位的训练。

(5)要实行教练员、运动员、医生三结合的制度。

三、常见运动损伤急救及处理办法

(一)急救意义

对意外或突发的伤病事故,进行紧急的初步的临时性的处理,用以保护伤病员的生命安

全,避免再度伤害,减轻伤病员的痛苦,预防并发症,为转运和进一步治疗创造条件。

急救是否及时、正确,直接影响生命安全和今后的治疗效果。

（二）急救原则

（1）抢救生命第一:
①抗休克。
②注意保暖或防暑。
③止血。
（2）动作要快:快抢救,快转运,争分夺秒,采取措施。
（3）注意事项:
①态度和蔼亲切,忌粗暴。
②要保持镇静,有条不紊。忌惊慌失措,顾此失彼。
③技术熟练、迅速。
④了解病情,进行有效的抢救。伴随去医院,向医生介绍病员情况及抢救经过。

（三）急救方法

（1）止血。
①止血的重要性:人体血量因性别、时间、机能状况发生变化,但是基本上维持衡定。健康成人每公斤体重有75毫升血,一个人的总血量一般达到4 000~5 000毫升。如果失血达五分之一,就会出现乏力、头晕、口渴、面色苍白等急性贫血症状。如果失血达三分之一,就会有生命危险。
②止血是抢救伤员的第一步:应立即进行止血,尤其是止大动脉出血,往往是抢救生命的最重要措施。闭合性损伤的出血,及时压迫止血也有减轻肿胀、利于康复的功效。
③分类与鉴别。
按出血的部位分:
A.内出血:由机械性损伤引起的内脏出血,包括皮下组织、肌肉、关节腔、胸腔、腹腔和颅脑。
B.外出血:开放性的血液外流,是运动员损伤中最常见的一种。
两种出血比较,内出血的性质较为严重,因为内出血早期不易被察觉,容易被忽视。
按出血的性质分。（见表6-2-1）:

表6-2-1　出血的性质

血管	出血点	特点	危险性
静脉	在伤口远心端	缓慢持续外流暗红色	较小
动脉	在伤口近心端	成喷射状间歇外流暗红色	较大
毛细血管	在创面呈点状渗出	介于动静脉之间	较小

（2）止血方法。
①抬高伤肢:使出血部位高于心脏,出血部位血压降低,减少出血。

②加压包扎：用力压住创伤部位的血管而达到止血的效果，主要用于小动脉、小静脉和毛细血管。

③冷敷：目的是使血管收缩，减少局部充血，降低组织温度，抑制神经的感觉。有止痛、止血、防肿胀的作用，冷敷越及时越好。

④压迫止血：用于体表动脉出血的止血方法，简单有效。最容易的压迫部位称为"压迫点"，一般是在出血部位的上方。

（四）常见急救处理

1. 休克

"休克"一词由外来语 Shock 获得音译，原来的意思是"震荡"。

原因：它是由创伤、出血、烧伤、脱水、重度感染、手术、药物过敏、精神刺激等不同原因引起的一种严重的病理状态或全身综合症。

机制：由于毛细血管灌注量急剧减少，引起组织代谢障碍和细胞受损，导致组织器官缺氧，引起代谢紊乱，并导致神经系统和内分泌系统不同程度地功能紊乱。这种紊乱互为因果关系，产生恶性循环，不及时抢救可导致死亡。

征象：休克的过程分为兴奋期和抑制期。

（1）兴奋期：烦躁不安、呻吟、叫喊、表情紧张、面色苍白、脉快有力、呼吸表浅、急促。

（2）抑制期：短时间意识模糊、反应迟钝，全身软弱无力，四肢发凉，血压下降，脉快无力。严重的还伴有口渴、头晕、出冷汗、发绀、酸中毒、昏迷等。

急救：

（1）针刺或指掐人中、内关、足三里、合谷、十宣、涌泉等穴位，以使其恢复知觉。

（2）止血、止痛，保证呼吸通畅。

（3）对伤部包扎和固定，防感染和再伤。

（4）神志清醒又无消化道损伤的可适量饮水，以解口渴。

（5）防止再休克和便于进一步处理，应及时转院。

注意：急救时最好不采用头低脚高位，以防颅内压增高，静脉回流受阻，并使隔肌上升，影响呼吸。

2. 关节脱位

概念：在外力的作用下，使关节面之间失去正常的连接，叫"关节脱位"。

原因：

（1）直接暴力：外力直接作用于关节部位所致。

（2）间接暴力：由外力传导所致。运动性脱位多是由间接力所致。

合并症：在脱位的同时，可引起神经、血管、肌肉、关节囊等损伤。

分类：

（1）从脱位的位置分为正、侧、前、后脱位。

（2）从脱位的时间分新鲜性脱位和陈旧性脱位以及少见的习惯性脱位。

（3）根据脱位的原因分外伤性和病理性脱位。

（4）根据脱位的程度分完全性和半脱位。

（5）根据关节腔是否与外界相通分开放性和闭合性脱位。

症状：

（1）疼痛肿胀,瘀斑、玉痛明显。

（2）运动能力丧失。

（3）畸形。

（4）关节腔空虚。

（5）"X"线检查。

注意：脱位的初期,由于感觉神经阻滞、麻木,疼痛较轻,易于忽视伤情。

急救：

（1）止痛、止血抗休克。可采用兴奋的加强手法。

（2）夹板、绷带固定。例如肩关节脱位的固定。

（3）立即送医院。

（4）一些小脱位可以就地整复,整复后要注意防止肿胀。

功能锻炼：

（1）急性期可以锻炼其他关节, 例如肘关节脱位可锻炼肩、腕、手。

（2）中期可以做小范围伤关节活动,静力活动。

（3）后期进行关节周围肌肉力量的练习,以提高关节稳定性。

3.骨折

概念：

在外力的作用下,骨的连续性遭到了破坏,叫骨折。

骨折的分类：

（1）按骨折周围软组织情况分：

开放型骨折：骨折端与外界相通。

闭合型骨折：骨折端不与外界相通。

（2）按骨折的程度分：

完全性骨折：骨小梁完全断裂。

不完全性骨折：骨出现裂缝；也称骨裂。

（3）按骨折后的稳定性分：

稳定性骨折：骨折断面平整,经复位后,适当固定,位置不易移动。例如,椎体压缩性骨折。

不稳定性骨折：骨折复位后易于发生再移位者称为"不稳定骨折"。

骨折的性质及原因：

（1）损伤性骨折：即受到外力所导致的骨折。

直接暴力：力量直接融及骨折部位引起的骨折。例如,车轮直接轧在腿上所致或棍棒直接击打所致的骨折。

间接暴力:力量不是直接致伤,而是受力较远的部位骨折。例如,倒地手撑地,上臂与地面构成不同角度,可发生桡骨远端肱骨髁上骨折和锁骨骨折。例如,踝关节内翻,可引起外踝尖撕脱性骨折;突然下蹲,股四头肌猛烈收缩,可发生髌骨骨折。

肌肉强力收缩:肌肉猛烈收缩引起斯脱性骨折。

疲劳性骨折:长时间的反复的直接或间接的力作用于骨骼的某一点上,致使局部骨质发生组织改变而导致骨折。例如,脚第二、三跖骨骨折;胫腓骨疲劳性骨折。这一类骨折无移位,但是愈合缓慢。

(2)病理性骨折:因病变而引起的骨折。例如,骨髓炎、骨肿瘤等部位遭到轻微的外力即可断裂。

症状与诊断:

(1)一般症状:红肿瘀血、疼痛、功能障碍。

(2)特殊症状:

畸形:骨折后在肌肉的作用下,形成缩短、旋转、重叠、成角等形状,如图 6-2-1 所示。

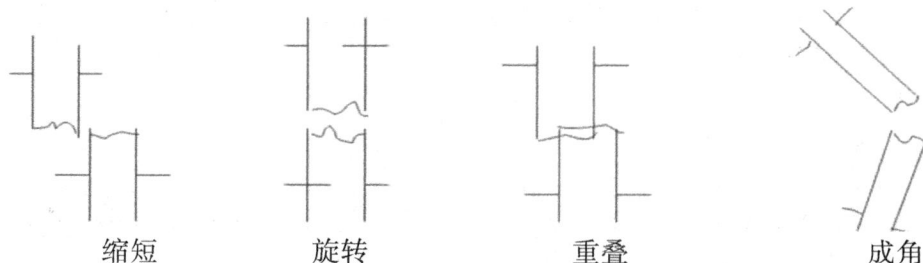

| 缩短 | 旋转 | 重叠 | 成角 |

图 6-2-1

假关节活动:没有关节的部位发生不正常的活动。

骨擦音(感):骨折端相互摩擦时,听到的和感觉到的骨擦音和骨折动感。

如果没有以上体征,有人可能有骨折。例如嵌插性骨折、骨裂。

(3)检查:

压痛:痛点固定、局限。

轴心挤压实验:由远处向骨折处挤压可发生间接性疼痛,用于短骨。

轴心冲击实验:由远处向骨折处冲击可发生间接性疼痛,用于长骨。

"X"线检查:对于深层不易扪及的和不易确诊的最后用"X"线诊断方法。

应急处理:

(1)止血、止痛抗休克:静卧、保暖、止血、补液、针刺止痛。以抢救生命为主。

(2)现场临时固定:现场临时固定的目的是防止再伤,减轻疼痛,便于转运。

(3)对临时固定的器械的要求:夹板的长度应超过骨折部位的上下两个关节;夹板两端空隙处、骨突处要垫衬棉花软布;绑缚松紧要适当,注意观察末端循环。

注意:如伤及重要动脉,血液供应不足,包扎过紧,超过一定的时限,可致肌群缺血而致死,经过机化形成疤痕组织,经过逐渐挛缩,形成特有畸形,并致重残(如爪形手、爪形足)。

开放性骨折的处理：

（1）外露骨端应清除污物，进行消毒，纳入创口内，不易还纳的，可覆盖纱布，原位包扎。

（2）现场处理后，要送到医院去治疗，要求动作要轻快，防震免撞，随时观察，警惕休克。开放性骨折要在 6 小时内送到医院。

（3）功能锻炼：

①早期：

时间：整复后 1~2 周内。

目的：促进肿胀消退，防止关节粘连。

锻炼：主动锻炼：固定肢体的肌肉静力性练习，肢体末端自主活动；被动锻炼：上下关节施用轻手法抚摩、揉捏。

②中期：

时间：整复后 3~6 周。

目的：促进血液循环，舒筋解挛，解决粘连。

锻炼：主动活动：伤肢上下关节的自主活动，加强肌力练习；被动活动：伤部及附近关节做按摩，伤部关节用搬法。

③后期：

时间：整复后 7~12 周。

目的：消除疤痕，通利关节，增强肌力。

锻炼：主动活动：全面锻炼，做一切力所能及的动作；被动活动：在中期按摩的手法上，加大幅度、强度，增加摇晃、提弹、指针等。

四、闭合性软组织损伤的病理变化及处理原则

（一）病理变化

1. 组织损伤出血期

伤后即刻至数小时组织破裂，即刻出血到组织间隔，产生血肿。

2. 急性炎症反应期

这个过程从伤后数小时至几天。

（1）炎性充血：

①坏死组织被蛋白溶解酶分解，其产物使小动脉血管和毛细血管扩张，局部血压升高，血流加快，血量增多，产生动脉性充血。

②受伤组织产生崩解组织，致使血管壁的通透性增加，使血浆渗出，血液流速减慢，产生静脉性充血。

（2）炎性水肿：由于伤部的病理变化，血管壁的通透性增加，血液中的液体、蛋白质、白血球等渗出血管壁，形成渗出液（血管壁通透性增加的原因是由于微循环血管内流体静压升高，组织内渗透压升高等所致）。

（3）淋巴循环障碍：局部损伤导致淋巴管产生损伤性堵塞，淋巴循环发生障碍，渗出液不能由淋巴运走，形成水肿。肿胀对神经产生压迫和牵扯性刺激，使局部疼痛进一步加剧，并产生保护性反射，出现功能障碍。如果肿胀压迫了动脉，就会产生跳动性痛疼。

3. 肉芽组织生成期

（1）肉芽组织：伤后 24 小时肉芽组织开始产生由新生的毛细血管与增殖的成纤维细胞，以及各种炎症细胞所形成的物质。

（2）形成过程：伤后 4~6 小时以后，血肿与渗出液开始凝结成块。24 小时左右，由伤口周围长出新生的毛细血管合成纤维细胞，伸入并吸收血、水肿的凝块，白血细胞清除坏死组织，邻近健康的细胞分裂增生。这种新长成的组织即为肉芽。

4. 疤痕形成期

从伤后的 5~6 天，成纤维细胞开始产生胶质纤维，并转化为纤维细胞，经过多数毛细血管的闭合、退化、消失。肉芽组织缺血转化为疤痕。

（二）组织的修复与再生

损伤组织的愈合是通过组织的修复和再生来实现的。

1. 修复

一般是指组织缺损的周围健康组织的再生来修复的过程。

2. 再生

再生指组织损伤后，细胞分裂增生以修复的过程。

（1）完全再生：再生的组织在结构和功能上与原组织完全相同。

（2）不完全再生：再生的组织在结构和功能上与原组织不完全相同，由肉芽组织代替，形成疤痕。

（三）影响再生与修复的因素

1. 年龄

年幼者比年老者修复得快。

2. 营养

营养差，肉芽组织形成得少，愈合就延缓。如果蛋白质严重缺乏，就影响再生；维生素 C 缺乏，就会导致胶原纤维合成减少，愈合延缓。

3. 内分泌

肾上腺皮质激素分泌的多少也与组织的修复有很大的关联。肾上腺皮质激素适宜的分泌可以防止疤痕形成过多，可以促进疤痕的吸收。

4. 损伤程度

损伤程度小,再生就好,修复就快,反之则慢。

5. 组织的再生能力

结缔组织、小血管、骨的再生能力强;肌肉、软骨、神经组织的再生能力差。

6. 局部血液循环情况

局部血液循环情况好,可以保证组织所需要的营养物质,加快坏死组织的吸收和局部感染的控制。

7. 处理情况

处理得及时利于修复。

(四)处理原则

1. 早期:急性出血炎症期

(1)时间:伤后 24 小时以内。

(2)主要症状:红、肿、热、痛,功能障碍。

(3)处理原则:制动、止血、防止肿胀,镇痛,减轻炎症。

(4)治疗方法:

A. 冷敷,加压包扎,抬高伤肢。

B. 外敷新伤药。

C. 穴位镇痛。

D. 向心轻推摩。

2. 中期:肉芽生成期

(1)时间:伤后 24~48 小时以外。

(2)主要症状:瘀血肿痛。

(3)处理原则:活血化瘀,防止粘连,促进淋巴、血液循环。

(4)治疗方法:

A. 热敷。

B. 理疗。

C. 按摩、火罐。

D. 中草药敷。

E. 依伤情进行功能锻炼。

3. 后期:疤痕修复期

(1)时间:5~6 天以后。

(2)主要症状:肿胀疼痛已消,锻炼时仍然觉痛酸无力;重伤则局部僵硬,动作受限。

（3）处理原则：软化疤痕，分离粘连，促进功能恢复。

（4）治疗方法：

A. 按摩。

B. 旧伤药外敷，熏洗药熏洗。

C. 功能锻炼。

（五）方剂

1. 新伤药

（1）组成：黄柏 30 克、延胡索 12 克（活血止痛）、木通 12 克（清热利湿）、羌活 7 克、独活 7 克、白芷 7 克、木香 9 克（有降压作用行气解郁）、血竭 3 克。

（2）作用：清热，消肿，止痛。

（3）主治：损伤早期，有红肿热痛者。

（4）用法：上药研末、用时取适量药末就水或蜂蜜调和摊在油纸上外敷于伤处，每日更换一次。

2. 伤科偏方

（1）组成：松针、生姜、食盐适量。

（2）方解：松针含有的芳香性油有开窍作用；生姜性辛热有驱寒作用；盐可以改变细胞膜的通透性。

（3）用法：将上物捣碎，加热敷于患处。

五、开放性软组织损伤及处理方法

（一）概念

局部皮肤或黏膜破裂，伤口与外界相通，有血液自创口流出。常见的有擦伤、刺切伤和撕裂伤。它们的共同特点是易于感染。

（二）伤因

这些损伤多是在运动中摔倒相互碰撞或器械伤害所致。例如，田径场上摔倒身体被炉渣擦破；球类运动时碰撞致眉弓处撕裂伤；钉鞋、标枪、冰刀所致的刺切伤。

（三）部位与处理

处理要点是及时止血，处理伤口，防止感染。

1. 擦伤

手、肘、腿、面部及身体的正面擦伤的危险性小，只需清创后涂抹红、紫药水即可。

2. 撕裂伤

头皮、额面为多。伤口边缘不整齐，损伤广泛，严重的可致组织坏死。轻者可用粘膏黏合；伤口大者需止血缝合并注射破伤风抗毒血清。

3. 刺切伤

腿、足为多。处理同撕裂伤。

六、常见运动损伤

（一）挫伤

1. 概念

外力直接作用于身体的某些部位引起的闭合性软组织损伤。

2. 原因

互相冲撞、踢打、碰撞器械等。

3. 症状

（1）单纯型：局部疼痛，肿胀，青紫、压痛，功能障碍。
（2）合并型：伴有内部器官损伤，休克。

4. 处理

同闭合性软组织损伤的处理，严重的要及时送医院。

5. 预防

（1）训练、比赛需要穿着一定的保护装置。
（2）提高自我保护能力。
（3）裁判要公正，严格。
（4）改进运动技术，纠正错误动作姿势。

（二）肌肉拉伤

1. 原理

肌肉主动收缩超出负担能力，突然被动拉长超出伸展能力，都可以导致肌肉拉伤。

2. 原因

（1）准备活动不充分，肌肉的生理机能未达到活动所需要的状态。
（2）疲劳，肌肉机能下降，协调性差。
（3）训练水平不够，肌肉的弹性和伸展性不够，力量差。

（4）天气原因：天冷活动时间不够,肌肉活动不开；天热稍活动就出汗,误认为肌肉活动开了。

3. 损伤部位

一块肌肉因损伤的原因不同,可致不同的部位损伤。

（1）被动损伤多致肌肉的起止点和肌腹与肌腱的交界处损伤。

（2）主动损伤多致肌肉的肌腹损伤。

4. 多发部位

（1）下肢：大腿、腘绳肌、股四头肌、内收肌群、小腿三头肌。

（2）躯干：腰背肌、腹直肌、斜方肌等。

5. 损伤程度

（1）肌微细损伤。

（2）肌纤维部分断裂。

（3）肌肉完全断裂。

（4）并可致筋膜和腱鞘的损伤。

6. 症状

（1）疼痛、肿胀、压痛、肌痉挛、功能障碍。

（2）抗阻实验为阳性(＋)。

（3）断裂者一端膨大,一端有凹陷。

7. 处理

（1）轻伤处理同闭合性软组织损伤,包括肌肉无完全断裂者。

（2）肌肉断裂者应送医院缝合。

8. 预防

（1）做好准备活动。

（2）加强肌力和柔韧性锻炼,屈肌和伸肌力量要平衡发展。

（3）合理安排运动量。

（三）关节韧带损伤

1. 概念

关节韧带损伤主要是由间接外力作用引起的一种闭合性损伤。

2. 损伤机制

在外力作用下,使关节发生超常范围的运动,关节内外韧带受到过度的或猛烈的牵拉而造成损伤,如图6-2-2所示。

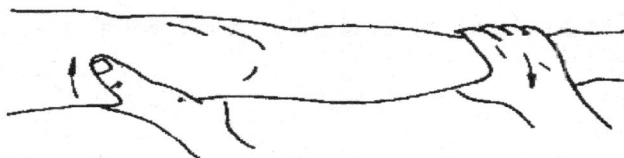

图 6-2-2

3. 征象

（1）局部疼痛、肿胀。

（2）明显压痛。

（3）功能障碍。

（4）侧搬试验（＋）。

（5）韧带完全断裂或撕脱时，关节有不稳定或松动感。

（6）"X"线片确诊有无骨折。

4. 处理

同闭合性软组织损伤。

5. 预防

（1）运动前做好充分的准备活动。

（2）正确地掌握动作技术。

（3）加强关节周围肌肉的力量和韧带柔韧性练习。

（4）加强保护和自我保护。

（四）滑囊炎

1. 急性挫伤

在外力的直接作用下使滑囊壁受到损伤而发生创伤性炎症。

2. 慢性损伤

局部负担量过大，致使滑囊壁受到反复摩擦，导致局部组织发生改变。

3. 征象

（1）急性：压痛，肿胀，可摸到肿块，疼痛明显，活动加剧。

（2）慢性：疼痛较轻，有肿块或小结节，做某一个动作时出现疼痛。

4. 处理

（1）急性：停止运动，外敷新伤药，止疼药，肿块较大时可抽液后再加压包扎，可向囊内注射可的松。

（2）慢性：针灸、理疗；严重影响运动的，可手术切除滑囊。

5.预防

（1）加强自我保护,掌握正确的倒地方法。

（2）注意控制局部负担量。

（五）腱鞘炎

1.损伤机制

由于肌肉反复收缩,使肌腱与腱鞘发生过度摩擦,所引起的肌腱腱鞘创伤性炎症。

2.多发部位

（1）桡骨茎突部腱鞘。

（2）手指屈肌腱鞘。

（3）肱二头长头肌腱腱鞘。

（4）踝部、胫骨后肌、拇长屈肌腱鞘。

3.征象

疼痛、肿胀、压痛、功能障碍。损伤的部位不同,其征象也各异。

4.处理

（1）减轻局部负担量。

（2）局部固定。

（3）外敷中药。

（4）理疗、针灸、穴位注射。

5.预防

（1）合理安排运动量。

（2）准备活动要充分。

（3）训练后要及时放松。

（六）骨骺损伤

骨骺损伤是儿童少年常见的一种损伤。骨骺板的强度是正常肌腱的2~5成。

1.损伤机制

（1）急性损伤:间接暴力所致。暴力有剪力、撕脱力、劈裂力、挤压力等,如图6-2-3所示。

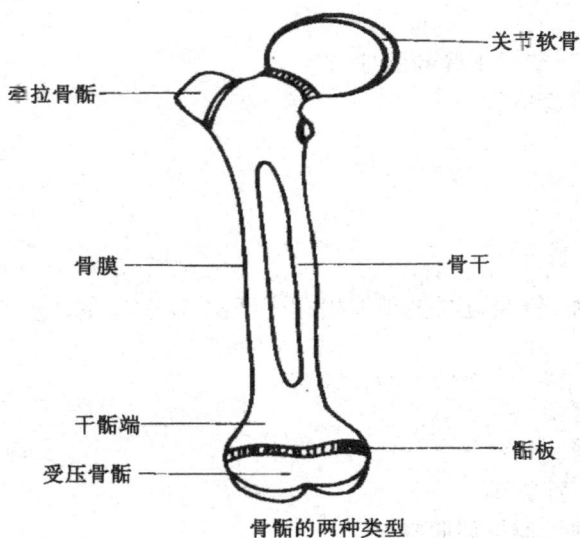

关节软骨
牵拉骨骺
骨膜
骨干
干骺端
骺板
受压骨骺

骨骺的两种类型

图 6-2-3

（2）慢性损伤：局部负荷过大，肌肉反复收缩、牵扯所致，如图 6-2-4 所示。

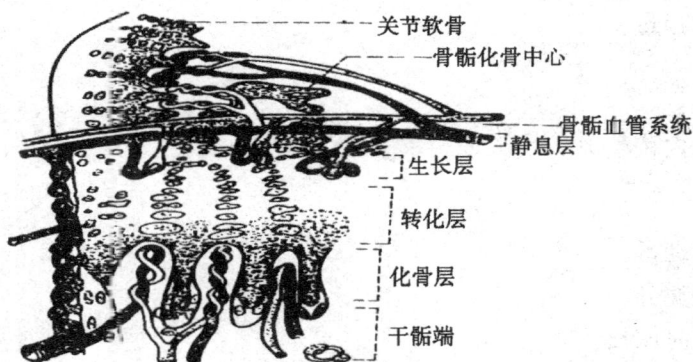

关节软骨
骨骺化骨中心
骨骺血管系统
静息层
生长层
转化层
化骨层
干骺端

骨骺、骺板的组织结构及两种血管供应系统

图 6-2-4

2. 征象

（1）急性损伤：
①明显的外伤史。
②疼痛。
③局部红肿。
④压痛。
⑤功能障碍。
⑥有的还会出现畸形。

（2）慢性损伤（骨骺炎）：

①无明显的外伤史。

②发病缓慢。

③局部疼痛肿胀。

④压痛。

⑤运动受限。

⑥"X"线片显示与正常骨有异。

3. 处理

（1）骨骺分离与骨折,处理原则与方法同骨折。

（2）有骨骺损伤可疑者应休息,禁止负重三周以上。

（3）骨骺炎要减少局部负荷,固定关节,中药外敷,理疗,针灸,按摩。

（七）髌骨劳损

1. 概念

髌骨劳损是指髌骨软骨病和髌骨周缘腱止装置的慢性损伤的统称。

2. 损伤机制

膝关节长期负担过度或反复的微细损伤积累而成。

膝关节在130°~135°的半蹲位时,内外侧副韧带放松,主要靠髌骨和股四头肌维持关节的稳定性。髌骨周缘腱止部和髌韧带承受的牵扯力,以及髌、股相应关节面所承受的挤压力较大,若再发力加扭转,就会出现挤压、捻挫、摩擦,导致局部组织细胞的损伤和破坏,引起腱纤维出血、变性、增生、钙化和软骨细胞肿胀、纤维变性、龟裂、剥离等一系列病理变化。

3. 征象

（1）早期膝软、膝痛,大运动量训练后明显,休息后消失。

（2）严重时静止、行走都痛。

（3）疼痛与膝关节动作有密切关系。

（4）半蹲痛,以单腿半蹲最为明显。

（5）关节积液。

（6）髌骨压痛检查（＋）。

（7）抗阻伸膝试验（＋）。

（8）"X"线片示,晚期髌、股关节间隙变窄,髌骨关节面、上下缘骨赘形成,髌韧带增厚或钙化。

4. 处理

至今没有特殊的治疗方法。加强股四头肌的力量是防治髌骨劳损的积极手段。

（1）站桩：高位半蹲,髋、膝角度不宜过大,时间尽可能长。每天1~2次。

（2）主动直腿高抬、负重直腿高抬练习。

（3）理疗、针灸、按摩。

（4）中药外敷。

5．预防

（1）合理安排运动负荷。

（2）加强股四头肌的力量训练。

（3）注意放松。

（4）加强医务监督。

（八）胫腓骨疲劳性骨膜炎

本病多发于初参加运动训练的人，特别是青少年。

1．原因

（1）局部负担量过大，在同一时间内过多地用脚尖跑跳，动作没有缓冲。

（2）场地过硬，支撑反作用力大，增加了局部负担。

2．损伤机制

（1）肌肉机械牵扯学说：肌肉附着处的骨膜长期不断地受到牵扯、摈伤或紧张，使骨膜发生松弛所致伤。

（2）应力学说：身体重力和地面反作用力反复作用于胫骨，再加上胫骨本身的形态结构的特点，使该部骨组织内部的应力受到改变和破坏，从而产生一种生理或病理反应。

重力和反作用力反复作用是变化的主要外因，骨骼特点是变化的根据。

骨骼的"S"形在力的作用下，凸面受到伸展，而凹面受到挤压，拉张力大，抗应力也大时，骨组织可以提高应力，与外力的增加来保持平衡，表现为骨小梁的合理排列和骨皮质的增厚，产生良性生理反应。若负担不当，抗拉应力增长跟不上拉张力的增加，则引起骨膜松弛充血、出血，出现骨骼损伤性炎症。

在负荷适宜时，上述两种因素都能改变骨膜血液循环，使骨膜增厚，骨质增粗加固，提高负荷能力，引起良好生理改变。

若负荷超出组织的适应能力，就会发生骨膜松弛或分离、充血、肿胀，骨膜下出血，以至局部骨质脱钙或断裂，产生骨折。

3．症状

（1）急性期多有局部肿胀（小腿下段为多）。

（2）压痛，有局部，有散在。

（3）训练后出现疼痛，下蹲时疼痛加剧。

（4）有结节及肿块。

（5）"X"线片可诊断有无骨折。

4. 处理

（1）轻者：绷带裹扎小腿，减少下肢运动量，继续运动。

（2）严重者：运动后及时放松，温水浸浴，按摩，理疗，局部封闭，中药熏洗，以至停训。

5. 预防

（1）训练要循序渐进，运动量要合理。

（2）正确掌握跑跳技术，注意放松和缓冲。

（3）避免在硬地上训练。

（4）注意运动后放松。

（九）脑震荡

脑震荡是脑损伤中最轻又较常见的一种。在体育运动和生活中都可能发生脑震荡。

1. 损伤机制

在外力的打击下，脑神经组胞和神经纤维受到普遍震荡所引起的一时性意识和功能障碍，不久即可恢复，多无明显的解剖病理改变。

2. 征象

（1）有明确的头部外伤史。

（2）立即出现意识障碍。

（3）意识丧失时，呼吸表浅，脉率缓慢，肌肉松弛，瞳孔稍放大，神经反射减弱或消失。

（4）意识清醒后出现逆行性健忘。

（5）头疼、头晕、恶心、呕吐。

（6）植物性神经功能紊乱。

3. 处理

（1）伤员平卧，安静休息。

（2）注意身体保暖，头部可用冷毛巾冷敷。

（3）对昏迷者要急救，促使其知觉的恢复。

（4）呼吸停止者要立即进行人工呼吸。

（5）脑震荡患者要卧床休息至症状完全消失。

注意：昏迷5分钟以上，有其他异常症状，或神志清醒后剧烈头痛、呕吐，或再度昏迷者，说明伤情严重，要立即送医院。闭目举臂单腿平衡试验可评价恢复程度。

（十）网球肘

多发生在网球、羽毛球、乒乓球、投掷等项目中。打球时由于用力过猛，球的冲击力作用于腕伸肌或被动牵扯造成的。肘关节外侧剧烈疼痛并放射，尤其在前旋前臂时加剧。停止运动，休息，热敷按摩。

预防措施：用 支持保护带；减少冲撞；多做关节练习；准备活动量力而行，不用力过猛，注意练习场所的温度。

（十一）踝关节扭伤

踝关节扭伤是体育运动中最常见的一种关节韧带损伤。

1. 特点

距骨前宽后窄，外踝长、内踝短，内翻肌力大于外翻肌力，外侧副韧带纤维长、分散而薄弱（见图 6-2-5、图 6-2-6）。

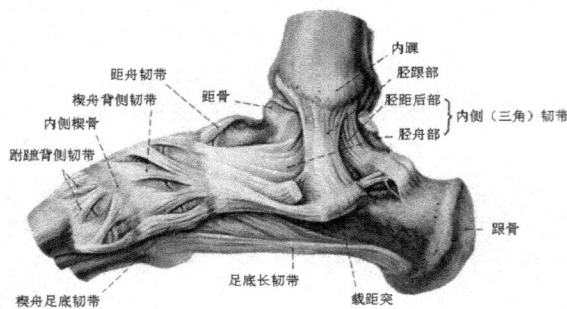

足的韧带（内侧面观）

图 6-2-5

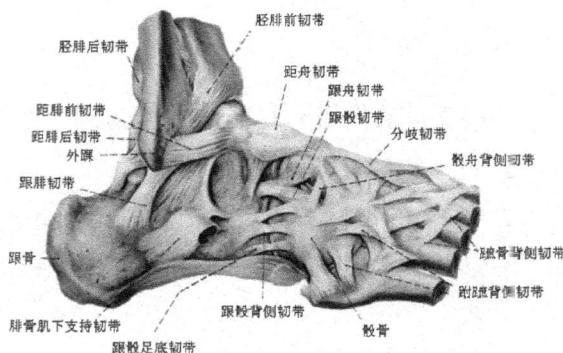

图 6-2-6

2. 原因

多发于篮球、足球、跳远、跳高、赛跑、滑雪和溜冰等运动中。踝关节的准备活动不充分，跑跳时用力过猛，落地姿势不当，地面不平等所致。

3. 处理

伤后立即停止锻炼，高抬伤肢，12 小时冷敷，然后 24~36 小时需热敷。用拇指指腹压迫痛点随即进行强迫内外翻试验和前抽屉试验检查无断裂者，进行 PRICE 疑有韧带完全断裂者，现场应加压包扎，棉花夹板固定送医院。肿胀、疼痛缓解后，积极进行关节周围肌肉力量和屈伸练习。解除固定后，在保护支持带的保护下逐渐参加锻炼即可做恢复性练习。

4. 预防措施

用支持保护带；减少冲撞；多做关节练习；准备活动量力而行，不用力过猛，注意练习场所的温度。

体育锻炼中要预防运动损伤的发生，做到从思想上对运动损伤的预防给予重视、调节身体使之处于良好的运动状态、创造锻炼的安全环境、注意科学锻炼以及加强易伤部位的训练。

本章思考练习题

1. 是否选择适合自己的运动项目?
2. 是否避免运动强度过大?
3. 是否避免一次锻炼的持续时间过长?
4. 是否不在坚硬的、有杂物的场地上锻炼?
5. 是否做好整理放松运动?
6. 是否使用支持、保护关节的用具?

第七章　体育卫生与医务监督

第一节　体育卫生概述

一、体育卫生的定义

体育卫生是研究人体和外界环境之间的联系和相互作用,以及自然、社会、生活等环竟因素对人体健康影响的一门学科。其目的就是制订并实施在锻炼中所必须遵循的各项体育卫生要求和措施,从而帮助和指导人们进行科学、合理的锻炼。

二、体育运动卫生保健知识

图 7-1-1

（1）定期进行体格检查。
（2）准备活动和整理活动。
（3）合理补充营养和水分。
（4）女同学应注意经期体育卫生。

第二节　体育卫生内容

一、个人卫生

个人卫生是指为增进人体健康,预防疾病,创造和改善符合生理要求的学习和生活环境而采取的个人、集体和社会的—系列综合措施。包括：

（1）生活制度。

（2）饮食卫生。

（3）睡眠卫生。

（4）服装卫生。

（5）卫生习惯。

二、心理卫生

　　一个人的健康不仅指他的身体方面,而且包括其心理方面。心理卫生包括一切旨在改进及保持心理健康的措施。诸如精神疾病的康复及预防；减轻充满冲突的世界带来的精神压力,以及使人处于能按其身心潜能进行活动的健康水平。如祖国医学的内伤“七情”(喜、怒、忧、思、悲、恐、惊)的致病。心理卫生是根据心理的活动规律,采用各种措施,保护和增强心理健康,提高对社会生活的适应能力,以预防身心疾病发生的学科。其目的是培养比较完整而健康的人格素质,以及提高抵制各种不良因素刺激影响的能力,使其精神状态平衡,能够适应社会,并能推动社会前进。

三、运动环境卫生

　　运动环境包括进行体育活动的自然环境和运动场地建筑设备。

　　环境卫生对增进锻炼者的身体健康,提高体育锻炼效果,以及预防运动性伤病,具有重要意义。

（一）自然环境

（1）空气：化学成分：SO_2、NO、CO。

　　　　　物理成分：湿度：50%~70% 为宜。

　　　　　温度：高温、低温。

　　　　　气流：气流速越大,对人的冷却作用越大。

　　　　　气压：高原训练。

　　　　　空气离子浓度：阴离子(负离子)具有净化空气提高机体神经系统的兴奋性,加速组织氧化过程,消除疲劳,治疗某些疾病。

（2）水。

（二）运动场地、馆、池的卫生要求

（1）运动场地、馆的大小,应根据其用途和卫生要求来设计。地面应平坦、坚固、不滑和不眩目,以木质地板为好。体育馆的墙壁应无明显的棱角和突出部分,空调、暖气设备应尽可能地安装在墙内。

（2）游泳池(场)池水卫生是游泳池(场)卫生的关键,池水卫生要求与饮用水基本相同,为使池水达到卫生要求,就应经常换水、消毒和清洗泳池。

四、女性体育卫生

由于女性的解剖结构、生理机能和心理特征与男性有所不同,因此进行健身锻炼时,除注意一般卫生要求外,还要注意女性的身心特点。

(一)女性一般卫生要求

在进行锻炼时,总的运动量、运动强度和时间都应比男性低一些。注意加强腰背肌、腹肌、骨盆底肌的练习和加强上肢肌的练习。

(二)经期卫生

可以参加一些适度的活动,避免用力过猛、腹压过大的练习,如憋气、静力性练习、跑、跳练习。不应下水游泳或进行冷水浴。

五、游泳的一般卫生要求

(1)要做健康检查。
(2)饭后或饥饿时不要下水。
(3)酒后或剧烈运动后不宜立即下水。
(4)入水前须做准备活动。
(5)在江河湖泊游泳时,应了解情况。
(6)在低温水中游泳时间不要太长。
(7)泳衣要合体,不透明为宜。
(8)如耳内进水,应及时排水。

第三节　体育锻炼的医务监督

一、体育锻炼的医务监督定义

体育锻炼的医务监督是在体育锻炼过程中,运用科学手段对锻炼者身体机能和健康状况进行观察和评价的方法。

二、体育锻炼的医务监督意义

(1)正确评价机体现状和锻炼效果。
(2)指导科学安排体育锻炼。

（3）促进锻炼者的发育与健康。

（4）预防运动性损伤和运动性疾病的发生。

三、自我医务监督

（一）主观感觉

（1）身体感觉。

（2）运动心情。

（3）睡眠。

（4）食欲。

（5）排汗。

（二）客观检查

1. 脉搏

基础脉搏：成年人的基础脉搏为 60~70 次 / 分，经常参加体育锻炼者可能下降到 50~60 次 / 分以下。

即时脉搏：120 次 / 分以下为小强度运动，150 左右次 / 分为中等强度运动，180 次 / 分以上为大强度运动。

恢复期脉搏：恢复的速度与运动负荷大小及体质强弱成正比。

美国运动医学学会（ACSM）的建议：

（1）锻炼频率：每周 3~5 天。

（2）锻炼强度：运动时应达到的心率：

靶心率 = 最大心率 ×（60%~80%）

最大心率的简易计算方法为：

最大心率 =220– 年龄

（3）锻炼持续时间：20~60 分钟的有氧运动。具体时间可根据运动强度大小而定。

ACSM 提示：由于高强度运动可能发生危险，建议非运动员的大多数人采用中低等强度、持续时间较长的锻炼。

2. 体重

体重是医务监督的一个重要指标，其反映机体物质的新陈代谢水平。体重持续下降，常反映机体因运动不当或疾病导致代谢失调，必须引起重视；体重持续增加，则是运动量不足的重要标志。

本章思考练习题

1. 运动医务监督概念是什么?
2. 何为过度训练?
3. 引起肌肉痉挛的原因有哪些?
4. 在游泳中若发生小腿肌肉痉挛应怎样处理?
5. 自我监督包括哪些内容?

第八章 运动处方的应用

第一节 运动处方的概念

一、运动处方的概念

运动处方的概念最早是由美国生理学家卡波维奇在 20 世纪 50 年代提出的。20 世纪 60 年代以来,随着康复医学的发展及对冠心病等疾病的康复训练的开展,运动处方开始受到重视。1969 年世界卫生组织(WHO)开始使用运动处方术语,运动处方从而在国际上得到认可。运动处方是指导人们有目的、有计划进行运动锻炼的一种方法。

运动处方的完整概念是:康复医师或体疗师,对从事体育锻炼者或病人,根据医学检查资料(包括运动试验和体力测验),按其健康、体力以及心血管功能状况,用处方的形式规定运动种类、运动强度、运动时间及运动频率,提出运动中的注意事项。

医生用处方的形式规定体疗病人和健身活动参加者的锻炼内容和运动量的方法称为运动处方。

运动处方是指针对个人身体状况而采用的一种科学的、定量化的体育锻炼方法。

二、运动处方分类

如图 8-1-1 所示。

图 8-1-1

（一）健身运动处方

健康人进行运动处方锻炼,以增强体质、提高健康水平为目的。

（二）竞技运动处方

专业运动员进行运动处方训练,以提高专业运动成绩为目的。

（三）康复运动处方

对患者应用运动处方,以治疗和康复为目的。

第二节　运动处方的内容

一、运动处方的基本内容

（1）运动目的。

（2）运动类型。

（3）运动强度：单位时间内的运动量。

（4）运动时间：每次运动的持续时间。

（5）运动频度：每周运动的次数。

（6）注意事项及微调整：禁忌项目、自我观察指标。

二、健身运动处方的基本要素

如图 8-2-1 所示。

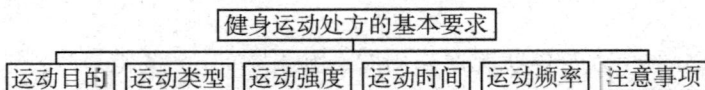

图 8-2-1

（一）运动目的

（1）促进生长发育,提高身体素质。

（2）增强体质,提高体适能,延缓衰老。

（3）防治某些疾病,保持健康。

（4）丰富生活,调节心理,提高生活质量。

（5）掌握运动技能和方法,提高竞技水平。

（二）运动类型

（1）发展心肺功能的运动类型。

（2）发展肌肉力量的运动类型。

（3）发展柔韧性的运动类型。

（4）发展灵敏性与协调性的运动类型。

（5）发展速度的运动类型。

（6）控制体重的运动类型。

（三）运动强度

（1）耐力性(有氧)运动的运动强度。
（2）力量性运动的运动强度和运动量。
（3）伸展运动的运动强度和运动量。

（四）运动时间

（1）运动持续的时间：有氧运动需持续 20~60 分钟,运动强度与运动时间或反比。
（2）运动时间在一天中的安排：
两个因素：一是人的生物节律及日节律周期,二是锻炼时的空气环境。
最佳时段：下午 14~18 点时段。

（五）运动的频率

运动的频率是指每周锻炼的次数。
（1）有氧耐力为主的锻炼,每周 3~4 次。
（2）力量性锻炼一般为每日或隔日练习一次。
（3）伸展运动坚持每天练习,则会取得最佳效果。

（六）注意事项

（1）明确指出禁忌的运动项目。
（2）提出运动中自我观察的指标和应停止运动的指征。
（3）要求重视准备与整理活动。

第三节　运动处方的制订与实施

一、制订运动处方的基本原则

（1）因人而异原则。
（2）有效原则。
（3）安全原则。
（4）全面原则。
（5）调整原则。

二、运动处方制订的程序

一般调查→临床检查→运动试验及体力测验→制订运动处方→预实施运动处方→修改运动处方→实施运动处方。

三、运动处方的实施

在运动处方的实施过程中,应注意每一次训练课的安排、运动量的监控及医务监督。

四、如何制订健身运动处方

(1)遵循健身运动处方的制订原则。
(2)制订健身运动处方的步骤和方法。
健身运动处方的制订程序(步骤):
①制订前要对自己的体能、健康状况、各项素质进行检查与预测。
②运动试验和体质测试。
③确定目标。
④选择运动。
⑤制订健身运动处方。
制订健身运动处方的方法:
①确定健身运动处方的目的。
②确定健身运动处方的类型和运动项目。
③确定每次运动的强度。
④确定每周练习的次数和时间。
⑤明确锻炼时的注意事项。
⑥确定准备活动和整理活动。

五、需要注意的几个问题

(1)锻炼的目的必须明确。
(2)运动项目要精心选择。
(3)尽可能有同伴一起练习。

第四节 运动处方的基本格式

一、健身运动处方书写格式

如表 8-4-1 所示。

表 8-4-1 健身运动处方书写格式

姓名： 性别： 年龄： 健康状况：
运动目的：
运动项目及运动时间：
运动强度：
锻炼次数及每次持续时间：
注意事项：
准备活动项目：
整理活动项目：

二、健身运动处方

见表 8-4-2、表 8-4-3、表 8-4-4、表 8-4-5、表 8-4-6

表 8-4-2 中学生健身运动处方（一）

姓名： 性别： 年龄：
运动目的：提高心血管功能,增强肌肉力量
运动项目及运动时间：游泳 16：00
运动强度：心率控制在 140 次 / 分
锻炼次数及每次持续时间：每周 3~4 次,每次 30~40 分钟
注意事项： 1. 本处方适用于 15 岁左右的男女中学生 2. 游泳前一定要做好充分的准备活动,以防止在水中肌肉痉挛或拉伤,发生危险 3. 游泳时最好在长 50 米的游泳池中进行 4. 如果是初学游泳者,一定要在浅水区,且有人保护时才能进行运动 准备活动项目：运动上肢、腰、腿等的关节部位（5~10 分钟） 整理活动项目：放松全身肌肉,尤其是小腿和手臂的肌肉（5~10 分钟）

表 8-4-3　中学生健身运动处方（二）

运动目的：发展力量素质
运动内容： 1. 两人一组,角力推 10 次 ×2 2. 两人相距 1 米,原地互推 10 次 ×2 3. 伸展练习:双人压肩 20 次;背对背、手拉手,弓步挺胸 20 次;体前屈 20 次 4. 原地头上掷实心球(男 15 次,女 10 次) 5. 原地背向双手头上抛实心球(男 15 次,女 10 次) 6. 俯卧撑(男 10 次 ×2),仰卧起坐(女 1 分钟 ×2) 7. 三人组合搬运重物练习(女 6 米 ×4,男 10 米 ×4) 注意事项：做好准备活动,2 人与 3 人之间的力量练习要默契、认真 准备活动：慢跑,徒手操 整理活动：呼吸调整运动,肌肉放松运动

表 8-4-4　发展肌肉力量健身运动处方

性别：男　年龄：25 岁　身体状况：健康
运动目的：增强心血管功能,提高肌力和肌肉耐力以及心肺功能 运动内容： 1. 先在水中步行然后再跑,距离是由短到长,时间先是 20~30 分钟,以后再逐渐延长 2. 3~4 天以后,走、跑和游泳相结合,距离可逐渐加长 运动强度：心率维持在 110~140 次 / 分钟 运动时间与频率：每次运动时间可持续 30~50 分钟,每周 5 天,每天 1 次 注意事项： 1. 运动强度要注意由低到高,不能急功近利 2. 应特别重视每次运动前的准备活动和运动后的整理活动 3. 锻炼的适宜场地是 50 米的标准游泳池,对不识水性的锻炼者,开始可在浅水区内运动,注意安全

表 8-4-5　发展有氧耐力健身运动处方

运动目的：发展上肢力量
运动内容： 1. 5 千克哑铃提至胸前,放下,每组连续做 10 次,共 3 组,每组间休息 30 秒 2. 5 千克哑铃做背飞运动,每组连续 10 次,共 3 组,每组间休息 30 秒 3. 5 千克哑铃做上举运动,每组连续 10 次,共 3 组,每组间休息 30 秒 4. 10 千克哑铃双手做快速前推运动,每组连续 10 次,共 3 组,每组间休息 30 秒 5. 10 千克哑铃双手做向上的卧推运动,每组连续 10 次,共 3 组,每组间休息 30 秒 运动强度：小强度负荷,为最大肌力的 25%~40% 运动频率：3~4 次 / 周,30~50 分钟 / 次 注意事项：准备活动要充分,防止肌肉拉伤

表 8-4-6　发展速度健身运动处方

性别：男　年龄：15 岁　专业：篮球
运动目的：发展速度
运动内容：
1. 听到指令后，转身快速跑，20 米
2. 运球急停，20 米
3. 运球快速变换方向，20 米
运动强度：心率维持在本人 65%~8C%HRmax，即 130~160 次 / 分钟
运动时间：上述三动作连续为一组，每组重复 4~5 次，每次 8~10 分钟
运动频率：每周 3~5 次
注意事项：要求动作要快，反应要灵敏

四、运动禁忌证

（1）严重的心脏病（如心大衰竭、严重的心律失常、不稳定的心绞痛和心肌梗塞、急性心肌炎、严重的心瓣膜病等）。

（2）严重的高血压。

（3）严重的呼吸系统、代谢系统、肝肾疾病、贫血等（如严重的糖尿病、甲亢等）。

（4）急性炎症、传染性等。

（5）下肢功能障碍、骨关节病等。

五、12 分钟跑测验方法

（1）最好用 400 米的田径跑道，每隔 20 米或 50 米用标志表示。

（2）测验前应做充分的准各活动。

（3）测验中出现不适或异肯症状，应减慢速度或停止运动。

（4）完成 12 分钟跑后，应该进行放松整理活动，不要即刻停止运动。

（5）记录受试者在 12 分钟内所跑的距离。

几分钟跑测验评定标准见表 8-4-7、8-4-8。

表 8-4-7　12 分钟跑测验评定标准（男）

年龄（岁）	男					
	1 级很差	2 级差	3 级及格	4 级好	5 级很好	6 级优秀
13~19	<2080	2080~	2190~	2500~	2750~	>2975
20~29	<1950	1950~	2100~	2385~	2625~	>2815
30~39	<1890	1890~	2080~	2320~	2500~	>2705
40~49	<1825	1825~	1985~	2225~	2450~	>2640
50~59	<1650	1650~	1855~	2080~	2305~	>2530
60 以上	<1390	1390~	1630~	1920~	2110~	>2480

表 8-4-8　12 分钟跑测验评定标准（女）

年龄（岁）	女					
	1 级很差	2 级差	3 级及格	4 级好	5 级很好	6 级优秀
13~19	<1600	1600~	1890~	2065~	2290~	>2415
20~29	<1540	1540~	1775~	1950~	2145~	>2320
30~39	<1500	1500~	1680~	1890~	2065~	>2225
40~49	<1410	1410~	1570~	1775~	1985~	>2145
50~59	<1345	1345~	1490~	1680~	1890~	>2080
60 以上	<1250	1250~	1375~	1570~	1745~	>1890

六、运动中止指标

在运动中出现以下症状应立即中止运动：

（1）运动负荷增加，而收缩压降低。

（2）运动负荷增加，而心率不增加或下降。

（3）出现胸痛、心绞痛等。

（4）出现严重的运动秀发的心律失常。

（5）出现头晕、面色苍白、冷汗、呼吸急促、下肢无力、动作不协调等。

七、肌力训练的负荷强度

见表 8-4-9。

表 8-4-9　肌力训练的负荷强度

负荷强度	最大重复次数（RM）	最大肌力（%）
最大负荷	1	100
大致临界负荷	2~3	85~95
大负荷	4~7	75~85
稍大负荷	8~12	60~75
中度负荷	13~18	40~60
小负荷	19~25	25~40
很小负荷	25 以上	25 以下

八、健身运动项目

（一）步行

运动医学研究结果揭示：快步行走是一种最简单而有效的有氧健身运动。锻炼者一定要根据自己的健康情况、体力、年龄和习惯，自行掌握强度。速度一般应控制在每分钟 100~130 米，每次步行持续不少于 20 分钟。每天最好选择在晚饭前或进餐半小时以后，在空气清新、环境幽雅的场所步行。

（二）慢跑

慢跑是当今世界上最流行的有氧代谢运动方法，对保持良好的心脏功能，防止心脏功能衰退，预防肌肉萎缩，防治冠心病、高血压、动脉硬化、肥胖症等，都具有良好的作用。

慢跑的速度不宜太快，要保持均匀速度，主观上不感觉难受，客观上以每分钟心率控制在 180 减去年龄数为宜。例如，一个 60 岁的人，其慢跑时的心率应为每分钟 180-60 = 120 次，运动时间不少于 20 分钟，每周不少于 4 次。对于慢性病患者宜选择强度小、时间短的方案，中老年及体质较差者宜选择强度小而持续时间较长的方案，年轻人及体质较好者，宜选择强度较大、持续时间较短的方案。

（三）跑走交替

跑走交替有两种方法：一种是先走后跑，即走 1 分钟后跑 1 分钟，交替进行。每隔 2 周可调整增加一次运动量，缩短走的时间，增加跑的时间。另一种是由走开始锻炼，随着身体适应能力的增强，渐渐过渡到由慢跑代替行走。运动时间可持续 20~30 分钟，每周不少于 4 次。这种方法适合初参加锻炼及年老体弱者。

（四）登楼梯

登楼梯是一项健身与日常生活相结合的运动，是一种简便、有效、容易开展且运动量便于调节的健身运动方法，深受世界上居住在大都市高层建筑中居民的青睐。

登楼梯是一项较激烈的有氧锻炼形式，锻炼者须具备良好的健康状态，一般采用走、跑、多级跨越和跳等运动形式。锻炼者可根据自己的身体状况和环境条件，选择适合自己的锻炼方法。初练者宜从慢速并持续 20 分钟开始，随着体能的提高，逐步加快速度或延长持续时间。当体能可耐受 30~40 分钟时，即可逐步过渡到跑、跳或多级跨楼梯。

（五）游泳

游泳健身运动是利用人体在水中受到浮力、阻力、摩擦力，以及人体在水中处于失重状态下进行锻炼的一种全身运动，适合于各类人群。游泳健身运动的强度与跑步大体相似，每分钟心率可控制在 180 减去年龄数，再减去 10，比如一个 60 岁的人，其游泳时的心率可控制在每分钟 180-60-10 = 110 次，运动时间不少于 30 分钟，每周不少于 3 次。

（六）骑车

骑自行车健身的锻炼效果不亚于慢跑和游泳。为了达到健身目的，锻炼者必须掌握好运动的强度：初始者一般应达到每分钟蹬车 60 次；对于有一定基础的锻炼者，每分钟蹬速可为

75~100 次;每次锻炼的时间不少于 30 分钟,每周不少于 4 次。

本章思考练习题

1. 制订运动处方需要经过哪几个程序?

2. 运动试验与体力测验有何异同?

3. 常用体力测验的方法是什么?

4.12 分钟跑的主要意义是什么?

5. 为什么要对运动处方进行修订?

6. 实施运动处方的过程中如何进行自我监督?

第九章　体育康复保健中医方法

第一节　拔罐疗法

拔罐法又名"火罐气""吸筒疗法",是一种以杯罐作工具,借热力排去其中的空气产生负压,使吸着于皮肤,造成瘀血现象的疗法。

一、罐的种类

(1)竹筒火罐:取坚实成熟的竹筒,一头开口,一头留节作底,罐口直径分3、4、5厘米三种,长短为8~10厘米。口径大的,用于面积较大的腰背及臀部。口径小的,用于四肢关节部位。至于日久不常用的竹火罐,过于干燥,容易透进空气。临用前,可用温水浸泡几分钟,使竹罐质地紧密不漏空气然后再用。南方产竹,多用竹罐。

(2)陶瓷火罐:使用陶土,做成口圆肚大,再涂上黑釉或黄釉,经窑里烧制的叫陶瓷火罐。有大、中、小和特小的几种,陶瓷罐,里外光滑,吸拔力大,经济实用,北方农村多喜用之。

(3)玻璃火罐:玻璃火罐,是用耐热硬质玻璃烧制的。形似笆斗,肚大口小,罐口边缘略突向外,分1、2、3种号型,清晰透明,便于观察,罐口光滑吸拔力好,因此玻璃火罐已被人们广泛地使用起来了。

(4)抽气罐:用青、链霉素药瓶或类似的小药瓶,将瓶底切去磨平,切口须光洁,瓶口的橡皮塞须保留完整,便于抽气时应用。现有用透明塑料制成,不易破碎。上置活塞,便于抽气。

二、拔罐法的作用机理

(一)负压作用

国内外学者研究发现:人体在火罐负压吸拔的时候,皮肤表面有大量气泡溢出,从而加强局部组织的气体交换。通过检查也观察到:负压使局部的毛细血管通透性变化和毛细血管破裂,少量血液进入组织间隙,从而产生瘀血,红细胞受到破坏,血红蛋白释出,出现自家溶血现象。在机体自我调整中产生行气活血、舒筋活络、消肿止痛、祛风除湿等功效,起到一种良性刺激促其恢复正常功能的作用。

（二）温热作用

拔罐法对局部皮肤有温热刺激作用，以大火罐、水罐、药罐最明显。温热刺激能使血管扩张，促进以局部为主的血液循环，改善充血状态，加强新陈代谢，使体内的废物、毒素加速排出，改变局部组织的营养状态，增强血管壁通透性，增强白细胞和网状细胞的吞噬活力，增强局部耐受性和机体的抵抗力，起到温经散寒、清热解毒等作用，从而达到促使疾病好转的目的。

（三）调节作用

拔罐法的调节作用是建立在负压或温热作用的基础之上的，首先是对神经系统的调节作用，由于自家溶血等给予机体一系列良性刺激，作用于神经系统末梢感受器，经向心传导，达到大脑皮层；加之拔罐法对局部皮肤的温热刺激，通过皮肤感受器和血管感受器的反射途径传到中枢神经系统，从而发生反射性兴奋，借以调节大脑皮层的兴奋与抑制过程，使之趋于平衡，并加强大脑皮层对身体各部分的调节功能，使患部皮肤相应的组织代谢旺盛，吞噬作用增强，促使机体恢复功能，阴阳失衡得以调整，使疾病逐渐痊愈。其次是调节微循环，促进新陈代谢。

三、吸拔方法与拔罐法的运用

（一）吸拔的方法

1. 火罐法

利用燃烧时的火焰的热力，排去空气，使罐内形成负压，将罐吸着在皮肤上。火罐法有下列几种方法。

（1）投火法：将薄纸卷成纸卷，或裁成薄纸条，燃着到1/3时，投入罐里，将火罐迅速扣在选定的部位上。投火时，不论使用纸卷和纸条，都必须高出罐口一寸多，等到燃烧一寸左右后，纸卷和纸条都能斜立罐里一边，火焰不会烧着皮肤。初学投火法还可在被拔地方放一层湿纸，或涂点水，让其吸收热力，可以保护皮肤。

（2）闪火法：用7~8号粗铁丝，一头缠绕石棉绳或线带，做好酒精棒。使用时，将酒精棒稍蘸95%酒精，用酒精灯或蜡烛燃着，将带有火焰的酒精棒一头往罐底一闪，迅速撤出，马上将火罐扣在应拔的部位上，此时罐内已成负压即可吸住。闪火法的优点是：当闪动酒精棒时火焰已离开火罐，罐内无火，可避免烫伤，优于投火法。

（3）滴酒法：向罐子内壁中部滴1~2滴酒精，将罐子转动一周，使酒精均匀地附着于罐子的内壁上（不要沾罐口），然后用火柴将酒精燃着，罐口朝下迅速扣在选定的部位上。

（4）贴棉法：扯取大约0.5厘米见方的脱脂棉一小块，薄蘸酒精，紧贴在罐壁中段，用火柴燃着，马上将罐子扣在选定的部位上。

（5）架火法：准备一个不易燃烧及传热的块状物，直径 2~3 厘米，放在应拔的部位上，上置小块酒精棉球，将棉球燃着，马上将罐子扣上，立刻吸住，可产生较强的吸力。

2. 水罐法

一般应用竹罐。先将罐子放在锅内加水煮沸，使用时将罐子倾倒用镊子夹出，甩去水液，或用折叠的毛巾紧扪罐口，乘热按在皮肤上，即能吸住。

3. 抽气法

先将青、链霉素等废瓶磨成的抽气罐紧扣在需要拔罐的部位上，用注射器从橡皮塞穿进抽出瓶内空气，使产生负压，即能吸住。或用抽气筒套在塑料杯罐活塞上，将空气抽出，即能吸着。

（二）各种拔罐法的运用

1. 单罐

单罐用于病变范围较小或压痛点。可按病变的或压痛的范围大小，选用适当口径的火罐，如胃病在中脘穴拔罐，冈上肌肌腱炎在肩髃穴拔罐等。

2. 多罐

多罐用于病变范围比较广泛的疾病。可按病变部位的解剖形态等情况，酌量吸拔数个乃至数十个。如某一肌束劳损时可按肌束的位置成行排列吸拔多个火罐，称为"排罐法"。治疗某些内脏或器官的瘀血时，可按脏器的解剖部位的范围在相应的体表部位纵横并列吸拔几个罐子。

3. 闪罐

罐子拔上后，立即起下，反复吸拔多次，至皮肤潮红为止。闪罐多用于局部皮肤麻木或机能减退的虚证病例。

4. 留罐

拔罐后，留置一定的时间，一般留置 5~15 分钟。罐大吸拔力强的应适当减少留罐时间，夏季及肌肤薄处，留罐时间也不宜过长，以免损伤皮肤。

5. 推罐

推罐又称"走罐"，一般用于面积较大，肌肉丰富的部位，如腰背、大腿等部，须选口径较大的罐子，罐口要求平滑，最好用玻璃罐。先在罐口涂一些润滑油脂，将罐吸上后，以手握住罐底，稍倾斜，即后半边着力，前半边略提起，慢慢向前推动，这样在皮肤表面上下或左右来回推拉移动数次，至皮肤潮红为止。

6. 药罐

常用的有以下两种：

（1）煮药罐：将配制成的药物装入布袋内，扎紧袋口，放入清水煮至适当浓度，再把竹罐投入药汁内煮 15 分钟,使用时,按水罐法吸拔在需要的部位上,多用于风湿痛等病。常用药物处方:麻黄、蕲艾、羌活、独活、防风、秦艽、木瓜、川椒、生乌头、曼佗罗花、刘寄奴、乳香、没药各二钱。

(2)贮药罐:在抽气罐内事先盛贮一定的药液(为罐子的 1/2~2/3)。常用的为辣椒水、两面针酊、生姜汁、风湿酒等。然后按抽气罐操做法抽去空气,使吸在皮肤上。也有在玻璃罐内盛贮 1/3~1/2 的药液,然后用火罐法吸拔在皮肤上。常用于风湿痛、哮喘、咳嗽、感冒、溃疡病、慢性胃炎、消化不良、牛皮癣等。

7. 针罐

先在一定的部位施行针刺,待达到一定的刺激量后,将针留在原处,再以针刺处为中心,拔上火罐。如果与药罐结合,称为"针药罐",多用于风湿病。

8. 刺血(刺络)拔罐法

用三棱针、陶瓷片、粗毫针、小眉刀、皮肤针、滚刺筒等,先按病变部位的大小和出血要求,按刺血法刺破小血管,然后拔以火罐,可以加强刺血法的效果。适用于各种急慢性软组织损伤、神经性皮炎、皮肤瘙痒、丹毒、神经衰弱、胃肠神经官能症等。

四、拔罐的基本操作步骤

(1)准备材料:玻璃火罐二个(备用一个),根据部位选择号型,镊子一把,95% 酒精一小瓶(大口的),棉花球一瓶,火柴一盒,新毛巾一条,香皂一块,脸盆一个。

(2)术前检查:检查病情,明确诊断,是否合乎适应证。检查拔罐的部位和患者体位,是否合适。检查罐口是否光滑和有无残角破口。

(3)操作方法:先用干净毛巾,蘸热水将拔罐部位擦洗干净,然后用镊子镊紧棉球稍蘸酒精,火柴燃着,用闪火法,往玻璃火罐里一闪,迅速将罐子扣在皮肤上。

(4)留罐时间:过去留罐时间较长,从 10 分钟留到 30 分钟以上,这种长时间留罐,容易使局部黑紫一片,郁血严重,增加吸收困难,因此,现在留罐时间一般较前缩短了,根据身体强弱的浅层毛细血管渗出血液情况,可以考虑改为 3~6 分钟。

实践证明,短时间留罐比长时间留罐好处多。严重郁血减为轻微渗出血或充血,便于吸收,增强抗病能力;不留瘀痕;防止吸过度,造成水疱伤引起感染;疗效较好。

(5)起罐:左手轻按罐子,向左倾斜,右手食、中二指按准倾斜对方罐口的肌肉处,轻轻下按,使罐口漏出空隙,透入空气,吸力消失,罐子自然脱落。

(6)火力大小:火力大小也要掌握好。酒精多,火力大则吸拔力大;酒精少,火力小则吸拔力小。还有罐子扣得快则吸力大,扣得慢则吸力小。这些都可临时掌握。

(7)间隔时间:可根据病情决定。一般来讲,慢性病或病情缓和的可隔日一次。病情急的可每日一次,如发高烧,急性类风湿,或急性胃肠炎等病,每天一两次,甚至三次,皆不为过,但留罐时间却不可过长。

(8)疗程:一般以 12 次为一疗程,如病情需要,可再继续几个疗程。

（9）部位：肩端、胸、背、腰、臀、肋窝以及颈椎、足踝、腓肠肌等肌肉丰厚、血管较少的部位，皆可拔罐。另外还可根据病情、疼痛范围，可拔 1~2 个火罐，或 4~6 个甚至 10 个玻璃火罐。

五、拔罐注意事项

有人说："只要经常拔罐，就难免不烫伤"，这种说法对不对呢？不对。因为临床实践告诉我们：造成火罐烫伤的主要原因是酒精用得过多，滴在罐内，皮肤烫起一片血疱；火焰烧热罐口，容易形成罐口烙伤圆匿。留罐时间过长，容易拔起白水疱。前二种是真正烫伤，后一种不是烫伤。那么能不能避免火罐烫伤呢？能，完全能够，但必须采取如下措施。

（1）体位须适当，局部皮肉如有皱纹、松弛、疤痕凹凸不平及体位移动等，火罐易脱落。

（2）根据不同部位，选用大小合适的罐。应用投火法拔罐时，火焰须旺，动作要快，使罐口向上倾斜，避免火源掉下烫伤皮肤。应用闪火法时，棉花棒蘸酒精不要太多，以防酒精滴下烧伤皮肤。用贴棉法时，须防止燃着棉花脱下。用架火法时，扣罩要准确，不要把燃着的火架撞翻。用水罐时，应甩去罐中的热水，以免烫伤病人的皮肤。

（3）在应用针罐时，须防止肌肉收缩，发生弯针，并避免将针撞压入深处，造成损伤。胸背部腧穴均宜慎用。

（4）在应用刺血拔罐时，针刺皮肤出血的面积，要等于或略大于火罐口径。出血量须适当，每次总量成人以不超过 10 毫升为宜。

（5）在使用多罐时，火罐排列的距离一般不宜太近，否则因皮肤被火罐牵拉会产生疼痛，同时因罐子互相排挤，也不宜拔牢。

（6）在应用走罐时，不能在骨突出处推拉，以免损伤皮肤或火罐漏气脱落。

（7）起罐时手法要轻缓，以一手抵住罐边皮肤，按压一下，使气漏出，罐子即能脱下，不可硬拉或旋动。

（8）拔罐后针孔如有出血，可用干棉球拭去。一般局部呈现红晕或紫绀色（瘀血）为正常现象，会自行消退。如局部瘀血严重者，不宜在原位再拔。如留罐时间过长，皮肤会起水疱，小的不需处理，防止擦破引起感染；大的可以用针刺破，流出疱内液体，涂以龙胆紫药水，覆盖消毒敷料，防止感染。

第二节　灸法

灸法是中医传统外治法之一，对人本可起到治疗疾病和预防保健作用，治疗过程中病人有舒适感，因此很受患者欢迎。灸法就是用艾绒为主要材料制成的艾柱或艾条，点燃后在穴位或患处熏灸，借助温热性和药物作用，以温通经络，调和气血，燥湿祛寒，回阳救逆，消肿散结，达到治疗疾病目的的一种疗法。临床上常用的有艾条灸、艾柱灸及隔姜灸、隔蒜灸等。《灵枢·官能》篇指出："针所不为，灸之所宜。"《医学入门》也说，凡病"药之不及，针之不到，必须灸之。"均说明灸法可以弥补针刺之不足。

灸法可能是在热熨法的基础上产生的。据推测,原始人在烤火取暖、煮食或篝火防兽时,有时可能会被迸出的火星烧灼烫伤皮肤,但同时这种局部的烧灼也可以减轻某些疾病的症状。这种情形反复多次出现,就使人们受到启发,他们开始有意识地选用一些干枯的植物茎叶作燃料,对局部进行温热刺激。由于艾叶具有易于燃烧、气味芳香、资源丰富、易于加工贮藏等特点,因而后来成为最主要的灸治原料。

一、材料的制作方法

艾灸疗法的主要材料为艾绒,艾绒是由艾叶加工而成。选用野生向阳处5月份长成的艾叶,风干后在室内放置1年后使用,此称为陈年熟艾。取陈年熟艾去掉杂质粗梗,碾轧碎后过筛,去掉尖屑,取白纤丝再行碾轧成绒。也可取当年新艾叶充分晒干后,多碾轧几次,至其揉烂如棉即成艾绒。

（一）艾柱的制作

将适量艾绒置于平底磁盘内,用食、中、拇指捏成圆柱状即为艾柱。艾绒捏压越实越好,根据需要,艾柱可制成拇指大、蚕豆大、麦粒大3种,称为大、中、小艾柱。

（二）艾卷的制作

将适量艾绒用双手捏压成长条状,软硬要适度,以利炭燃为宜,然后将其置于宽约5.5厘米、长约25厘米的桑皮纸或纯棉纸上,再搓卷成圆柱形,最后用面浆糊将纸边黏合,两端纸头压实,即制成长约20厘米,直径约1.5厘米的艾卷。

（三）间隔物的制作

在间隔灸时,需要选用不同的间隔物,如鲜姜片、蒜片、蒜泥、药物等。在施灸前均应事先备齐。鲜姜、蒜洗净后切成2~3毫米厚的薄片,并在姜片、蒜片中间用毫针或细针刺成筛孔状,以利灸治时导热通气。蒜泥、葱泥、蚯蚓泥等均应将其洗净后捣烂成泥,相应药物捣碎碾轧成粉末后,用黄酒、姜汁或蜂蜜等调和后塑成薄饼状,也需在中间刺出筛孔后应用。

二、施灸方法及步骤

《千金方》指出:"凡灸当先阳后阴……先上后下。"临床操作一般先灸上部、痛部、后灸下部、腹部;先灸头身,后灸四肢。但在特殊情况下,必须灵活运用,不可拘泥。

（一）直接灸

直接灸又称"艾柱灸",是将大小适宜的艾柱,直接放在皮肤上施灸。若施灸时需将皮肤烧伤化脓,愈后留有瘢痕者,称为瘢痕灸。若不使皮肤烧伤化脓,不留瘢痕者,称为无瘢痕灸。

（1）瘢痕灸：施灸时先将所灸腧穴部位涂以少量的大蒜汁，以增加黏附和刺激作用，然后将大小适宜的艾柱置于腧穴上，用火点燃艾柱施灸。每壮艾柱必须燃尽，除去灰烬后，方可继续易柱再灸，待规定壮数灸完为止。施灸时由于火烧灼皮肤，因此可产生剧痛，此时可用手在施灸腧穴周围轻轻拍打，借以缓解疼痛。在正常情况下，灸后1周左右，施灸部位化脓形成灸疮，5~6周左右，灸疮自行痊愈，结痂脱落后而留下瘢痕。临床上常用于治疗哮喘、肺结核、瘰疬等慢性疾病。

（2）无瘢痕灸：施灸时先在所灸腧穴部位涂以少量的凡士林，以使艾柱便于黏附，然后将大小适宜的艾柱，置于腧穴上点燃施灸，当灸柱燃剩2/5或1/4而患者感到微有灼痛时，即可易柱再灸。若用麦粒大的艾柱施灸，当患者感到有灼痛时，医者可用镊子柄将艾柱熄灭，然后继续易位再灸，按规定壮数灸完为止。一般应灸至局部皮肤红晕而不起疱为度。因其皮肤无灼伤，故灸后不化脓，不留瘢痕。一般虚寒性疾患，均可此法。

施灸步骤：

（1）物品准备：治疗盘、艾绒、火柴、镊子、弯盘。

（2）操作方法：

①将艾绒根据病情，制成大小适宜之艾柱。

②将艾柱置于应灸穴位上，点燃艾柱顶端。

③等艾柱燃至病人感发烫时，即用镊子取下放入弯盘，另换一艾柱，继续点燃。

④一般每次灸3~5壮（每个艾柱谓一壮）。

（二）间接灸

间接灸是用药物将艾柱与施灸腧穴部位的皮肤隔开进行施灸的方法，如生姜间隔灸、隔盐灸等。

（1）隔姜灸：是用鲜姜切成直径2~3厘米、厚0.2~0.3厘米的薄片，中间以针刺数孔，然后将姜片置于应灸的腧穴部位或患处，再将艾柱放在姜片上点燃施灸。当艾柱燃尽，再易柱施灸。灸完所规定的壮数，以使皮肤红润而不起疱为度。常用于因寒而致的呕吐、腹痛、腹泻及风寒痹痛等。

（2）隔蒜灸：用鲜大蒜头，切成厚0.2~0.3厘米的薄片，中间以针刺数孔，然后置于应灸腧穴或患处，然后将艾柱放在蒜片上，点燃施灸。待艾柱燃尽，易柱再灸，直至灸完规定的壮数。此法多用于治疗瘰疬、肺结核及初起的肿疡等症。

（3）隔盐灸：用纯净的食盐填敷于脐部，或于盐上再置一薄姜片，上置大艾柱施灸。多用于治疗伤寒阴证或吐泻并作、中风脱证等。

（4）隔附子饼灸：将附子研成粉末，用酒调和做成直径约3厘米、厚约0.8厘米的附子饼，中间以针刺数孔，放在应灸腧穴或患处，上面再放艾柱施灸，直到灸完所规定壮数为止。多用治疗命门火衰而致的阳痿、早泄或疮疡久溃不敛等症。

施灸步骤：

（1）物品准备：治疗盘、艾绒、火柴、镊子、弯盘，根据需要准备切成0.2~0.3厘米薄，直径约2厘米的鲜姜片或鲜大蒜头横切成片数片（或用大蒜捣泥，取0.3厘米厚的大蒜泥敷于穴位皮肤）。

（2）操作方法：

①暴露应灸部位。

②取鲜姜片或蒜片（或蒜泥），放于穴位，上置艾柱。

③点燃后待病人感灼热时即更换艾柱，连灸 3~5 壮。

④脐部也可敷食盐后，置艾柱灸之，称"隔盐灸"，或在穴位放其他药物如附子片等，统称"间接灸法"。

（三）艾卷灸

（1）艾条灸：取纯净细软的艾绒 24 克，平铺在 26 厘米长、20 厘米宽的细草纸上，将其卷成直径约 1.5 厘米圆柱形的艾卷，要求卷紧，外裹以质地柔软疏松而又坚韧的桑皮纸，用胶水或糯糊封口而成。也有每条艾绒中渗入肉桂、干姜、丁香、独活、细辛、白芷、雄黄各等份的细末 6 克，则成为药条。施灸的方法分温和灸和雀啄灸。

（2）温和灸：施灸时将艾条的一端点燃，对准应灸的腧穴部位或患处，约距皮肤 2~3 厘米处，进行熏烤。熏烤使患者局部有温热感而无灼痛为宜，一般每处灸 5~7 分钟，至皮肤红晕为度。对于昏厥、局部知觉迟钝的患者，医者可将中、食二指分开，置于施灸部位的两侧，这样可以通过医者手指的感觉来测知患者局部的受热程度，以便随时调节施灸的距离和防止烫伤。

（3）雀啄灸：施灸时，将艾条点燃的一端与施灸部位的皮肤并不固定在一定距离，而是像鸟雀啄食一样，一上一下活动地施灸。另外也可均匀地上、下或向左右方向移动或反复地施转施灸。

施灸步骤：

（1）物品准备：治疗盘、艾条、火柴、弯盘，必要时备艾灸盒。

（2）操作方法：

①点燃艾条一端，燃端距应灸穴位或局部 2~4 厘米处熏灸，使局部有温热感，以不感烧灼为度。

②每次灸 15~30 分钟，使局部皮肤红润、灼热。

③中途艾绒烧灰较多时，应将绒灰置于弯盘中，避免脱落在病人身上。

④腹部、背部较平坦处行艾灸时，可用艾灸盒。即病人取平卧或俯卧位，将点燃之艾条放于盒内，灸盒放在应灸穴位的部位，加盖后可使其自行燃烧艾条，达到艾灸的目的。

（四）温针灸

温针灸是针刺与艾灸结合应用的一种方法，适用于既需要留针而又适宜用艾灸的病症。操作时，将针刺入腧穴得气后，并给予适当补泻手法而留针，继将纯净细软的艾绒捏在针尾上，或用艾条一段长约 2 厘米，插在针柄上，点燃施灸。待艾绒或艾条烧完后，除去灰烬，取出针。

（五）温灸器灸

温灸器灸是用金属特制的一种圆管灸具,故又称"温筒灸"。其筒底有尖有平,筒内套有小筒,小筒四周有孔。施灸时,将艾绒或加掺药物,装入温灸器的小筒,点燃后将温灸器之盖扣好,即可置于腧穴或应灸部位熨灸,直到所灸部位皮肤红润。有调和气血、温中散寒的作用。

三、灸法的作用

《本章正》指出:"艾叶,能通十二经,……善于温中,逐冷,行血中之气,气中之滞"。因此,艾灸的应用范围比较广泛,尤其对慢性虚弱性及风寒湿邪为患的病证为适宜。

（1）艾灸有温经通络、行气活血、祛湿散寒的作用,可用来治疗风寒湿邪为患的病症及气血虚引起的眩晕、盆血、乳少、闭经等证。

（2）艾灸有温补中气、回阳固脱的作用,可用治久泄、久痢、遗尿、崩漏、脱肛、阴挺及寒厥等。

（3）艾灸有消瘀散结的作月,对于乳痈初起、瘰疬、疗肿未化脓者有一定疗效。

（4）常灸大信、关元、气海、足三里等腧穴,可鼓舞人体正气,增强抗病能力,起防病保健的作用。《千金方》说:"凡宦游吴蜀,体上常须两三处灸之,勿令疮暂瘥,则瘴疬、瘟疟之气不能着人"。

（5）隔姜灸有解表散寒、温中止呕的作用,可用于外感表证、虚寒性呕吐、泡泻、腹痛等。

（6）隔蒜灸有清热、解毒、杀虫的作用,可用于疗肿疮疡、毒虫咬伤,对哮喘、脐风、肺痨、瘰疬等已有一定疗效。

（7）隔附子饼灸有温肾壮阳作用,可用于命门火衰而致的遗精、阳痿、早泄等。

（8）隔盐灸有温中散寒、扶阳固脱的作用,可用于虚寒性呕吐、泄泻、腹痛、虚脱、产后血晕等。

（9）温针灸具有针刺和艾灸的双重作用,一般针刺和艾灸的共同适应证均可运用。

四、灸法作用机理

（1）灸法的药性作用(化学作用)。
（2）灸法的热作用(物理作用)。
（3）经络腧穴与艾灸理化作用的有机结合,产生了灸法的综合效应。

五、灸量与灸效的关系

实验证明,灸量与灸效有相当密切的关系。例如,据一组879例次的实验统计,用底面积6平方毫米、高8毫米的艾柱灸,平均19.6壮出现循经感传,随着壮数的增加,感传逐渐由线状加宽呈带状,速度也逐渐加快。不同灸量对"阳虚"动物脱氧核糖核酸合成率也有不同影响,艾灸命门三壮组与羟基脲组相比,差别不显著,但五壮组与羟基脲组比较有非常显著的差异,这说明虽然艾灸命门可以纠正"阳虚"动物的虚损症状,但从脱氧核糖核酸合成率的水平来看,采用五壮要比三壮好。然而,灸量与灸的关系并非都是灸量越大疗效越好。例如,艾灸至阴穴纠正胎位不正的效果,一般都以第一、二次艾灸较明显,第三次以后效果则较差。因此,临证时必须根据不同情况采用不同的灸量。

六、常见病证

（1）脾胃虚寒性胃痛：灸中脘(隔姜灸)、内关、足三里。
（2）脾虚型腹泻：灸天枢(隔姜灸)、神阙(隔盐灸)、足三里、肾俞、脾俞。
（3）虚脱、四肢厥逆：灸百会、神阙(隔盐灸)、涌泉。
（4）虚寒型痛经：灸关元、中极、三阴交、足三里。
（5）虚寒性腰痛：肾区放灸盒。
（6）风寒湿痹：局部关节临近穴位。
（7）恶心、呕吐、急性腹痛：脐部隔盐灸。
（8）未溃破之疖：肿处隔蒜灸。

七、禁忌证以及注意事项

（一）禁忌证

（1）凡属实热证或阴虚发热、邪热内炽等证,如高热、高血压危象、肺结核晚期、大量咯血、呕吐、严重贫血、急性传染性疾病、皮肤痈疽并有发热者,均不宜使用艾灸疗法。
（2）器质性心脏病伴心功能不全,精神分裂症,孕妇的腹部、腰骶部,均不宜施灸。
（3）颜面部、颈部及大血管走行的体表区域、黏膜附近,均不宜施瘢痕炎。

（二）注意事项

（1）施灸前要与患者讲清灸治的方法及疗程,尤其是瘢痕灸,一定要取得患者的同意与合作。瘢痕灸后,局部要保持清洁,必要时要贴敷料,每天换药1次,直至结痂为止。在施灸前,要将所选穴位用温水或酒精棉球擦洗干净,灸后注意保持局部皮肤适当温度,防止受凉,影响疗效。
（2）除瘢痕灸外,在灸治过程中,要注意防止艾火灼伤皮肤。尤其幼儿患者。如有起疱时,可用酒精消毒后,用毫针将水疱挑破,再涂上龙胆紫即可。
（3）偶有灸后身体不适者,如身热感、头昏、烦躁等,可令患者适当活动身体,饮少量温开水,或针刺合谷、后溪等穴位,可使症状迅速缓解。
（4）施灸时注意安全使用火种,防止烧坏衣服、被褥等物。

第三节   刮痧疗法

刮痧疗法是运用物理方法,即用水牛角为材料做的刮痧板,对人体肌表(皮部、穴位、病灶点)进行刮、按、推等手法刺激,至皮肤出现紫黑色瘀点为度,以治疗疾病的一种民间疗法。刮痧疗法是根据中医十二经脉及奇经八脉、遵循"急则治其标"的原则,运用手法强刺激经络,使局部皮肤发红充血,从而起到醒神救厥、解毒祛邪、清热解表、行气止痛、健脾和胃的效用。

一、刮痧疗法的起源

刮痧疗法的雏形可追溯到旧石器时代,人们患病时往往会本能地用手或石片抚摩、捶击体表某一部位,有时竟使疾病获得缓解。通过长期的发展与积累,逐步形成了砭石治病的方法。砭石是针刺术、刮痧法的萌芽阶段,刮痧疗法可以说是砭石疗法的延续、发展或另一种存在形式。

二、刮痧疗法的作用

刮痧施术于皮部对机体的作用大致可分为两大类:一是预防保健作用,二是治疗作用。

三、治疗作用

(一)活血祛瘀

刮痧可调节肌肉的收缩和舒张,使组织间压力得到调节,以促进刮拭组织周围的血液循环。增加组织流量,从而起到活血化瘀、祛瘀生新的作用。

(二)调整阴阳

刮痧对内脏功能有明显的调整阴阳平衡的作用,如肠蠕动亢进者,在腹部和背部等处使用刮痧手法可使亢进者受到抑制而恢复正常;反之,肠蠕动功能减退者,则可促进其蠕动恢复正常。这说明刮痧可以改善和调整脏腑功能,使脏腑阴阳得到平衡。

(三)舒筋通络

肌肉附着点和筋膜、韧带、关节囊等受损伤的软组织,可发出疼痛信号,通过神经的反射作用,使有关组织处于警觉状态,肌肉的收缩、紧张直到痉挛便是这一警觉状态的反映,其目的是减少肢体活动,从而减轻疼痛,这是人体自然的保护反应。此时,若不及时治疗,或是治疗不彻底,损伤组织可形成不同程度的粘连、纤维化或疤痕化,以致不断地发出有害的冲动,加重疼痛、压痛和肌肉收缩紧张,继而又可在周围组织引起继发性疼痛病灶,形成新陈代谢障碍,进一步加重"不通则痛"的病理变化。

刮痧是消除疼痛和肌肉紧张、痉挛的有效方法,主要机理有:一是加强局部循环,使局部组织温度升高;二是在用刮痧板为工具配用多种手法直接刺激作用下,提高了局部组织的痛阈;三是紧张或痉挛的筋脉与十二皮部的关系。

（四）信息调整

人体的各个脏器都有其特定的生物信息(各脏器的固有频率及生物电等),当脏器发生病变时有关的生物信息就会发生变化,而脏器生物信息的改变可影响整个系统乃至全身的机能平衡。

（五）排除毒素

刮痧过程(用刮法使皮肤出痧)可使局部组织形成高度充血,血管神经受到刺激使血管扩张,血流及淋巴液增快,吞噬作用及搬运力量加强,使体内废物、毒素加速排除,组织细胞得到营养,从而使血液得到净化,增加了全身抵抗力,可以减轻病势,促进康复。

（六）行气活血

气血(通过经络系统)的传输对人体起着濡养、温煦等作用。刮痧作用于肌表,使经络通畅、气血通达,则瘀血化散,凝滞固塞得以崩解消除,全身气血通达无碍,局部疼痛得以减轻或消失。

四、刮痧的基本手法

（1）刮法。
（2）边揉法。
（3）角揉法。
（4）角推法。
（5）按法。
（6）点法。
（7）拍法。
（8）颤法。
（9）啄法。
（10）摩法。
（11）擦法。
（12）叩击法。

五、刮痧的注意事项

（1）要了解病情，辨证施治，审病求因，确定刮拭的部位。

（2）根据病人的虚实、寒热、表里、阴阳采取手法。

（3）妇女怀孕者，腹、腰、骶部禁刮，妇女乳头禁刮。

（4）小儿囟门未合者禁刮。

（5）皮肤有感染疮疖、溃疡、瘢痕或有肿瘤的部位禁刮。

（6）下肢静脉曲张者，宜由下而上采取适当手法，手法要轻。

（7）血小板低下者（容易出血不止）、病危的人要谨慎刮试。

（8）不要面向电风扇刮痧、尽量避风。

（9）不要使用其他的代用品刮痧（如铜钱、塑料晶、瓷器、红花油等）。

（10）头部，面部不必抹油，保健刮痧可以隔着衣服刮拭；治病出痧，必须使用专门的刮痧油。

（11）刮完一次，务必在痧退以后再在同一部位刮痧，平时可以用轻手法补刮，促进微循环，以加强退痧作用。

（12）刮痧时，有时会有少许毛细血管出血，渗到附近组织，然后再行吸收，这是增加抵抗力的一种方法，属于正常情况。

（13）怕疼的人，可先泡热水澡或热敷再刮痧，以减少疼痛。

（14）刮痧后汗孔扩张，半小时内不要冲冷水澡，不要吹冷风，可洗热水澡，或者边洗边刮也无妨。

（15）刮痧后喝一杯温开水，以补充体内消耗的津液，促进新陈代谢，加速清肠排毒。

（16）刮痧不必非要出痧，出痧是体为有毒素的外在表现，如果身体健康，即使用大力刮痧，也不会出痧，反之即使手法不重，出痧也很明显。

（17）保健刮痧，不必抹油，不必刮出痧来，从头到脚每个部位、每条经脉，按顺序柔和地刮拭数次，每天 3~10 分钟，就可达到强身健体、延年益寿的功效。

六、慎用症与禁忌证

（1）有出血倾向的疾病，如血小板减少症、白血病、过敏性紫癜症等不宜用泻刮手法，宜用补刮或平刮法。如出血倾向严重者应暂不用此法。

（2）新发生的骨折患部不宜刮痧，须待骨折愈合后方可在患部补刮。外科手术疤痕处亦应在两个月以后方可局部刮痧。恶性肿瘤患者手术后，疤痕局部处慎刮。

（3）原因不明的肿块及恶性肿瘤部位禁刮，可在肿瘤部位周围补刮。

（4）妇女月经期下腹部慎刮，妊娠期下腹部禁刮。

本章思考练习题

1. 拔罐的基本手法是什么？

2. 刮痧的基本手法是什么？

第十章　体育康复主要按摩方法与应用

第一节　按摩的概述

一、按摩的概念

运动保健按摩是利用手、足或器械等进行各种手法操作,刺激人体体表部位或穴位,以提高或改善人体生理功能、消除疲劳和防治疾病的一种方法。

二、按摩的作用

(一)传统医学观点

(1)疏通经络。
(2)行气活血。
(3)通利关节。
(4)整形复位。

(二)现代医学观点

按摩推拿可纠正解剖位置的失常,其做的"功",可转变为"能"深入体内,调整内环境的紊乱。对各系统作用如下。

1. 对皮肤的作用

使局部毛细血管扩张,血流加快,组织代谢相对提高,局部营养物质交换加强,皮肤温度升高。还可消除衰老的上皮细胞,减少皮肤皱纹,使肌肤既有光泽又有弹性。

2. 对神经系统的作用

兴奋——大强度、频率快、时间短的手法(如重推、叩击、搓法)。
抑制——小强度、频率慢、时间稍长的手法(如轻揉、轻拍、轻推、轻擦等)。
镇定——止痛作用(穴位、按压、指弹)。

3. 对循环系统的作用

扩张血管,改善循环,静脉血回流加快,加强代谢。

4. 对呼吸系统的作用

呼吸加深加快,改善肺通气量。

5. 对消化系统的作用

加快胃肠蠕动,预防便秘,促进消化功能。

6. 对运动器官的作用

升高局部温度,克服肌肉黏滞性,预防肌肉萎缩,预防运动损伤,改善关节活动度,增强韧带弹性。

三、按摩的注意事项

(1)手要清洁,指甲剪短。
(2)体位:被按摩者肌肉放松并便于操作。
(3)方向:沿静脉血和淋巴回流的方向(向心)。
(4)用力:轻—重—轻—结束。
(5)全身按摩顺序:头—颈—上肢—躯干—下肢。
(6)可用介质:粉剂、油剂、酒剂。
(7)禁忌证:发烧、出血、皮肤病、孕妇、骨折、肿瘤患者。

第二节　按摩的基本手法

一、常用的按摩基本手法

基本手法:推法、擦法、揉法、揉捏法、搓法、按法、拍击法、抖法、运拉法。
手法要求:持久、有力、均匀、柔和。

(一)推法

1. 动作要领

用手掌、掌根、拇指指腹或指间关节背部为着力点,附着于操作部位或穴位。沿着经络或淋巴流动方向,向前推动。推移的轨迹为直线。用力要均匀、着实、柔和、舒适。推法根据用力的大小和作用的不同又分为轻推法和重推法两种,如图10-2-1、图10-2-2所示。

2. 功效与应用

推法有加速气血运行、畅通经络、消肿散瘀和提高局部温度之功效,用于运动前施术及治疗前期操作。

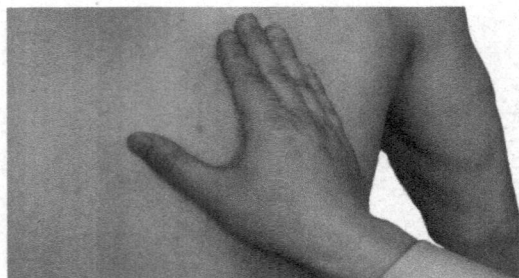

图 10-2-1

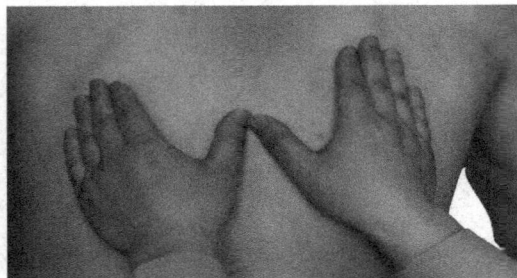

图 10-2-2

（二）擦法

1. 动作要领

用手掌大鱼际、掌根或小鱼际附着在一定部位，进行直线来回摩擦。手指自然分开，整个指掌要贴在治疗部位，以肩关节为支点，上臂带动手掌做前后或上下往返移动。

2. 功效与应用

有温经通络、行气活血、消肿止痛加强局部血液循环的功效。多用于四肢、腰背、韧带及肌腱等处。可在按摩开始时或结束时使用，也可在按摩中间手法转换时插入几次擦法。

（三）揉法

1. 动作要领

操作时，以单手或双手的指腹或掌根、鱼际及掌心吸定在施治部位及穴位上，稍用力下压，以肘关节为支点，前臂做主动摆动，带动腕部、掌、指做轻缓柔和的环旋转动。揉动时手指或手掌不能离开接触的皮肤，使该处的皮下组织随手法的揉动而滑动，如图 10-2-3 所示。

2. 功效与应用

轻揉具有镇静安神、缓解重手法刺激、活血散瘀、放松肌肉、消除疲劳的作用。重揉有加速血液循环、促进代谢、消肿止痛、缓解散结、软化疤痕的作用。揉法适用于身体各部分。

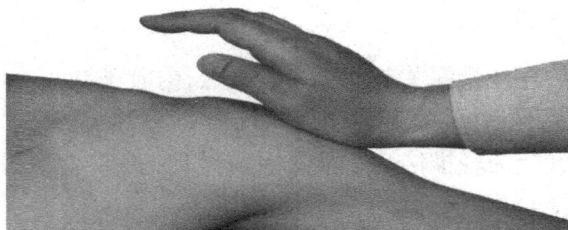

图 10-2-3

（四）揉捏法

1. 动作要领

用拇指与其他手指相对着力，将治疗的肌肤的皮下组织提起，然后做快速的捻转前进或将肌肉捏起做快速的揉捏挤动作。如此反复进行，循序移动，如图10-2-4、图10-2-5所示。

2. 功效与应用

揉法有放松肌肉、消除局部疲劳、加速血液循环、促进代谢、解除痉挛、活血散瘀、消肿止痛之功效。应用于大块肌肉、肌群或肌匀肥厚的部位，如大、小腿和臀部等。

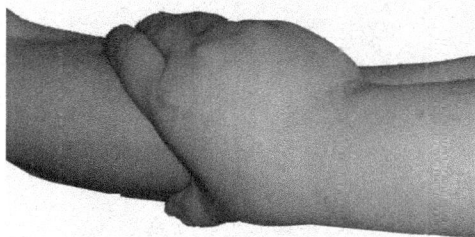

图 10-2-4

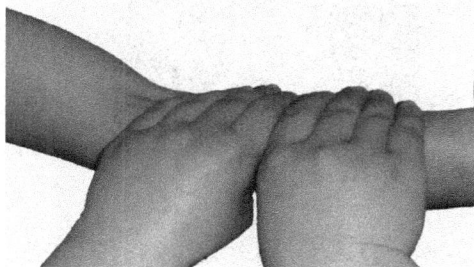

图 10-2-5

（五）搓法

1. 动作要领

受实施者肢体放松，实施者用双手掌面夹住肢体的治疗部位，然后相对用力，做方向相反的快速搓揉、搓转或搓摩运动，并同时做上下往返移动，如图10-2-6所示。

2. 功效与应用

搓法具有调和气血、疏松经络，有效地放松肌肉的功效。适用于四肢、腰背及肋部，常用于上肢，常作为辅助性结束手法应用。该手法对体育运动的训练与竞赛后的放松整理有良好的效具。

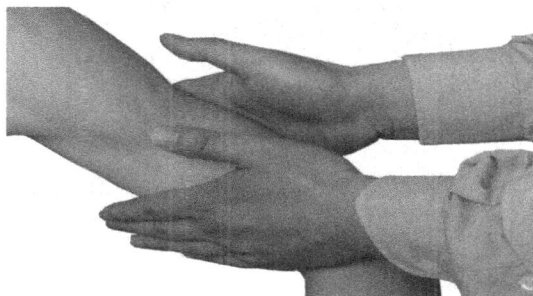

图 10-2-6

（六）按法

根据不同手法其要领不同，按法分为四种。

（1）拇指按：实施者拇指伸直、食指屈曲护住拇指第一关节处，用拇指指面垂直用力向下按压，使刺激达到肌体组织的深层。使受施者产生酸、麻、沉、胀和走窜的感觉，持续数秒后渐渐放松，如此反复操作，如图10-2-7所示。

（2）屈指按：实施者用中指或食指的第二个指间关节屈指骨突部位按压。

（3）屈肘按：实施者用屈肘突出的鹰嘴部按压患部。

（4）掌按：实施者用单掌或双手掌根着力向下按，也可用双掌相对按，如图10-2-8所示。

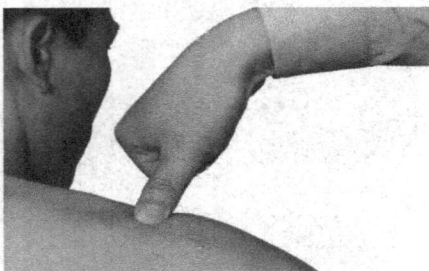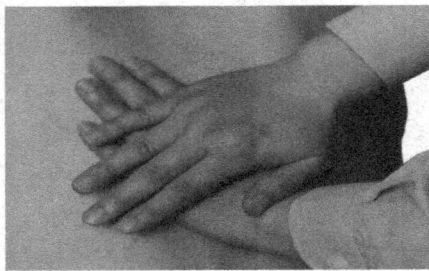

图10-2-7　　　　　　　　　　　图10-2-8

（七）拍击法

插法可分为叩击、拍打、切击三种手法。

（1）叩击：双手半握拳，交替叩打，要求力量均匀，手指、腕尽量放松，发力在肘，如图10-2-9所示。

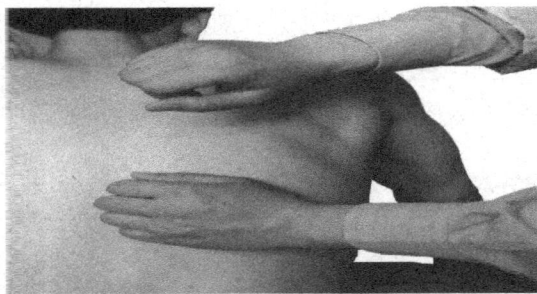

图10-2-9

（2）拍打：双手半握拳或手指伸直张开，掌心向下，交替拍打，要求力量均匀，手指、腕放松，发力在腕，如图10-2-10所示。

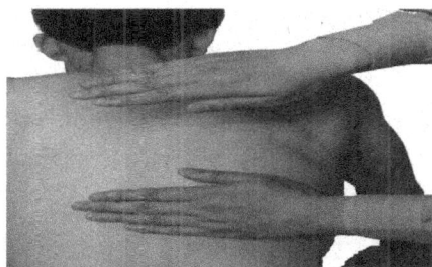

图 10-2-10

（3）切击：双手手指伸直张开,用手的尺侧进行切击。要求力量均匀,发力在腕。多用于肩、背、腰、臀、四肢等部位的肌肉,如图 10-2-11 所示。

图 10-2-11

（八）抖法

1. 动作要领

受施者取坐位或卧位,实施者站立,以单手或双手握住受施者的远端,先以缓慢轻柔的手法做摇转、导引及摆动,以使患肢放松,然后用力做小幅度的、连续的、频率较快的上下抖动,如图 10-2-12 所示。

2. 功效与应用

抖法具有疏松经络、通利关节、松解粘连、消除疲劳的功效。适用于肌肉肥厚部位和四肢关节,常与搓法配合使用,是一种按摩结束手法。

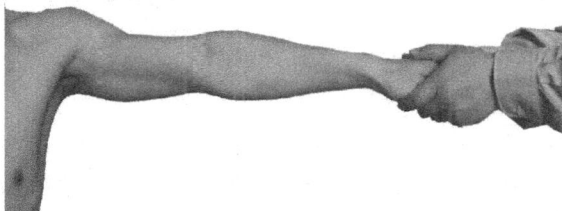

图 10-2-12

（九）运拉法

操作时,一手握住关节近端肢体,一手握住关节远端肢体,根据不同关节正常活动范围做被动的屈、伸、内收、外展、旋内、旋外、环转及牵引等活动。

1. 动作要领

（1）颈部运拉法：受施者取坐位，实施者于其后，先让其做主动运动，观察其活动情况，再顺势给以适当力量帮助受施者做颈部的屈伸、转动、绕环动作，逐渐加大活动幅度，最后双手托住下颌向上牵引，如图10-2-13所示。

（2）肩关节运拉法：实施者一手握着受实施者肘部，一手按其肩部，帮助其肩部做各种活动，活动后给以轻的顺势牵引，使其感到轻微酸痛，运拉结束后会有一种轻快的舒适感，如图10-2-14所示。

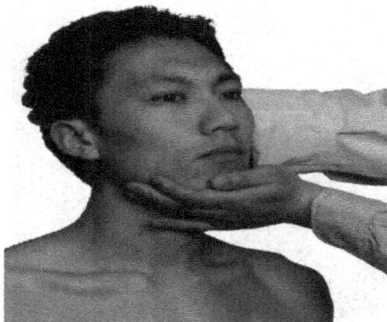
图 10-2-13

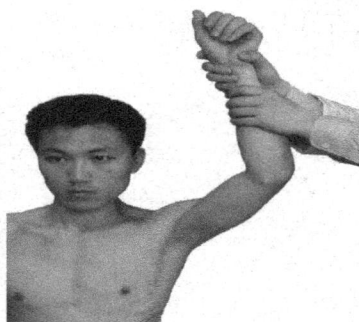
图 10-2-14

（3）肘关节运拉法：受施者取坐位，实施者立或坐于其对面或侧后方，一手握住其前臂的远端，一手握肘部，使肘关节屈伸及旋转摇动，如图10-2-15所示。

（4）腕关节运拉法：实施者一手握住受实施者腕关节上方，另一只手握住手掌中部，然后使腕关节做屈、伸、内收、外展及旋转运动，如图10-2-16所示。

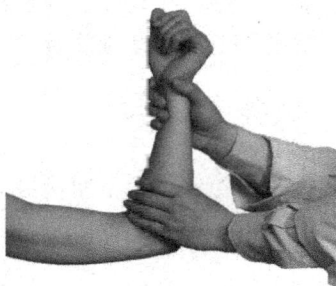
图 10-2-15

图 10-2-16

（5）髋关节运拉法：受施者取卧位，实施者一手握住受施者小腿下部，另一只手按在膝关节上，使膝关节弯曲，然后使髋关节做屈、伸、外展及旋转运动，如图10-2-17所示。

（6）膝关节运拉法：受施者取仰卧位，实施者一手握住其踝部，一手按在膝关节上方，使其做膝关节屈、伸、内翻、外翻和环转活动，如图10-2-18所示。

图 10-2-17

图 10-2-18

（7）踝关节运拉法：受施者取仰卧位，实施者一手握住其踝关节上方，一手握在前足掌处，帮助其做踝关节屈、伸、内收、外展和环转活动，最后做牵引，如图 10-2-19 所示。

（8）腰部运拉法：取仰卧位，屈膝屈髋，实施者立于侧方，以两手及前臂扶按其膝，另一手握踝或托臀，做腰椎左右环旋摇动，如图 10-2-20 所示。

图 10-2-19

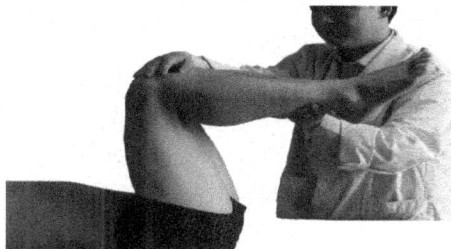

图 10-2-20

2. 功效与应用

运拉法能增加关节的活动范围，增强肌肉和关节的柔韧性，放松和消除关节的疲劳，常用在关节部位。

二、穴位按摩

（一）穴位的概念

指进行指针或针灸治疗的部位，它既是治疗的刺激点，又是疾病的反应点。

（二）穴位按摩的主治性能

（1）局部主治性。
（2）邻近主治性。
（3）远道主治性。
（4）整体主治性。

（三）穴位分类

（1）经穴——14经脉上361个穴位。
（2）奇穴——历代发现的新穴，即经外奇穴。
（3）阿氏穴——即痛点穴，应天穴。

（四）取穴方法

（1）骨度法。
（2）指量法。
①1寸——拇指的宽度。
②1.5寸——食指与中指合并的宽度。
③3寸——四指的宽度。
（3）解剖标志取穴法。
①眉发为标志——印堂、上星。
②棘突为标志——大椎、肾俞。
③横纹为标志——内关、曲池。
④骨髁为标志——昆仑、太溪。

（五）选穴原则

（1）就近选穴。
（2）远道选穴。
（3）对症选穴。

（六）常用穴位

见表10-2-1、表10-2-2、表10-2-3、表10-2-4。

表10-2-1　头面部常用穴位

穴位	位置	主治
百会	头顶正中线与两耳尖连线点	头痛、头昏、高血压
印堂	两眉内侧端连线中点	头痛、头昏、感冒
太阳	眉梢与外眦之间后1寸凹陷处人中沟上1/3交界处	头痛、失眠、眼病
人中	鼻唇沟凹处	急救穴
迎香	鼻翼外侧缘	鼻塞、感冒、面瘫
风池	胸锁乳头肌与斜方肌之间凹陷处平齐耳垂	头痛、颈痛、面瘫、失眠

表 10-2-2　腰背部常用穴位

穴位	位置	主治
大椎	第七颈椎与第一胸柱棘突之间	发烧、感冒
天宗	肩胛岗与肩胛下角连线的上 1/3 与 2/3 交点	咳喘、失眠、落枕
肾俞	第二、三腰椎棘突间旁开 1.5 寸	腰痛、肾炎
大肠俞	第四、五腰椎脊突间旁开 1.5 寸	肠炎、肾炎
八髎	骶骨孔处(分上、中、次、下髎)	便秘、腰腿痛

表 10-2-3　上肢常用穴位

穴位	位置	主治
肩隅	肩峰与肱骨大结节之间举臂凹处	肩臂痛、上肢瘫痪
曲池	肘横纹尽头与肱骨外上髁之间	肩臂痛、肘痛、发烧
合谷	第 1、2 掌骨之间靠近第二掌骨体中间	牙痛、头痛、上肢痛
后溪	握拳第五掌骨头后掌横纹尽头	落枕、扭伤、肩臂痛
落枕	手背第 2、3 掌骨之间掌指关节后 5 分	落枕、手指麻木
十宣	十指尖端距指甲 0.1 寸处	中暑、休昏、迷克
外关	腕背横纹上 2 寸尺桡骨之间	腕痛、牙痛、上肢瘫痪
内关	腕横纹上 2 寸掌长肌腱与桡侧腕屈肌腱间	腹痛、胸痛、昏迷
扭伤	曲池穴与腕背横纹中点连线上 1/4 与下 3/4 交界处	急性腰扭伤

表 10-2-4　下肢常用穴位

穴位	位置	主治
环跳	股骨大转子最高点与臀裂上端连线的外 1/3 与内 2/3 交界处	腰腿痛、下肢瘫痪
委中	腘横纹中点	腰腿痛、下肢瘫痪
膝眼	屈膝髌韧带两侧凹陷中	膝痛膝、关节炎
阳陵泉	腓骨小头前下方凹陷处	膝痛、下肢瘫痪
承山	腓肠肌肌肤下方人字纹正中	腓肠肌痉挛
足山里	外膝眼下 3 寸胫骨外侧一横指	腹痛、便秘
悬钟	外踝尖上 3 寸腓骨后缘	踝关节扭伤、落枕
三阴交	内踝尖上 3 寸胫骨后缘	月经不调、下腹痛

人体常用急救穴
（1）人中：人中沟的上 1/3 与下 2/3 交界处。
（2）百会：两耳尖连线与头顶正中线的交点。
（3）内关：腕掌横纹上 2 寸,掌长肌腱与桡侧腕屈肌腱之间。
（4）涌泉：脚底凹陷中,在脚底正中线前 1/3 与后 2/3 交界处。
（5）十宣：十指尖端,距指甲约 1 分处。

第三节　按摩的应用

一、运动保健按摩概述

保健按摩师利用各种按摩手法,通过外部物理性刺激,达到疏通经络,调整脏腑、气血及神经系统功能,调节运动者的心理状态和运动机能,从而达到提高运动成绩的目的,称为运动保健按摩,又称"运动按摩"。

运动保健按摩有促进血液淋巴循环,及时供给氧气和营养物质,快速排泄代谢产物;促进精神振奋,克服机体失调,进而防治运动伤病的发生等作用。实践证明,运动保健按摩对于运动者,在维护和提高健康体质和保护良好的训练和竞技状态,增进和发挥潜在体能,提高运动成绩方面,显示了特殊的功效,也引起国内外体育界及有关学者的高度重视。

二、运动或赛前保健按摩

运动者在训练或比赛之前,某些器官发生了变化,如心率加快、收缩压升高、肺气量加大、呼吸频率加快、耗氧量增加、血糖上升、血乳酸增加等。这种状态,在运动生理学上称为赛前状态。

运动或赛前状态一般有两种表现:第一,精神不振,情绪抑郁,称为赛前冷淡状态,常伴有四肢乏力、动作别扭、表情冷淡、脉搏缓慢等;第二,过度兴奋,过分紧张,称为赛前亢奋状态,常伴有坐立不安,夜寐不宁,呼吸急促,情绪激动,甚至多尿,影响动作协调等。

运动前按摩应注意及时调整运动前运动者出现的精神情绪差异,针对第一种表现,按摩手法宜刚强重着,灵活快速,节律紧凑;针对第二种表现,按摩手法宜轻巧柔和,节律缓慢,用量适中。

运动前按摩每次 10~30 分钟,一般要求在运动前 15 分钟完成,具体方法如下。

（一）运动或赛前振奋法

1. 推抹面额,捏拿头部

运动者取坐位。

（1）用两手以食、中、无名指相并扶持其两侧颞部,以拇指相继交替推抹前额,分推其颜面四线:攒竹、眉冲、头维、率谷段;攒竹、鱼腰、太阳、率谷段;睛明、四白、瞳子髎、率谷段;分别由迎香、人中、承浆到地仓、颊车、耳门、率谷、翳风段。紧抹慢移,并顺势按揉上述六位 1~2 分钟。

（2）一手扶持其前额,另一手五指微屈捏拿其头部,从前发际至头顶及后枕部。紧拿慢移 3~5 遍。

（3）两手微屈,以五指端叩击头部,从前发际到头顶、颞部、后枕部。紧叩慢移 3~5 遍。

2. 扫散头颞,按振头顶

运动员取坐位。

(1)一手扶持一侧颞部,另一手拇指伸直,其余四指并拢微屈,以拇指桡侧端和其余四指指端单向扫散其另一侧颞部,从头维、率谷至翳风。节奏明快,左右交替,两侧各20~30次。

(2)用拇指指腹按振百会穴5~10次,以虚掌拍击百会穴2~3次。

3. 拿风池,推桥弓,拿肩井,按膏肓

运动员取坐位。

(1)先以拇、食指相对拿两侧风池3~5次,继以推抹两侧桥弓、风池、翳风至缺盆。左右交替各5~10次。

(2)用两手拇指和食、中指相对揉捏,提拿其两侧肩井。柔和快速,捏3提1,左右交替各3次。

(3)用两手食、中、无名指扶持其肩端,拇指指腹按揉其两侧膏肓俞5~10次。

4. 推按颈肩,滚击腰背

运动员取坐位或俯卧位。

(1)用指掌虎口部推擦其颈项,两侧肩背,风府、大椎到肩井段。紧推缓移3~5遍。

(2)用两手拇指指腹推按其颈椎两侧、两侧肩肌,顺序同上。由外向内着力,重按紧推3~5遍。

(3)以滚法施于其腰背脊柱及其两侧,从大椎到八髎段。紧滚慢移3~5分钟。

(4)用虚掌、空拳叩击其肩前、腰骶部各3~5次。

5. 捏按上肢,滚拿下肢

运动员取坐位或卧位。

(1)用拇指和食指、中指相对捏拿其上肢两臂的内外侧。捏按极泉、臂臑、曲池、少海、手三里、内关、合谷、劳宫穴。紧捏慢移,左右交替各2~3遍。

(2)以滚法施于其大腿、小腿前后侧,自上而下,紧滚慢移,左右交替,各2~3分钟。

(3)用拇指和食、中指或指掌鱼际相对捏拿其下肢大腿、小腿内外侧,自上而下,紧拿慢移,并按拿伏兔、风市、梁丘、血海、足三里、阴陵泉、承山、昆仑、太溪。左右交替各2~3遍。

6. 按委中、点环跳、太冲

运动员取侧卧位和仰卧位。

(1)用食指的指间关节突起部或肘端着力,点按其环跳,刚中见柔,左右同法2~3次。

(2)用拇指和食、中指相对点按委中、太冲,左右同法,各3~5次。

(二)运动或赛前安神法

1. 推抹面额,捏拿头部

同运动或赛前振奋法。

2. 扫散头颞,按振头顶

同运动或赛前振奋法。

3. 揉太阳,振攒竹

运动者取坐位或仰卧位。

（1）两手张开扶持其两侧头颞部,以拇指指腹揉按其两侧太阳,用力轻揉和缓,各10~20次。

（2）两手拇、食指端按其两侧攒竹,有节奏地持续振颤2~3分钟。

4. 拿风池、推桥弓、拿肩井、按膏肓

同运动或赛前振奋法。

5. 横推胸廓,揉摩脘腹

运动者取仰卧位。

（1）用手掌面或虎口部横向推擦其胸胁部,从锁骨、胸骨至胁肋,紧推慢移3~5分钟。

（2）用平掌着力揉摩其脘腹部,顺时针方向,周而复始,升摩轻柔,降摩稳实。操作2~3分钟。

6. 推滚腰背,搓摩胸胁

运动者取俯卧位。

（1）用手掌面或虎口部、掌根部推、揉其腰背部:大椎至长强各2~3遍。

（2）用滚法施于腰背脊柱及其两侧:大椎至八髎。紧滚慢移3~5遍。

（3）用两手指掌面相对搓摩其胸胁两侧:腋下至胁肋,紧搓慢移3~5遍。

7. 按揉神门、手三里、太冲

运动者取坐位或仰卧位。

用拇指和食、中指相对揉按神门、内关、手三里、阴陵泉、三阴交、太冲各5~10次,左右同法。

三、运动或赛中间歇保健按摩

运动生理学的研究证明,在运动和比赛间歇,所消耗的能量便开始有所恢复。只是恢复的快慢与间歇时间的长短有所不同。在运动间歇时,用按摩手法作用于人体相应的穴位和局部肌肉,可以取代单纯的消极休息,及时消除机体的紧张和疲劳,保持良好的状态,加速完成对后阶段运动负荷的准备,这是现场的准备活动和整理活动的交替结合。

运动间歇按摩应根据运动项目技巧的特点和间歇时间的长短,结合环境条件拟订按摩方案。通常可以不受规范程式的限制,采取灵活机动的应变措施,以局部为主操作,着重于运动负荷较大的组织与部位。手法强度宜轻快、柔和,用量宜少。

运动或赛中按摩操作方法如下。

1. 揉太阳,捏五经,拿风池

运动者取坐位。

(1)一手以拇指和食、中指相对揉其两侧太阳穴,另一手五指微屈,以五指指腹着力捏拿其头部五经(即督脉和两旁足太阳,足少阳经在头部循行的节段),从前发际至后枕部。紧拿慢移,左右同法 0.5~1 分钟。

(2)一手扶持其前额,另一手以拇指和食、中指相对着力按拿其两侧风池。先下后上,由轻渐重,操作 2~3 次。

2. 抹前额,振眉头,啄头顶

运动者取坐位。

(1)两手张开,以食、中、无名指扶持其头颞部,拇指指腹着力相继交替推抹其前额、攒竹至丝竹空穴 10~15 次。

(2)一手扶持其后枕部,一手用拇指和食指相对按其两侧眉头攒竹穴,并做节律持续振颤 0.5~1 分钟。

(3)两手五指微屈,用指端啄击头顶 30 秒。

3. 滚腰背,按脊柱,叩八髎

运动者取俯卧位。

(1)用滚法施于腰背脊柱及其两侧大椎至八髎段。紧滚慢移 2~3 分钟。

(2)两掌相叠,以掌根、鱼际着力按压其腰背脊柱大椎至长强段 3~5 遍。手法稳实明快,富有弹性。

(3)用虚掌或空拳叩击腰骶部各 3~5 次。

4. 提肩肌,按背俞,搓胁腰

运动者取俯卧位。

(1)用两手拇指和食、中指相对捏拿其两侧肩肌各 3~5 次。先轻渐重、和缓明快、左右交替。

(2)用两手拇指指腹自上而下按揉脊柱两侧"背俞穴",着重于肺俞、心俞、脾俞、肾俞、大肠俞、八髎等穴,反复操作 2~3 遍。

(3)用两手掌面相对搓摩其胸胁,腰部两侧自腋下至髂前上棘段 2~3 遍,紧搓慢移。

5. 搓肩臂,抖上肢,拔伸五指

运动者取坐位。

(1)用两手掌面相对搓摩二肢肩、肘至腕段 3~5 遍。紧搓慢移,左右交替。

(2)用两手握持其腕掌部,做小幅度的上下持续颤抖 0.5~1 分钟,左右交替。

(3)用屈曲的食、中指指间紧夹,拔伸手五指各 1 次,左右交替。

6. 屈髋膝,拔踝关节,搓下肢

运动者取仰卧位。

(1)用两手握持其小腿部,做髋、膝关节屈伸活动,并做较小幅度的过伸扳动各 3~5 次,柔缓蓄劲,左右交替。

（2）用两手握持其足跟和足部,同时用力做环转旋摇和屈伸振动各 3~5 次,稳实蓄劲,左右交替。用两手掌面相对差摩其下肢内外两侧,自上而下,各 2~3 遍。紧搓慢移,左右交替。

四、运动或赛后保健按摩

运动后按摩又称"恢复按摩"。运动是人体内物质大量分解、能量大量消耗的过程。在激烈紧张的训练、竞赛和表演后,通常会出现过度疲劳和过度兴奋状况。其一,大量耗力,过度劳累,主要表现在全身和局部肌肉酸痛、韧带痉挛等;其二,大量耗神,过度兴奋,主要表现在心神不宁、精神紧张、失眠、头痛、纳呆等。

运动后按摩要注意全身系统按摩和主要运动部位局部按摩的密切结合,根据不同的运动,着重于负荷较大的器官的部位。对极度疲乏的运动机体,可以施行全身系统性的恢复按摩,可利于机体全面消除疲劳和紧张状态,迅速恢复运动能力。手法强度和用量的掌握、手法操作规程的选择,均应个别对待,即根据其所表现的疲劳程度和紧张状况酌定。通常以轻柔缓和手法为宜,一般在晚上睡觉前 2 小时内进行,每次为 0.5~1 小时。

运动或赛后按摩方法如下。

1. 推抹面额,捏拿头部

同运动或赛前振奋法。

2. 扫散头颞,按振头顶

同运动或赛前振奋法。

3. 拿风池,推桥弓,拿肩井,按膏肓

同运动或赛前振奋法。

4. 横推胸廓,揉摩脘腹

同运动或赛前安神法。

5. 摩背滚腰,压脊推腿

运动者取俯卧位。

（1）用指掌、掌根揉摩背腰部大椎至长强段 2~3 遍,紧揉慢移。

（2）用滚法施于腰背、臀腿部大椎至两承山段 2~3 遍,紧滚慢移,左右交替。

（3）两掌相叠,以掌根按压其脊柱大椎至长强段 2~3 遍,节律明快。

（4）用指掌、掌根推按下肢部环跳至承山段 2~3 遍,紧按慢推,左右交替。

6. 分推背腰、搓摩胸胁,运动者取俯卧位

（1）用两手掌分推背腰部大椎至长强段各 2~3 次。

（2）用两手掌搓摩胸胁两侧腋下至胁肋段 2~3 遍。

7. 搓肩臂, 抖上肢, 拔伸五指

同运动赛中按摩操作方法。

8. 屈髋膝, 拔踝, 搓下肢

同运动赛中按摩操作方法。

9. 按揉足三里, 击擦涌泉

运动者取仰卧位。

（1）用拇指和食、中指相对按揉足三里 5~10 次, 左右交替。

（2）用一手握持其足部, 另一手虚拳叩击足底涌泉 3~5 次, 左右交替。

（3）用一手握持其足部, 另一手用大鱼际侧推其足底涌泉 2~3 分钟, 左右交替。

10. 拍叩下肢

运动者取仰卧位。

用虚掌、空拳拍叩下肢大腿前、外侧和小腿外侧 2~3 分钟。

本章思考练习题

1. 什么是体育康复?
2. 按摩基本手法包括哪些?
3. 运动前保健按摩手法有哪些?
4. 运动后保健按摩手法有哪些?

第二篇　运动实践

第十一章　篮球运动

第一节　篮球运动导学

●课程简介

篮球运动是集跑、跳、投于一体的集体对抗项目,经常从事篮球运动,可以有效地促进身体素质的全面发展,有利于心肺功能的改善和提高,通过学习与运动实践,体验勇敢、顽强、竞争、拼搏的进取精神,培养良好的团队作风。

本课程主要学习篮球基础知识、基本技术、基本战术,介绍基本规则,侧重实战体验,寓练于乐,达到增进健康的目的。

●学习目标

通过篮球课的教学,树立"健康第一"的指导思想,培养学生团结合作的集体主义精神和顽强的意志品质。掌握篮球运动的基本知识、基本技术、基本技能和方法,培养锻炼身体的习惯,为终身体育奠定基础。增进健康,增强体质,提高学生的体能和对环境的适应能力,促进其身心全面发展。了解规则与裁判法,提高欣赏高水平比赛的能力。

●学习内容

见表 11-1-1。

表 11-1-1　学习内容

第一部分:篮球基本技术	步法移动技术 传、接球技术 运球技术 投篮技术 突破、防守技术
第二部分:篮球基本战术配合	传切战术配合 掩护战术配合 突分战术配合 策应战术配合 区域联防战术配合 紧逼盯人战术配合 快攻战术配合

续表

第三部分：篮球理论知识	篮球运动的起源 篮球运动的发展史及现状、发展趋势
第四部分：篮球规则与裁判法	篮球规则 篮球裁判法

● 学习要求

1. 仔细听讲,认真练习。篮球是手脚协调配合的运动项目,循序渐进,不可心急气躁,学习中体会动作细节,掌握战术关键。

2. 寓学于练。熟练掌握篮球基本知识和基本技术,掌握篮球基本战术配合,能够将学到的知识技术运用到实际比赛和健身运动中。

3. 严以律己,师生互敬。遵守课堂常规,讲文明,懂礼貌。

4. 加强自我保护意识,准备充分,避免运动损伤。

5. 端正态度,持之以恒。体育篮球课学习的不仅仅是篮球技术和战术,更是培养体育锻炼的习惯,磨炼坚强的意志,为终身体育打下坚实基础。

● 课时数分配

见表 11-1-2。

表 11-1-2　课时数分配表

学期	教学内容		时数	合计
第一学期	理论部分	体育基础理论	2	2
	实践部分	步法	6	34
		传球	6	
		运球	6	
		投篮	6	
		综合技术	4	
		欣赏课	2	
		考试	4	
第二学期	理论部分	体育专项理论	4	4
	实践部分	突破技术	4	32
		进攻战术	14	
		防守战术	10	
		《学生体质健康标准》测试	2	
		考试	2	
合计			72	72

● 学习方法

观:认真观看教师的示范动作和战术图,理解并记忆。

听:仔细听讲,对动作技术和战术的讲解进行思考。

习：课上认真练习，下课多实践。

赛：将所学技战术应用到比赛中，以赛代练。

赏：观赏高水平比赛，学会欣赏比赛。

● 成绩考核

第一学期

平时成绩 100 分   占总评 30%

期末成绩 100 分   占总评 70%

期末成绩包括：原地双手胸前传、接球技术   40 分

                      30 秒原地投篮   60 分

原地双手胸前传、接球技术

要求：两人面对面传球（男生距离 6 米，女生 3.5 米），基本站立姿势，持球于胸前，拇指相对成"八"字，两肘自然下垂。传球时后脚蹬地重心前移，前臂伸出，手腕内旋，用食指、中指拨球，球出手手心向下，略向外翻。评分标准见表 11-1-3。

表 11-1-3   原地双手胸前传、接球评分标准

得分	评分标准
40 分 ~36 分	动作正确、协调、连贯，技术环节清楚，球的飞行、落点正确
35 分 ~31 分	动作正确、技术环节基本正确、球的落点基本正确
30 分 ~21 分	动作基本正确、动作速率较慢
20 分 ~11 分	基本完成动作，协调性差，没有明显错误
10 分 ~1 分	能完成动作，协调性差，有错误
0 分	不能完成动作，技术动作有明显错误

定点 30 秒计时投篮

要求：男生罚球线后，女生篮下跳球圈前沿处 30 秒内投篮，男生要求原地单手肩上投篮，女生原地双手胸前投篮或原地单手肩上投篮，不抢篮板球，按进球数核算分数，投篮时不能脚踏线或超过规定的投篮范围。评分标准见表 11-1-4。

表 11-1-4   30 秒原地投篮评分标准

得分	进球数量
60 分	进 8 球或 8 球以上
52 分	进 7 球
46 分	进 6 球
41 分	进 5 球
36 分	进 4 球
27 分	进 3 球
18 分	进 2 球
9 分	进 1 球

第二学期

平时成绩 100 分		占总评 30%
期末成绩 100 分		占总评 70%

期末成绩包括：

交叉步突破接单手低手投篮	40 分
半场 "V" 字型运球行进间投篮	60 分

半场 "V" 字型运球行进间投篮：

由球场一侧中线与边线交点出发,同时计时。运球行进间投篮一次,不进补篮直至投进为止,之后运球到与出发点相对的半场中点,脚触线(圆心为中线与边线交点,半径为 40 厘米的弧线)后运球投篮,进球后运球返回起点(以人到终点为准),停表计算时间,见表 11-1-5、表 11-1-6。

表 11-1-5 男生标准（单位：分数/秒）

得分	60	58	56	54	52	50	48	46	44	42	40	38	35
时间	15	16	17	18	19	20	21	22	23	24	25	26	30

表 11-1-6 女生标准（单位：分数/秒）

得分	60	58	56	54	52	50	48	46	44	42	40	38	35
时间	20	21	22	23	24	25	26	27	28	30	32	34	38

注：在两个相接近时间段落之间完成考试的,分数按相对长时间所对应分数计算。

原地持球交叉步突破接行进间投篮：

罚球线距离,考试学生做持球交叉步突破接行进间单手低手投篮。若突破后接行进间投篮进球有效则在原有分数基础上加 5 分,见表 11-1-7。

表 11-1-7 技评标准

得分	平分标准
40 分	动作正确、协调、连贯,技术环节清楚
36 分	动作正确、技术环节基本正确
32 分	动作基本正确、动作速率较慢
28 分	基本完成动作,协调性差,没有明显错误
24 分	能完成动作,协调性差,有错误
0 分	不能完成动作,技术动作有明显错误

一、篮球运动简介

（一）篮球运动的起源与发展

篮球运动起源于美国,是由马萨诸塞州斯普林菲尔德市(或译春田市)的基督教青年会训练体育学校体育教师詹姆士·奈史密斯博士于 1891 年设计发明的。

奈史密斯篮球纪念馆（The Naismith Memorial Basketball Hall of Fame）即 NBA 篮球名人堂，是一幢三层大楼，位于美国 91 号高速公路附近，占地 54000 平方英尺，1968 年由美国麻省的春田学院迁来。楼里陈列有篮球文物、史料、各个时代的录像资料及三个电影放映厅，还有供参观者一试身手的篮球场。每年约有 17 万人到此参观。世界上任何一位与篮球有关的人都有资格被提名进入名人堂，但要登堂入室必须经过漫长的等待和近乎苛刻的审查。运动员和裁判员必须在退役 5 年以后才有资格被提名，而教练员必须有 25 年的执教经历或者在退休 5 年后才有资格被提名。接到候选人的提名后，名人堂先由一个 7 人审查小组审查，如有 5 人通过则上交最高层的"命名委员会"审查，这个委员会由 24 人组成，必须得到其中的 18 人通过候选人才能被接纳为名人堂成员。

1892 年篮球运动中首次制订出 13 条比赛规则，规定不得持球奔跑、用拳击球及动作粗野。20 世纪初，篮球运动传至拉丁美洲和欧洲，大受欢迎。1917 年前后，更兴起了女子篮球运动。1920 年以后，规定上场人数为每队 5 人。1932 年国际业余篮球联合会成立。

篮球是现今世界上最受欢迎的运动项目之一。通过学习篮球技术，可以加强协调性、敏捷性和身体控制能力，从而使身体获得良好发展。同时，它亦是一种足以令参加者感到无限乐趣的游戏。大家最熟悉的篮球赛事除了 NBA、WNBA，主要有奥运会、世界锦标赛、亚运会、洲际锦标赛等；我国主要有 CBA；在大学范围内的有美国的 NCAA 和我国的 CUBA 等。

篮球文化的发展与篮球在世界上的广泛开展分不开。国际上篮球的发展影响着美国篮球的发展，如高大队员开始外线投篮、跳传、提高传球质量、三分球、更多打外线、运球切入然后传给外线投三分等。而美国篮球也影响着这项运动的国际趋势，如更好的控球、更好的外线防守、内线对抗的发展等。

1936 年男子篮球被列为奥运会正式项目，而女子篮球则迟至 1976 年第 21 届奥运会才被列入。1953 年在智利举办了第一届世界女子篮球锦标赛。1981 年将 10 次犯规后罚球的规定缩减至 8 次。自 1992 年第 25 届奥运会开始，允许职业篮球选手参加奥运会。

（二）世界篮球运动发展趋势

1. 队伍大型化，高大队员速度快、技术全面、位置趋向模糊

（1）队伍大型化：身高与体重均衡。
（2）良好的身体素质。
（3）全面的基本技术。
（4）位置模糊，能打两个以上的位置。

2. 速度加快，节奏分明，进攻更注重效果

（1）移动速度、动作速度、反应速度加快。
（2）攻守转换、技术衔接快。
（3）节奏分明，更注重进攻效果。

3. 以球为主的攻击性、多变性防守运用更加普遍,贴身防守更加凶狠

（1）以球为主,人、球、区兼顾。球动一次,5 名防守队员位置都必须变化一次。

（2）对有球人贴身、平步、主动用力、抢步、抢位。

（3）防守战术形式综合多变。

（4）加强整体协同防守的意识和配合。

二、篮球运动的特点

（1）空间对抗特点。

（2）内容多元特点。

（3）多变综合特点。

（4）健身、增智特点。

（5）启示、教育特点。

（6）职业、商业化特点。

三、篮球运动的价值

（1）有益骨骼的生长发育。

（2）身手灵巧。

（3）思维敏捷。

（4）提高协同合作能力。

（5）提高团队精神。

（6）认识很多朋友、扩大圈子。

（7）在认识朋友的同时学到更多东西,集思广益。

（8）调节紧张的学习、工作生活。

（9）最重要的是自己喜欢,得到很多快乐。

第二节　篮球运动主要基本技术及练习方法

一、篮球的主要基本技术

篮球的主要基本技术有移动、传球、接球、运球、投篮、扣篮、盖帽、篮板球等。

（一）移动

移动是队员为了改变位置、方向、速度和争取高度、空间所采用的各种脚步动作方法的总称。

（二）传球

在篮球比赛中，传球是进攻配合和取得投篮机会的主要手段，当前攻守双方限制和反限制的对抗日趋激烈，对传球隐蔽性的要求愈来愈高。就篮球比赛中意识、技术、假动作、视野四大影响传球隐蔽性因素的运用进行分析，并提出在训练和比赛中结合假动作、传球方法方式，应时和应势地加强传球隐蔽性的方法，提高球员的助攻能力，使传球更加及时、准确，如图11-2-1所示。

图 11-2-1

（三）接球

两眼注视来球，两臂伸出迎球，手指自然分开，两拇指成"八"字形，两手成一个半圆形。当手指触球后两臂随球后引缓冲来球的力量，两手握球于胸腹之间，如图11-2-2所示。

图 11-2-2

（四）运球

以肩关节为轴，上臂发力，肘部自然放松，五指分开，扩大控制面，用手指和指跟部位及手掌的外缘接触球，按拍球时手心应空出，按拍球的力量大小，决定球从地面反弹的高度和速度。按拍球时，应随球上下迎送，尽量延长吸附球的时间，如图11-2-3所示。

图 11-2-3

（五）投篮

双脚原地开立，身体重心落在两脚中间，屈肘，手腕后仰，掌心向上，五指自然张开，持球于右眼前上方，左手扶球侧，两膝微屈，上体放松并稍前倾，目视瞄篮点。投篮时下肢蹬伸，同时依势伸腰展腹，抬肘上伸前臂，手腕前屈，以指端投球，最后通过食、中指柔和用力将球投出，球离手后右臂应有自然跟进动作。

（六）扣篮

扣篮是直接将球由上向下灌入篮内，有出手点高、球速快、攻击性强、难封盖、准确性高等特点。

（七）盖帽

盖帽是防守投篮出手后的打球技术，即球投出正处于上升阶段时，防守队员将球拍打掉的动作技术，如图11-2-4所示。

图 11-2-4

（八）篮板球

篮板球无论在防守中还是进攻中都是极其重要的环节，是夺回控球权的重要途径。抢篮板球要做到观察、预堵、转身、挡靠、起跳与抢球，如图11-2-5所示。

二、篮球运动主要基本技术练习方法

（一）移动技术的练习方法

（1）听信号或看信号向不同方向起动。

（2）原地运球,听、看信号做运球起动。

（3）在球场上规定路线练习变速跑、变向跑、侧身跑、各种滑步等。

图 11-2-5

(二)传接球技术的练习方法

（1）二人一组,相对站立,做各种传接球练习。

（2）三人一组成等边三角形站立,相距 3~5 米,采用各种方法传球。

（3）二人一组,一人原地向另一人前、后、左、右方向传球,另一人移动接球。

(三)投篮技术的练习方法

（1）徒手做各种投篮动作的模仿练习,如图 11-2-6 所示。

图 11-2-6

（2）半场运球行进间单手肩上投篮和低手投篮。

（3）行进间接传球单手肩上投篮和低手投篮。

（四）运球技术的练习方法

（1）一人一球，原地做高、低运球，侧身做体前换手变向运球、运球转身等练习。

（2）一人一球，沿球场边线、端线做运球急停、急起，侧身体前换手变向运球、运球转身等练习。

（3）结合传球、投篮、突破的运球，如图11-2-7所示。

图 11-2-7

（五）抢篮板球的练习方法

（1）采用自抛自抢，体会抢球动作、抢球时机和得球后落地的动作。

（2）攻守双方按罚球时的位置站好，罚球队员投篮后，双方抢位争抢篮板球。练习数次后轮换。

（3）在半场二攻二守、三攻三守的比赛中，进行争抢篮板球练习。

第三节　篮球运动主要基本战术及练习方法

一、篮球运动主要基本战术

（一）进攻战术主要基础配合

1. 传切配合

传切配合是两三名队员利用传球和切入组成的简单配合。传切配合的方法，平时多采用一传一切（纵、横）和空切（纵、横）两种，如图11-3-1和图11-3-2所示。

2. 突分配合

突分配合是进攻队员运用持球突破技术超越对手而受到阻截时，及时地将球传给已摆脱（或无）防守的同伴，使同伴获得进攻机会的一种配合方法，如图11-3-3和图11-3-4所示。

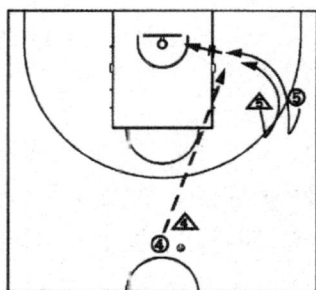

图 11-3-1

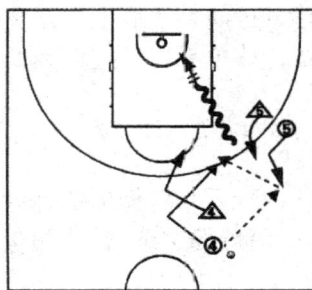

图 11-3-2

图 11-3-3

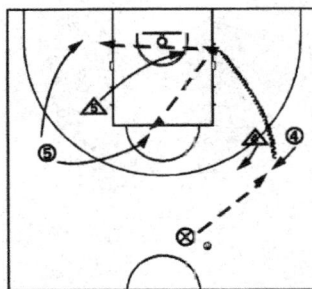

图 11-3-4

（1）对方补防时的突分配合。

（2）对方"关门"时的突分配合。

（3）底线突分配合。

3. 掩护配合

掩护配合是进攻队员选择正确的位置,用自己的身体以合理的技术动作挡住同伴的防守者的移动路线,使同伴借以摆脱防守,获得进攻机会的一种配合方法,如图11-3-5所示。

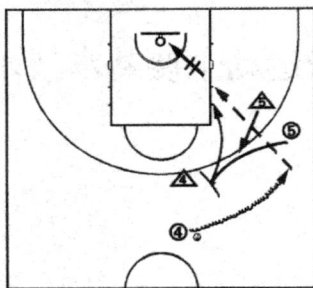

图 11-3-5

掩护配合的形式较多,但根据掩护者选择位置的不同和运用的不同情况,常用的有以下几种。

（1）前掩护:是掩护者跑到同伴的防守者的前面,用自己的身体挡住防守者的移动路线,使同伴借以摆脱防守,获得进攻机会。

（2）侧掩护:是掩护者跑到同伴防守者的侧面,用自己的身体挡住防守者的移动路线,使同伴借以摆脱防守,获得进攻机会。

（3）后掩护:是掩护者跑到同伴的防守者的身后,用自己的身体挡住防守者的移动路线,使同伴借以摆脱防守,获得进攻机会。

（4）定位掩护:是掩护者占据有利的位置不动,另一队诱使对手跟随跑动,主动利用位置不动的同伴挡住防守者的移动路线,借以摆脱防守,获得进攻机会。

（5）行进间掩护:是两个进攻队员在跑动过程中运用合理的方法,造成防守队员互相挡住移动路线,进攻队员借机摆脱防守,创造进攻机会。这种配合是在行进中形成的,它对时间性的要求较强,队员间要有很好的默契,配合才能成功。

4.策应配合

策应配合是指内线的进攻队员背对或侧对球篮接球,以他为中心(枢纽)与外线队员的空切或掩护相配合所形成的一种里应外合的配合方法,如图 11-3-6 所示。

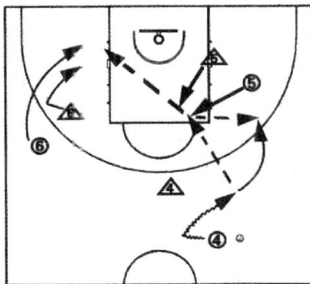

图 11-3-6

在攻破半场人盯人防守或区域联防时,一般多在限制区附近运用策应配合获得跳投或切入投篮的机会;如果对方采用扩大的紧逼人盯人防守时,可在掷界外球时或中场运用策应配合突破对方的防守。经常运用的策应配合有以下几种。

（1）前锋策应配合。

（2）中锋策应配合。

（3）掷界外球时的策应配合。

（二）防守战术主要基础配合

防守战术基础配合是两三名队员在防守中所采用的协同防守配合方法,它包括"关门"、夹击、补防、挤过、穿过、绕过和交换防守配合等,是组成全队防守战术的基础。

1."关门"配合

"关门"配合是临近的两名防守队员协同防守,堵住进攻队员持球突破的配合方法,这种战术经常在采用联防和半场人盯人防守时运用。

2.夹击配合、补防配合

夹击配合是防守队员利用或迫使对手运球停止时,突然快速上前与同伴一起限制对手的活动和封堵传球(造成对手的失误、违例,获得断球反击)的一种配合方法。

补防配合是防守队员被对手突破而出现漏防时,同伴及时快速地补漏防守的一种配合方法。

二、篮球运动主要基本战术练习方法

（一）传切配合练习方法

（1）徒手与结合传接球的跑路线练习。
（2）二三人的传切配合练习。
（3）多球传切配合练习。

（二）突分配合练习方法

（1）原地持球突分配合练习。
（2）接传球快速突分配合练习。
（3）多球或连续突分配合练习。

（三）掩护配合练习方法

（1）徒手做掩护的跑动路线和练习。
（2）结合传接球的掩护配合练习。
（3）掩护配合综合练习。

（四）策应配合练习方法

（1）策应配合技术动作与传接球技术结合练习。
（2）二三人策应配合练习。
（3）多球策应配合练习。

（五）"关门"配合练习方法

（1）"关门"配合的脚步动作练习。
（2）在进攻队员配合下的练习。
（3）在教学比赛中进行练习。

（六）夹击配合、补防配合练习方法

（1）配合的脚步动作练习。
（2）在进攻协助下的夹击配合、补防配合练习。
（3）中场夹击与补防配合练习。

第四节　篮球运动主要规则及欣赏

一、场地与设备

（1）球场是一块长方形的坚实平整、无障碍物的场地。

（2）设备篮板尺寸：横宽 1.80 米，竖立 1.05 米，篮板下沿距地面 2.90 米。

二、比赛、暂停、替换

（一）比赛

每场篮球比赛由两个队参加，每队出场 5 名队员。

（二）暂停

（1）球成死球并停止比赛时钟时。

（2）对方投篮得分，也可给予一次暂停，但必须在投篮队员球离手前提出。

（三）替换

（1）球成死球并停止比赛时钟时。

（2）违例后，只有掷界外球的非违例队员可要求替换。

三、违例及罚则

（1）侵人犯规罚则：登记犯规队员一次侵人犯规。

（2）故意犯规罚则：登记犯规队员一次侵人犯规。

（3）队员技术犯规罚则：宣判技术犯规后，每次均应登记并由对方队长指定罚球队员一次罚球后，无论罚球成功与否，均由罚球队的任一队员在记录台对面边线的中点处掷界外球。

（4）双方犯规罚则：登记每个犯规队员一次侵人犯规。

（5）队员 5 次犯规。

（6）全队 4 次犯规。

四、篮球运动欣赏

(一)场地器具

篮球运动的方式很大程度上依靠场地。场地的尺寸和其他设备可根据比赛的水平而变化。NBA与国际篮联规定的设备和标准场地有所区别。

初时的篮圈是装桃子用的木篮子,篮子的底部是密封的,每当球中篮时,就必须登上梯子取出篮内的球。今天的篮子是一个直径45厘米的橙色金属圈,下挂有末端开口的白色尼龙网,可以使人们清楚地看见入球与否。而篮子则钉在1.8米×1.05米的篮板上,以防止篮球飞出场外。篮圈的直径大约是官方规定球直径的两倍。而篮筐的硬度是可以调整的。调整篮筐的硬度在NBA里司空见惯,篮筐的硬度大,则外线投篮擦板得分的可能性较低。此外,有些球队使用较紧的篮网以加快球赛速度,有些队会把球稍微放气使速度放慢。

最早的篮球游戏并没有篮板,在室内举行篮球赛时,楼上的观众们常帮忙将投入篮内的球取出,但后来观众不仅是帮忙,反而会随着自己的高兴,阻碍或帮助球的入篮;有时也会因球不中篮而打到篮后的观众,于是就有人开始在篮圈后安装掩护物,以保护观众及防止观众影响球赛的进行,这就演变成今天的篮板了。

开始时所用的球,只是普通的英式足球,直至一八九四年才有第一个正式的篮球出现,球是棕色的。在20世纪50年代末期Tony Hinkle[1]寻找一种球,能让运动员和观看者都易于看到,于是引入了现在通用的橙色球。WNBA官方用球看起来与NBA的一样,但事实上,是小一些,如图11-4-1所示。

图 11-4-1

NBA的场地与标准球场是有区别的(详见表11-4-1)。球场上的各条线必须十分清楚,线的宽度均为5厘米。场地的丈量,除边线和端线从线的内沿算起外,场内各线均从其外沿算起。

---

① Tony Hinkle是NBA篮球名人堂入选人物。1962年,因对篮球项目改进的贡献获得NABC(全美教练员协会)最高奖赏。

表 11-4-1　国际标准（FIBA）& NBA 的场地比较

区别	FIBA	NBA
场地大小	28 米 × 15 米	28.65 米 × 15.24 米
三分线的远度	6.25 米	最远 7.25 米，最近 6.70 米
三分线的形状	规则的半圆形	一段弧线和两侧与边线平行的两条线段连接而成的不规则形状
三秒区	梯形	5.8 米 × 3.66 米的长方形
进攻有理区（No-charge area）	无	篮筐的中心垂点为圆心，以 4 英尺为半径的半圆（虚线）

（二）主要规则

看起来篮球只不过是投篮那么简单，然而为了建立公平的比赛，有一些既定的必须遵守的规则。篮球规则从最初的创建到如今，已经从简单的 13 条原则发展到今天的数百个条款。这些条款我们不能一一列举，但不妨从时间和空间两个方面理解。

1. 时间规则

为了一场比赛有更快的节奏，有强的对抗，规则中规定了篮下的 3 秒进攻时限、发球的 5 秒出手时限、后场的 8 秒推进时限和 24 秒的投篮时限等。

2. 空间规则

篮球比赛的目标是要将球投进一个高悬的篮内，又是在空间不太大的室内运动场内进行，因此它的玩法不能像足球和橄榄球般粗野，球员只能用手控制球，不得持球奔跑及不得拉、推、绊和撞击对方球员，所以篮球本质上是非身体接触性的运动。但同场竞技身体接触难免，因此，裁判在判罚身体接触是否合理时主要参照"圆柱体"原则，即球员是否有意侵犯对方球员的"合理空间"。原先，为了使比赛更激烈、更有看头，NBA 曾禁止了区域联防。现在，为了体现这项运动的技术性、战术性和团队精神，NBA 废除了所有关于非法防守的规定。

（三）观赏视角

无论是在电视上看到篮球比赛还是在球场观战，都需要知道如何欣赏篮球。简单地理解篮球，就是把球投进篮网，因此，可能大多数人视线都追随着篮球的移动。但是篮球是富有文化和内涵的一个项目，多一些观赏的视角不仅能更全面地了解这个项目，还能了解到铁杆球迷都在关注什么。

1. 看罚篮

罚球时球员的压力很大，对方教练会在罚球前叫个暂停，对方球员会嘲笑，观众会在篮板后疯狂地挥舞着双臂。因此，预测罚篮球员可能采取的罚篮方式也是一种乐趣。有的球员会直接投出，但大多数队员会做一下预备姿势，在投之前运几下球，熟悉下球感，屈一屈腿感受下地面的力量，跟队友击下掌，感受来自团队的支持，当然也可能在不经意间传递给队友信号，这个球是要直接入篮还是碰板入篮，是偏左还是偏右，两罚时是 1 加 1 还是 1 加 2 或 1 加

3（1 加 1 是第 2 罚直接命中；1 加 2 是第 2 罚命不中，意图本方抢篮板球后补个内线投篮；1 加 3 是第 2 罚命不中，内线抢篮板直接传给外线球员投 3 分球，这一般是在意图追分，拉大比分差距或对方内线攻防严密，本方外线投手准确性高的情况下用），还可以预判下一秒谁能抢到篮板，谁会直接快下发动快攻。罚篮时，攻防双方在两侧的站位，其他队员在场地的位置，都预示着双方战术的较量。你也可以预测下罚篮后进攻方是快攻还是打阵地战，防守方是区域联防还是人盯人，是全场紧逼还是半场紧逼，等等。

2. 看有球

试着像运动员一样思考，预测下一个传球的方向。运动员传球依靠几个因素：他控制的是哪个类型的球，队友在哪里？全队采取什么战术？对手采取的防守策略是什么？你必须知道场上正在发生着什么，可以假设自己是组织后卫，分析防守情况然后决定下一步。看电视中的组织后卫是否一样行事？当然了，如果你看的是乔丹，那就算了，因为没人能预测他下一步怎么处理球。

3. 看无球

观赏时别忘了看无球的情况。跟随弱侧（场地上有球的一侧叫强侧，因此，相对的无球的一侧叫弱侧）的行动，或看篮下队员的行动。当然，电视镜头经常是跟随着球，但你也能看到半场的情景，你可以看到：篮下的推操，弱侧掩护，帕特·莱利的阿玛尼西装及场边的娱乐杂要。

看无球可以为一些问题寻找答案。例如，如果印第安纳步行者队的雷吉·米勒是一个了不起的射手，那对手为什么不更好地防守他，让他接触不到球？答案是在 NBA 没有人会比米勒更好地使用由队友掩护得到空位来投篮。

铁杆篮球迷是在有足球世界杯和 NBA 之间永远选择后者的这样一群人，他们可以敏感地甚至在传球之前就能预测到空中接力的发生。他们看弱侧，注意弱侧的挡拆切入。在 1997 年的季后四强赛中，北卡罗莱纳州在对决亚利桑那州时，文森·卡特至少蹬出三个前场的空中接力扣篮。卡特扣篮前，球迷已经大喊"吊射"或"空中接力"，他们看到了弱侧的掩护。

4. 看潜星

看球场上球星旁边的其他球员。即使科比看起来很有意思，也不要总是关注他。每个球队都有许多伟大的球员，只聚焦一个人会错失许多东西。关注潜力球员五六场比赛会发现许多事情。他是否快速回防了？是否在回防时掉队了？即使是坐在球场边上的板凳队员也大有看头，谁知道哪个就可能成为明日之星呢？

红衣主教奥尔巴赫曾经说过，"比赛开始有谁在场并不重要，重要的是比赛结束时谁还在场上"。正是这位 NBA 历史上最著名的教练员，发明了"最佳第六人"这个奖项。[1] 第六人

---

[1] Sixth man：第六人，即算一个替补上场的队员。在 NBA 里第六人战术是非常重要的，第六人起的作用往往不比主力差，对于第六人，他们往往拥有不差于相同位置上主力的能力。NBA 里著名球员作第六人的例子也很多，如曾经小牛的贾米森，斯塔克豪斯，凯尔特人队的里奇·戴维斯，公牛王朝的库科奇，甚至马刺在季后赛里用马努作第六人。

往往是最无私的人,他首先想到的是全队的需要,而不是他自身的得失。因此,不妨看看第六人是否能在一两个主力下场休息的时候,帮助维持球队场上的火力点,是否能够在场上处于胶着状态的时候,打破僵局从而打乱对手的战术布置,又是否能在乱战中发挥作用。

5. 看明星

无论比赛的是科比还是当地高校的球队校草,看他在场上的每个移动。在 NBA 第二赛季的一个四周跨度里,Toronto Raptor 投中了 3 个制胜球——2 个压哨 3 分球,1 个扣篮。谁会投篮并不是秘密,但他如何投就值得猜一猜了。

而坐在看台上的那些传奇球星、传奇教练和传奇记者都曾经现在也依然能吸引人们的目光。他们对场上比赛的反应,对关键球的态度都值得猜一猜。

有时候比赛的明星并不是球队的最佳球员,而是啦啦队女孩。看看她们,在下一场球赛期间,恢复了凡人之姿的她们做了什么与众不同的事。

6. 看分工

球员在球场上都有不同的分工。以往可以从后卫、前锋和中锋在场上攻守时所"站"的位置来区分。但有些队员是全能型的,什么位置都能打。而队员在场上的职责是根据教练员的战术需要灵活安排的,并不是一成不变的。因此,看球员的分工也可以看出教练员所要采取的策略。

现在世界的篮球发展趋势已逐渐依球员在球场上的"技术功能"区分而划分为五个位置。

（1）Point guard（组织后卫/控球后卫）:（经常在进攻中位于 3 分线上方）球队中最无私的球员,是球队进攻的组织者和精神领袖甚至可以说是球队在球场上的教练。组织后卫在场上永远是传球第一,投篮第二。纯正的组织后卫拥有无私的篮球精神,他往往是个头最小的队员和最好的运球和传球队员。"胜利是衡量组织后卫的唯一标准!"NBA 历史上最伟大的后卫之一斯托克顿（John Stockton）在退役前道出了真谛。

（2）Shooting guard（得分后卫）:帮助 Point guard 组织比赛,常常完成快攻,是个很好的投手。这个位置对球员的身体素质的要求是最高的,一般他也属于个头小的队员。

（3）Small forward（小前锋）:需要具备全面的技能——控球、上篮、定点投篮、内外线攻击、飞奔、对抗和防守对方各个位置的球员;他应既能在篮下得分,又能远距离得分;必须参加抢篮板球,参与完成快攻,又必须有运球天赋和良好的防守能力。

（4）Power forward（大前锋/主力前锋）:我国常称之为"二中锋"。二者略有不同,"二中锋"是基于中锋的位置,来源于"双中锋"战术,这是我们从苏联学来的;大前锋还是前锋,他们是队里的篮板能手和防守中坚。应具备的条件是身材高大,篮板能力不错,灵活和居中策应分球能力。常常必须完成在球篮附近专门的跑位任务,抢篮板、防守、卡位都少不了他,但是投篮和得分,他却经常是最后一个,因此是队里干脏活累活的劳模。

（5）Center（中锋）:顾名思义是一个球队的中心人物。他主要应具备高大的体型、爆发力、平衡力和耐冲撞的能力,扮演禁区单打进攻得分、中枢策应传球、抢夺篮板球与防守封阻等重要工作。

7. 看数据

球探发掘未来之星的方法之一就是看统计数据,现在电视转播球赛也会经常打出统计数据来,有些数据讨论较少,但很有意思,如进攻篮板,失误,内线得分和替补和亚利桑娜得分。

1997 年 NCAA 半决赛在亚利桑那州和北卡罗莱纳州之间展开,北卡获得了篮板球 52-48 进攻篮板为 22-17。听起来好像北卡要赢了。然而,亚利桑那州赢得了第二次机会点(换句话说,得分进攻篮板),为 15-11。因此,即使北卡罗莱纳州有更多的进攻篮板,亚利桑那州却有更多的进攻篮板得分。所以,亚利桑那州真的有这方面的优势。北卡的投中率是 31.1%,亚利桑那是 33.3%,但三分球亚利桑那 29 投 11 中,命中率 38%,北卡是 21 投 4 中,命中率仅 19%,所以整体还是比较平均,但因为三分球的命中率,亚利桑那赢了 8 分。

8. 看裁判

裁判员可以决定比赛的节奏,如果他们哨子紧点(吹太多犯规),可以放慢比赛的节奏,哨子松点(很少吹哨子),可以加快比赛的节奏。每次在裁判员执裁犯规时,双方球队都可以找到一个节奏。场上的 3 个裁判都有合理分工,如果一个裁判越界执裁,这并不是一个好兆头。如果一个裁判推翻了另一个裁判的判决,这可能意味着主裁认为自己大于比赛。一个好的裁判不会取代球员成为比赛焦点,他会控制比赛,而不被注意。

裁判可以通过哨子来转换比赛的攻防。有些球队会采用较多身体接触的打法,他们的成功取决于裁判员的执裁尺度。裁判也可能有意识或无意识地存在一种偏见——关于谁应该赢得这场比赛。输队经常会纠结于这个问题,尤其是在客场比赛。有时裁判会对更倾向赢的队或主场球队执裁尺度更松,在 NBA 这叫"明星的待遇"。

在 2000 年 NBA 西部决赛的第七场比赛,当比赛将近结束时,波特兰开拓者队的史蒂夫·史密斯趋近篮下遭遇洛杉矶湖人队的沙奎尔·奥尼尔。比赛剩不到两分钟的时间,而开拓者落后一分。当时看起来很明显是奥尼尔对史密斯犯规,但哨子没响。人们都希望湖人赢,结果也确实是湖人赢了。

(四)赛场礼仪

"DE-FEN-SE, DE-FEN-SE...",在 NBA、CBA 等篮球比赛中每当主队陷于防守时,主队的球迷都会这样齐声高呼,以带给球员莫大的鼓舞。每个人都可以用自己的方式来表达自己的参与热情,但有一条原则必须要牢记,那就是无论什么样的举动都不能跳出文明这个圈子。除了加油口号,还有篮球场内的标语。用纸板、旗帜做成的标语表达了球迷的一番心意,也是球迷一种颇具文化气息且文明雅观的表达方式。标语的制作可以发挥自己的想象力,用文字或图画表达都可以,但标语牌的尺寸要适中,文字不要过于粗俗,更不能带有人身攻击的含义。

体育比赛原本就有赢有输,球队和球迷都要赢得起也输得起。只要球员在场上努力拼搏,球迷在场下大力的加油助威,才是对主队的最大鼓励和支持。我们不妨看看《底特律自由快报》给 NBA 底特律活塞队球迷的一些忠告——《活塞球迷应注意的礼节》,并引以为戒。这篇文章中有 54 个注意事项,其中有意思的几点有:关于球迷,即使你喝不完饮料,也不能把它扔进球场;爆米花是应该吃进嘴里的;蜂鸣器响起的时候,并不意味着拳击比赛开始了;你手里的热狗不是子弹;打篮球的那些家伙个头都不小,只有傻子才会向他们示威;把硬币放在你自己的口袋里……

教学资源：
篮球教具、篮球场地、多媒体教室
媒体链接：
http：//www.9inba.com/
http：//www.cbareferee.com/guize.htm
http：//china.nba.com/nbaindex.html

本章思考练习题

1. 简述篮球运动在我国的发展。
2. 简述篮球移动基本技术的种类。
3. 简述防守快攻的方法。
4. 简述本章中基础战术配合的方法及种类。

第十二章 排球运动

第一节 排球运动导学

●课程简介

排球是近年来在我国迅速发展起来的趣味性较强的运动,现已成为全民健身的运动项目之一。排球技术简单,易掌握,规则灵活,球体轻、柔,不易受伤。所以将其作为排球教学中的一项内容单列出来,进行一学年的课程教学。通过排球课程教学,使学生了解排球的基本知识与发展现状,掌握一定的基本技术、基本战术和基本技能,增进健康、强健体魄,培养学生的优良体育道德作风和团结协作的集体主义精神。

●学习目标

1.掌握排球的基本理论知识、基本技术和基本技能。

2.全面发展身体素质、促进健康,增强体质。

3.培养自我锻炼的体育能力,懂得排球健身的意义。

4.培养学生勤奋、助人、团结拼搏的优秀品质。

●教学内容

见表12-1-1。

表 12-1-1 教学内容

基本理论	1.大学体育与健康 2.体质测定与评价 3.体育保健
专项理论	1.排球运动的概述 2.排球竞赛规则、裁判法及竞赛方法 3.排球技、战术分析 4.排球编排与组织
实践课	1.基本技术:基本姿势、移动、传球、垫球、扣球、拦网 2.基本战术:"一三二"接发球站位、"中一二""边一二"即插上进攻战术,单、双人拦网 3.身体素质练习:50米和100米跑、1分钟跳绳、立定跳远、台阶练习、坐位体前屈、仰卧起坐等
欣赏课	多媒体教学片DVD等 排球教学比赛录像及精彩体育比赛直播或录像
《学生体质健康标准》测试	测试项目、测试要求、测试方法、测试标准及评定测试成绩上报等

●学习要求

1.参加本专项学习的学生,重点掌握排球的基本技术、锻炼方法,养成锻炼习惯。初步掌握基本战术配合运用。

2.了解排球发展史、规则及裁判法、编排与组织。

3.在一学年内要完成实践课、理论课、欣赏课、季节课学习和考试,每学期达到总分60分者,方可得到本学期体育2学分。(特殊情况另有说明)一学年要得到4学分,才能获得毕业证或取得学士学位。

4.能够将所学基本技术运用到基本战术教学中,能参加一般的排球比赛。

●课时数分配

见表12-1-2。

表 12-1-2　课时数分配

学期	教学内容	学时	总时数	比重
第一学期	基础理论	2	36	0.05%
	实践教学、体质健康测试	34		0.94%
第二学期	专项理论	2	36	0.05%
	实践教学(辅导、竞赛、体育文化、外请教授讲学、观摩等)	34		0.94%
合计		72	72	100%

●学习方法

1.以实践课为主,理论课为辅,专项技术练习与身体素质练习相结合,课上练习和课外运用相统一,结合欣赏各类比赛,提高学生竞技水平。

2.课上认真练习,多动少静,多提问题。

3.积极参加课上教学比赛或校内各种比赛,巩固、提高技战术技能。

4.有疑难问题,可联系任课教师。

●成绩考核

第一学期

总评＝平时成绩100分(30%)＋期末成绩100分(70%)

期末成绩＝自垫球40分＋发球30分＋理论成绩(基础＋专项)30分

第二学期

总评＝平时成绩100分(30%)＋期末成绩100分(70%)

期末成绩＝传球40分＋发球30分＋理论成绩(基础＋专项)30分

考核标准、方法(见表12-1-3、表12-1-4):

表 12-1-3　考核内容和方法

考核内容		考核方法
第一学期	自垫球	在半场内连续自垫,如人出界或球落地即为失误。计数评分
	发球	发球区内发球,球落对方场地内为成功。发10球,记成功数评分(男生上手发球、女生下手发球)

考核内容		考核方法
第二学期	传球	2人一组对传球,距离2.5米的地上画一线,在线后2人作连续传球,如球落地即为失误,脚越过线传球无效。连续次数计数评分
	对垫球	2人一组对垫球,距离2.5米的地上画一线,在线后2人作连续传球,如球落地即为失误,脚越过线垫球无效。连续次数计数评分

表 12-1-4　对传、垫球、自垫球、发球标准

得分\内容		100	95	90	85	80	75	70	65	60	55	50	45	40
传球	男	37	35	33	31	29	28	27	26	25	23	21	19	17
	女	33	32	31	30	28	26	24	22	20	18	16	14	12
垫球	男	10	9	8	7	6	5	4		3		2		1
	女	10	9	8	7	6	5	4	3	2		1		
自垫	男	40		35		30		25		20		15		10
	女	40	35	30		25		20		15		10		5
发球	男	10	9	8	7	6	5	4		3		2		1
	女	10	9	8	7	6	5	4		3		2		1

一、排球运动简介

(一)排球运动概述

排球运动是两队各六名队员在长 18 米,宽 9 米的场地上,从中间隔开的球网(男子网高2.43 米、女子网高 2.24 米)上方,根据规则的规定运用各种击球技术,进行集体的攻防对抗,不使球在本方场内落地的一种球类运动。

(二)排球运动的起源和世界排球运动的发展

排球运动起源于美国。1895 年,美国麻省霍利约克城基督教青年会干事威廉·摩根创造了一项球类游戏:人们分别站在网球场球网的两侧,用篮球胆之类的球拍来拍去,击球的次数不限。这就是排球运动的雏形。首次排球比赛是 1896 年在美国斯普林费尔体育专科学校举行的。出场人数由双方共同商定,不限多少,但必须相等。哈尔斯戴土博士(图 12-1-1)将此项运动命名为"Volleyball",即"空中截击"的意思。

1897 年 7 月美国《体育》杂志上公开介绍了排球比赛的打法及简单规则,从此排球运动在美国逐渐开展起来。

图 12-1-1

1. 从娱乐游戏排球逐渐向竞技排球过渡

在进行排球游戏的过程中人们感到,一方无休止的击球也不合理,于是产生了每方击球至多 3 次,必须过网的规定,这一规定的产生使单一的拍击球动作开始分化成传球和扣球两种动作。由于扣球动作的出现吸引了更多青年参加,故使单纯以娱乐、游戏为目的的排球运动逐渐增添了激烈对抗的色彩。如用拦网动作专门对付扣球动作,用侧面上手发球动作增加发球力量,使比赛一开始就给对方接球带来威胁等。至此,排球运动的性质发生了变化。发球、传球、扣球、拦网已成为当时的四大基本技术。

为了使相互之间的配合更清楚、合理,场上队员出现了位置分工。20 世纪 30 年代末排球战术进一步发展,为了对付集体拦网,扣、吊结合的打法以及保护拦网的战术体系已初步形成。

这一阶段排球运动的特点是从娱乐游戏排球逐渐向竞技排球过渡,当时国际上没有统一的竞赛规则和竞赛制度,也没有统一的竞赛组织。

2. 竞技排球的迅猛发展

随着排球技战术水平的提高及竞技化趋势的日益明显,一些国家已相继成立了排球协会。人们希望国际上有个统一的组织去开展国际排球竞赛与交流。1964 年由法国、捷克斯洛伐克、波兰三国倡议成立国际排球联合会。1947 年国际排联在巴黎成立。在成立大会上制订了国际排联宪章,选举了法国的鲍尔·黎伯为第一任主席,并正式出版了通用排球竞赛规则。国际排联的成立标志着排球运动从此摆脱了娱乐游戏的性质而进入了竞技排球的新阶段。从排球运动的初创到国际排联的成立,走过了半个世纪的历程。在这半个世纪中,排球规则逐步形成,基本技、战术日趋丰富,国际交往越来越多。

3. 竞技排球的多元化和娱乐排球的再兴起

(1)竞技排球攻防战术的全方位化。进入 20 世纪 80 年代的竞技排球已度过了它的成长、发育时期而逐步走向成熟,当初那种只要在技、战术的某一环节能够超群的队就有可能问鼎的时代已一去不复返了。中国女排 1981~1986 年连续 5 次夺冠,美国男排接连获得了 4 次世界冠军。中国女排和美国男排的成功,标志着排球运动技、战术观念的革命,它预示着排球运动进入了全攻全守的新时代。

全攻全守已不仅是个人攻防技术全面的称谓,而是指整体的全方位的攻和整体的全方位的守。全攻首先从观念上打破了传统的进攻模式,即全攻意味着进攻的手段是从发球和拦网开始。全攻还意味着进攻的变化已不局限在网前的二维空间内，而且充满整个场地的三维空间。不仅有高快结合的前排进攻，而且在前排进攻配合下采用后排进攻，形成了高快结合，前后结合的全方位进攻的局面。

全守即体现全方位的防守，首先是技术动作的全方位。当今由于进攻水平的不断提高，那种单纯依靠手和手臂击球的动作要防迅雷不及掩耳之势的扣球是相当困难的。为了促进攻防平衡，国际排联本着积极鼓励防守技术的发展，同时又不消极地限制进攻技术的原则，从1984年开始，先后从规则上放宽了对运动员第一次击球时判定连击犯规的尺度。1992年将合法的触球部位从髋关节以上改为膝关节以上，1994年又由膝关节以上改为身体的任何部位均可触球，于是出现了手、脚、身全方位的防守动作，扩大了人的防守面积，提高了防守质量。其次，体现在当代防守观念的转变，即由预判的"出击防守"代替了固定位置的"等待防守"。"高位防守"的取位则更需要运动员具有高水平的判断、反应及控制球的能力。另外，全方位的防守还体现在针对对手的进攻特点，随时调整拦网与防守的配合。打破原有防守阵型模式，而从兼顾防守效果和防后的反攻进行布阵。

（2）竞技排球的社会化、职业化和商业化。

20世纪90年代，意大利、荷兰男排以惊人的速度在国际上确立了领先的地位，这些西欧男排的崛起，标志着竞技排球社会化、职业化的时代已经到来。意大利男排的突飞猛进是因为意大利排协从20世纪80年代就开始实行运动员职业化和俱乐部制度。意大利的各俱乐部都有不同的工商巨头资助，他们高薪招募世界各国的优秀教练员、运动员为各自的俱乐部效力，在意大利约30个俱乐部中，外籍球员已达60人。由于俱乐部中集聚了各国的明星选手和优秀教练员，所以使意大利的排球运动水平飞快提高，尤其是男排在1988年以后的历次大赛中5次荣登冠军宝座，一次获得亚军。意大利男排的成功影响着西欧各国，随后法国、荷兰、希腊、德国、比利时、西班牙等国也都得益于排球俱乐部的作用，使整个西欧排球运动水平迅速提高，相继挤入世界强队的行列。

阿科斯塔先生1984年开始担任国际排联主席，从他一上任就决心把排球运动发展成为世界最受欢迎的体育运动项目之一，在这十多年里，国际排联围绕这一奋斗目标，在把竞技排球运动推向社会使之进入和占领市场，利用电视转播媒介吸引观众等方面做了大量的工作。国际排联利用运动员转会制度支持各国排球俱乐部的发展。从1990年开始出资400万美元举办第1届世界男排联赛，从1993年开始出资100万美元举办第1届世界女排大奖赛，并决定以后每年举行一次，奖金逐年递增。为了更利于电视转播，国际排联几次修改竞赛规则，从而把竞技排球运动彻底推向市场。排球运动商业化，带来运动员的高薪、高出场费、巨额奖金和巨额转会费，激励着排球运动技术水平的提高，明星运动员就是排球运动社会化、职业化和商业化的必然产物。

（3）娱乐排球的再兴起。

一百多年前，排球运动起源于一种娱乐活动。随着时间的推移，排球运动的娱乐游戏性逐渐被其竞技性所取代。进入20世纪80年代以来，竞技排球的技、战术都发生了质的变化。全方位的攻、防更增加了比赛的观赏性，但随着现代经济的发展，人们对物质文化消费的需求也在不断提高，健身娱乐逐渐成为人们消除疲劳的有效办法。人们在从观看比赛中获得赏心悦目的享受之余，也渴望体验亲身参与这项运动的乐趣。由于排球运动本身的高度技巧性,往往使前来参加运动的人们高兴而来,扫兴而去。因此,人们希望有一种大众都能够参加的排球运动尽快诞生,于是人们开始从球的性能、比赛规则上进行了适合各自需要的修改,全球性的娱乐排球便应运而生。

国际排联在竞技排球中的一系列改革虽然吸引了更多的观众,但毕竟不能使之成为吸引更多人参与的活动,这无疑会影响人们对该项运动的喜爱,于是国际排联对这些适合大众开展的排球运动给予了积极的支持和重视。20世纪90年代国际排联把沙滩排球列入了整体发展规划,并成立了沙滩排球委员会,1993年出版了第一部正式竞赛规则。1996年沙滩排球成为亚特兰大奥运会正式比赛项目。目前对软式排球、迷你排球(小排球)都组织过世界性的青少年比赛。总之,娱乐排球的再兴起,标志着现代排球运动进入了竞技排球和娱乐排球共存的新时代。

国际排联成立以来世界排球运动的发展经历了以下五个阶段。

第一阶段:20世纪50年代,东欧技术水平最高。多采用上手发球,上手传球,一般扣高球,拦网危险不大,发球的威力不强,扣球是最主要的进攻和得分手段。进攻多采用"中、边一二"阵形和"两次球"战术,主要靠个人进攻战术的变化取胜,防守则多运用双人拦网"心跟进"形式。出现了以苏联为代表的"力量派"和以捷克斯洛伐克为代表的"技巧派",两大流派竞争中力量派占上风。

第二阶段:20世纪60年代至70年代初期,我国男排独创的"平拉开扣球"和"盖帽"拦网技术对世界排球运动的发展起了推动作用。日本男排在此基础上发展了"短平快""时间差""位置差"等自我掩护等的进攻方法。亚洲球队以中、日为代表的快攻打法盛行,形成"速度派"。民主德国以"超手扣球"形成"高度派"。这四种流派各有千秋,各以其独特的风格称雄排坛。

日本女排发展了垫球、发飘球和滚动摔救防守技术,对世界排球运动的发展起到了积极的促进作用。

第三阶段:20世纪70年代后期,各种打法互相取长补短,向综合全面的打法发展。以古巴和美国为代表的美洲排球运动迅速发展起来。

第四阶段:进入20世纪80年代,在身材高大化的同时,各队都强调快变打法,攻守技术日趋全面。后排进攻有机地纳入战术体系,形成了前后排互相掩护的"纵向进攻"体系。

中国女排既有高度又有速度和变化、全攻全守的"全面型"打法制造了世界排坛的奇迹,获得"五连冠",开创了世界女排的新纪元。

第五阶段:20世纪90年代后,排球运动朝着职业化的方向发展,促进了训练水平的提高,造就了大批排球明星,吸引了大量的排球观众,使排球运动达到了空前的水平。

我国排球运动的五个发展阶段:

第一阶段:1950~1965年,继承9人制排球技战术的打法,学习东欧技术,提出"技术全面,战术多样"的技、战术指导思想。我国排球训练工作方针是"三从一大",即从难、从严、从实战出发,坚持大运动量的训练,使我国排球运动水平又有了明显的提高。这一时期我国不仅学习日本女排的先进技术,也结合自己的特点创造了"平拉开"扣球技术和"盖帽式"拦网技术,对世界排球运动的发展起到了促进作用。

第二阶段:1966~1971年,"十年动乱"给我国体育事业带来了一场空前浩劫,中断参加世界比赛八年,技战术水平下降,与世界强队差距不断拉大。

第三阶段:1972~1978年,在党和国家领导人的关怀下,体育竞赛得以恢复。排球界总结过去、发展创新,发展了"前飞""背飞"等"空间差"进攻打法,使我国的技战术水平得到迅速的提高。从此,我国排球进入快速发展阶段,为冲出亚洲走向世界打下了坚实的基础。

第四阶段:1979~1986年,男女排双获亚洲冠军;男排在世界杯预选赛,先输两局,第三局6:12落后的情况下反败为胜,极大地振奋了民族精神,"振兴中华"的口号响彻祖国大地。1977年第3届世界杯男子排球赛,我国男排获得第五名的好成绩。

1981年,我国女排在日本举行的第3届排球世界杯赛中以7战7捷的战绩,第一次获得世界冠军的称号。1982年在秘鲁举行的第9届世界女排锦标赛中再次夺冠,1984年中国女排在美国举行的第23届奥运会排球赛中再次问鼎。第一次在奥运会排球比赛大厅内升起了中国的五星红旗。1985年在日本举行的第4届女排世界杯、1986年在捷克斯洛伐克举行的第10届女排锦标赛中,我国女排又相继夺得冠军。创造了世界女排大赛中五连冠的新纪录。女排荣获"五连冠"创造了排球史上的一个奇迹,全国掀起了学习女排"拼搏"精神的浪潮,对促进现代化建设和振奋中华民族精神起了巨大的作用。

第五阶段:1987年至今,缺乏创新,成绩有所下降,1995~1996年成绩有所回升,排球界通过改革来促进训练水平的提高,努力实现中国排球的再次腾飞。中国女排在2003年首次获得大奖赛冠军,并历经17年之后重新夺得世界锦标赛冠军和2004年雅典奥运会冠军。

近年来,非洲的排球技术水平也有不少提高,其中突尼斯和埃及队进步显著。现在,排球运动已进入欧、亚、美三大洲鼎立的时代。

目前世界性的排球比赛有:世界排球锦标赛、奥运会排球赛、世界杯排球赛,均为每4年举办一次。

图 12-1-2

图 12-1-3

（三）国际排球组织的成立

国际排球联合会简称国际排联,成立于1947年,会员为210多个,总部在瑞士的洛桑,第一任主席法国人鲍尔·黎伯,现任主席为巴西人格拉萨。

我国1954年加入国际排联。

1947年,国际排联颁布的第一本国际排球规则规定:排球重量:250~300克;圆周:65~68.5厘米;气压:0.52~0.58千克/平方厘米。

二、排球运动的特点

排球运动活动时,活动者以身体的任何部位(以单手或双手为主)在空中击球,使球不落地,既可隔网进行比赛,也可不设球网进行击球游戏。

排球运动形式多种多样。依运动目的、竞赛规则、参与人数、比赛形式的不同而分类。竞技排球目前包括 6 人制和沙滩排球,其他或游戏方式排球没有参与人数的特殊规定,主要以健身为目的,在国际上也没有统一竞赛规则,如娱乐排球、软式排球、气排球、妈妈排球、4 人排球、9 人排球、残疾人排球、草地排球、墙排球等。

第二节 排球运动主要基本技术及练习方法

一、排球运动主要基本技术

(一)排球技术概念

排球技术是指在规则允许的条件下,运用人体解剖和运动生物力学的原理,所采用的各种合理击球动作和为完成击球动作的其他配合的总称。

(二)排球技术的特点

(1)完成动作时间短促。
(2)完成技术动作要有准确的判断能力。
(3)完成技术动作身体活动范围大。
(4)进攻技术与防守技术之间无明显界限。

(三)排球技术分类

排球技术根据不同的技术特点和运用方法等,可分成六大类。如图 12-2-1 所示。

排球运动的基本技术

准备和移动姿势	传球	垫球	发球	扣球	拦网

图 12-2-1

1. 准备姿势和移动

（1）准备姿势的作用：准备姿势是为起动、移动做准备，使身体动作和心理活动处于良好的"临战"状态。规范的准备姿势还有利于掌握各项排球技术（图12-2-2、图12-2-3）。

（2）起动的作用：起动是移动的开始，是在准备姿势的基础上变换身体重心的位置，使身体便于向某方位快速移动。起动的快慢和准确程度，决定着移动取位及时与否。

（3）移动的作用：及时、准确、快速地移动是击球前合理取位，以及寻找最佳击球点的前提。

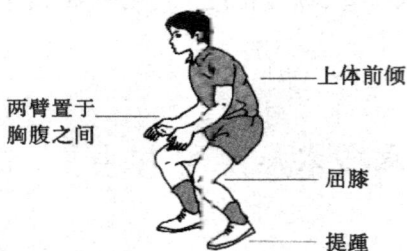

两臂置于胸腹之间　上体前倾　屈膝　提踵

半蹲准备姿势侧面图

图 12-2-2

含胸收腹　两脚保持微动

半蹲准备姿势正面图

图 12-2-3

2. 传球

（1）传球的作用：传球主要用于二传，在比赛中起着组织进攻的作用。传球在比赛中也常用来接对方的处理球、吊球和被对方拦回的高球。还可进行吊球和处理球，起着直接进攻的作用（图12-2-4）。

图 12-2-4

（2）传球的分类：如图12-2-5所示。

3. 垫球

（1）垫球的作用：垫球是排球比赛中运用较多的一项技术，主要用于接发球、接扣球、接拦回球以及防守和处理各种球。当一传球低时，还可以垫二传，用来组织进攻。垫球技术是组织一攻、反攻和保反的重要环节。

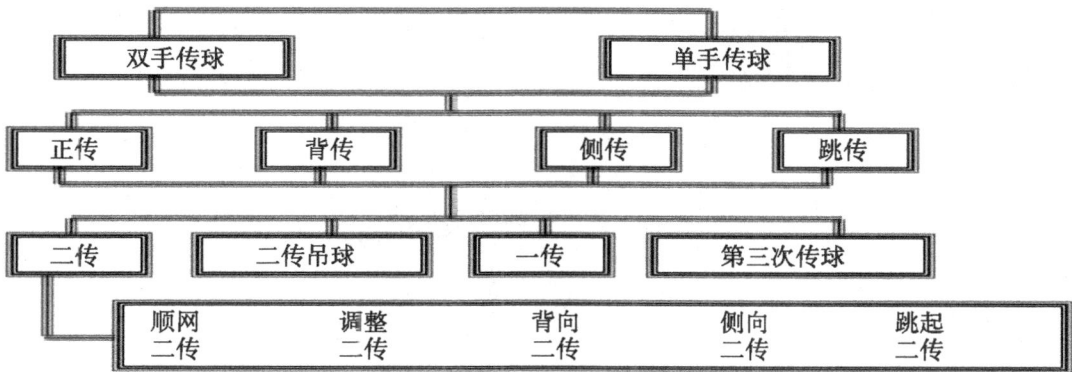

图 12-2-5

（2）垫球的分类：如图 12-2-6、图 12-2-7 所示。

图 12-2-6

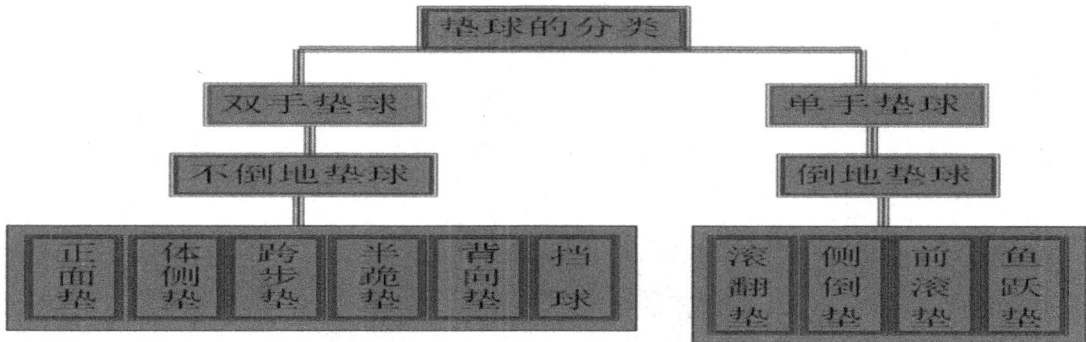

图 12-2-7

4. 发球

（1）发球的作用：发球是比赛的开始，也是进攻的开始。攻击性强的发球，可起到先发制人的作用。发球也可以减弱对方一攻的威力，为本方防守创造有利机会（如图 12-2-8 所示）。

图 12-2-8

（2）发球的分类：如图 12-2-9 所示。

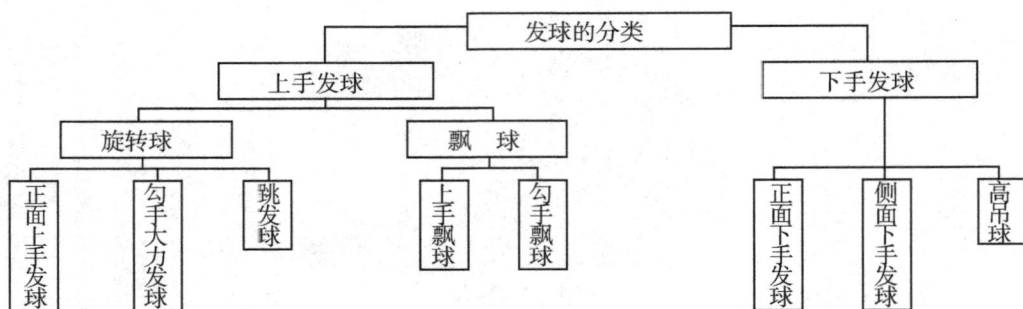

图 12-2-9

5. 扣球与吊球

（1）扣球与吊球的作用：扣球在比赛中占有很重要的地位，是进攻中最积极有效的方法，也是从被动的防守转化为主动进攻夺取发球权和得分最重要的手段。扣球也是反映低、中、高级排球队网上实力的重要标志，是决定比赛胜负的关键环节。如图 12-2-10 所示。

图 12-2-10

（2）扣球与吊球的分类：如图 12-2-11 所示。

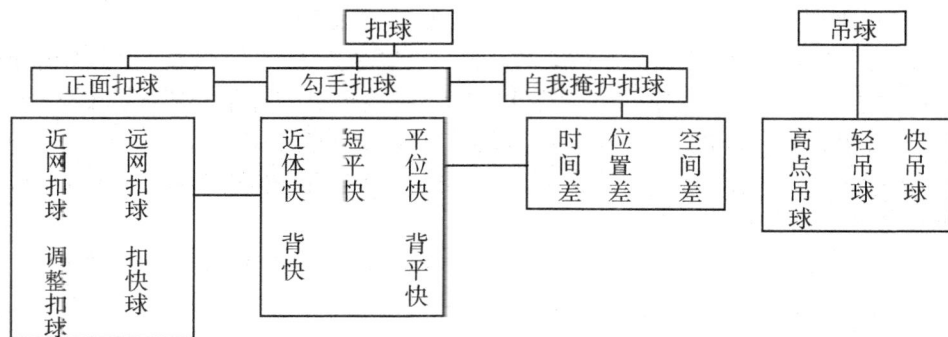

图 12-2-11

6.拦网

（1）拦网的作用：拦网是防守的最后一道防线。有效的拦网,可以减轻本方后排的防守压力,为反击创造有利条件,同时也可以削弱对方进攻的锐气,给对方攻手造成心理威胁。如图 12-2-12 所示。

图 12-2-12

2.拦网的分类：如图 12-2-13 所示。

图 12-2-13

二、排球运动主要基本技术练习方法

（一）传球技术练习方法

（1）原地做正面双手上手传球的徒手练习,体会正确的传球动作和正确的击球点。

（2）一抛一传。二人间隔4米,相对站立,一人抛出带有弧度的球,另一人传球给抛球人。着重体会全身协调用力,建立正确的动作概念。然后二人互换。

（3）二人对传。二人一组,相距4米站立对传球。要求提高每人控球能力,能连续传球。

（4）自传与对传。二人一组相距4米左右对传球,在接到对方传来球时,先自传一次,再将球传给对方。要求提高控球能力,注意传球方向的变化和全身协调用力。

（5）隔低网传球。二人一组,分别站在低网两边3米线以内对传球。要求控制传球弧度,进一步体会全身协调用力。

（6）三角传球。三人一球,成正三角形站立,按不同方向传球。要求面对出球方向,保持正面传球。

（二）垫球技术练习方法

（1）徒手试作,原地徒手模仿完整的垫球动作,要做到正确、协调,用力合理、准确。

（2）垫击固定球。两人一组,一人持球固定在小腹前高度,另一人从准备姿势开始,做垫击动作,但不将球垫上,只体会击球的动作。击球手型和触球部位要正确,注意全身协调用力。

（3）垫击抛来球。两人一组一抛一垫。球要抛准,尽量固定抛球的高度、速度及落点,垫球人用原地正面垫球的动作将球垫回。当初步学会垫球动作后,再逐渐加大难度,适当将球抛在练习人的前后、左右,要求练习者移动后仍做正面垫球。

（4）对墙自垫:一人一球对墙自垫。要求距离1.5米左右,认真体会用力顺序,体会动作要领,注意击球部位。对墙自垫能熟悉球性,增加球感。对墙自垫熟练了,能准确体会球的力量大小,提高垫击动作的准确性。

（5）三人一组,跑动垫球,如图12-2-14所示。

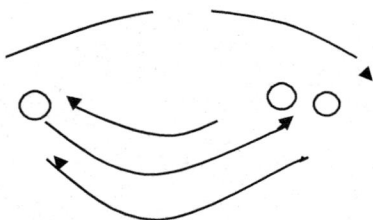

图12-2-14

（6）四人一组,三角移动垫球,如图12-2-15所示。

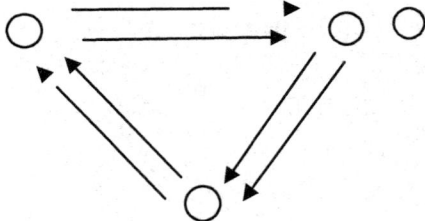

图12-2-15

（三）发球技术练习方法

（1）徒手模仿发球动作练习。

（2）学生集体站成两列或四列横队，每人一球听信号集体做不离手的抛球动作，同时做引臂和摆臂（不实击）击球练习。

（3）击固定球：两人一组，一人持球举至击球点高度，另一人挥臂击固定球，体会击球点和挥臂动作。

（4）距网4~5米的发球练习，逐渐加长发球距离。

（5）在发球区发球。

（6）划区发球，将排球场中间画一条线，把场地一分为二，学生站在发球区依次发直线或斜线。

（7）将球场分为1、2、3、4、5、6个区，学生站在端线，依次到发球区，按区号发球。

（四）扣球技术练习方法

（1）原地双脚步练习。要求两脚用力蹬地，两臂划弧摆动配合起跳，在空中扣球手臂抬起并后引成扣球前的动作，落地要双脚前脚掌着地，屈膝缓冲。

（2）两人一组，一人持球举至击球点位置，另一人挥臂击固定球。体会击球点和手形。

（3）原地、一两步、三步或多步助跑起跳摸树叶或篮板。动作要连贯，起跳要迅速有力。

（4）在网前原地或助跑起跳模仿扣球动作。

（5）每人一球对墙扣球。

（6）教师或学生在网前抛球，队员多人轮流上步助跑起跳扣球。

（7）由二传传球，在2、3、4号位连续扣抛球练习。

（五）拦网技术练习方法

（1）降低球网，原地做徒手伸臂拦网动作练习。

（2）两人一组在低网前隔网站立，一人将球举在网上，另一人原地做拦网动作，体会拦网手形。

（3）在网前做徒手拦网移动步法练习。

（4）网前两人一组，隔网相对，做并步、交叉步、跑步徒手移动拦网。要求移动迅速，两人密切配合。

（5）网前三人站在本方高台上，分别持球在本区上空网沿，多人在对方网前轮流移动拦网。要求起跳后在空中压腕。

（6）一方扣球，另一方单人移动拦网练习。

（7）一方扣球，双人移动配合拦网。

（8）单人或双人拦各种扣球。

第三节　排球运动主要基本战术及练习方法

一、排球战术的概念

排球战术是运动员在比赛中,根据排球竞赛规则和排球运动的规律、比赛双方的具体情况和临场变化,合理运用个人技术及集体配合所采取的有意识、有组织的行动。

二、排球战术的特点

(1)以基本技术为基础。
(2)进攻与防守转换迅速。
(3)依靠集体合作发挥个人技术。

三、排球战术分类

根据排球运动的特点和比赛的规律,一般把排球战术分为集体战术和个人战术两大类。
在集体战术中,又分为进攻和防守两大系统。同时,按比赛中出现的不同来球情况,在集体防守战术中,又分为接发球,扣、吊球,拦回球和垫、传球四种不同的来球,并组织相应的战术系统,如图 12-3-1 所示。

排球战术分类图

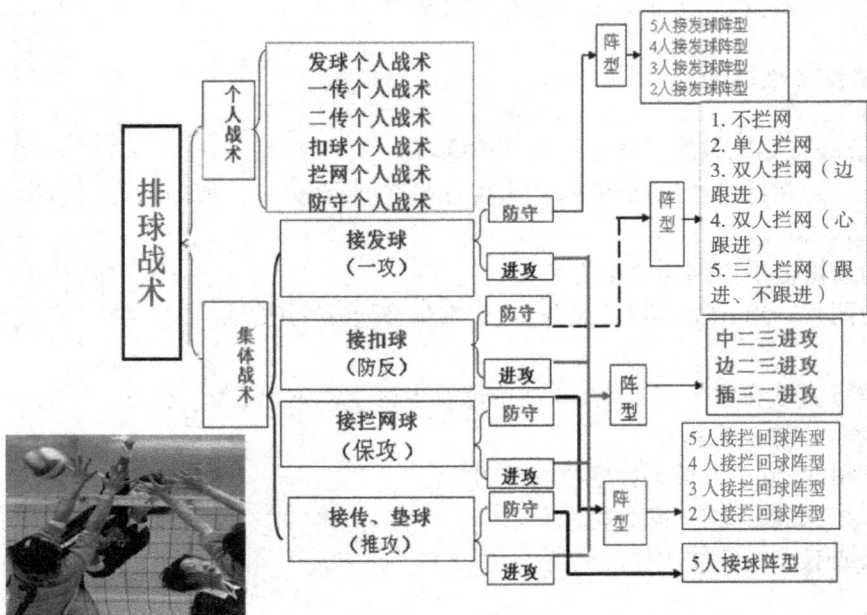

图 12-3-1

四、排球运动基本战术主要练习方法

（1）"中一二"进攻形式练习：

①当二传队员轮换到 4 号位或 2 号位时，应根据"中一二"战术的需要，采用换位的方法，把二传队员换到 3 号位，便于组织进攻。

②3 号位二传队员如果向两边都采用正面传球时，可以居中站位；如果二传队员利用正面长传或背后短传时，站位可偏近 2 号位区（见图 12-3-2、图 12-3-3、图 12-3-4）。

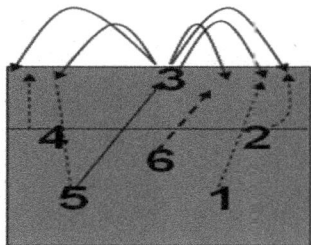 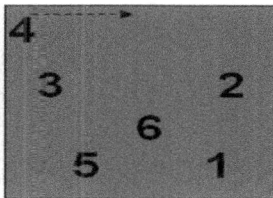 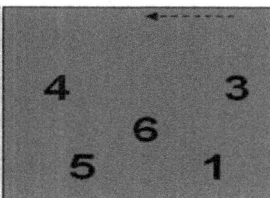

图 12-3-2　　　　　　　　图 12-3-3　　　　　　　　图 12-3-4

（2）"边一二"进攻形式练习：

①在采用"边一二"形式时，二传队员应在 2、3 号位之间，不要紧靠边线站立，以便运用背快球战术。

②在采用"边一二"形式时，当二传队员轮转到 4 号位或 3 号位时，可采用换位方法，把二传队员换到 2 号位。接发球时的站位如图 12-3-5、图 12-3-6、图 12-3-7 所示。

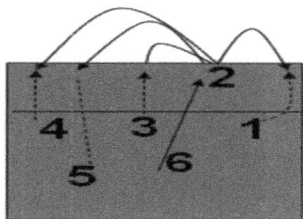 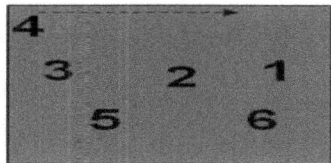 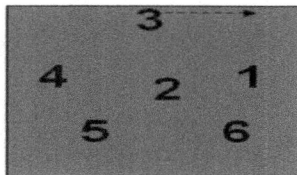

图 12-3-5　　　　　　　　图 12-3-6　　　　　　　　图 12-3-7

（3）"插上"进攻战术练习：

①接发球时，后排队员在插上的过程中不要影响其他队员接发球。从 1 号位、6 号位、5 号位插上时，其站位的路线如图 12-3-8、图 12-3-9 所示。

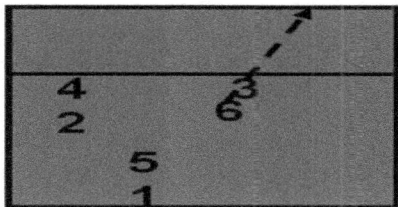 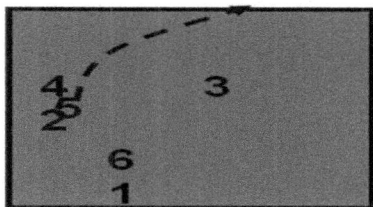

图 12-3-8　　　　　　　　　　　图 12-3-9

②插上时，在不影响其他队员接发球的情况，以最短的距离、最快的速度插上，注意应从接发球队员的右侧插上，可以采用 4 人姿发球的站位阵形。

③应掌握好插上时机,如对方发球击球后;本方防守起球时;对方第三次传、垫球时。

④只有前排3名队员都具有一定进攻能力时,采用插上进攻形式才有作用,否则就失去了插上的意义。

（4）集体拦网:

①组成集体拦网时,要以一人为主,另一人或二人配合其行动,防止各行其是。

②主拦队员要抢先移动正确取位,以便同伴配合。

③起跳时相互之间要保持好距离,并控制好身体重心,避免相互冲撞或干扰。

④拦网队员在球网上空的手之间的距离既不能让球漏过,又要组成尽可能大的阻截面。

（5）双人拦网:进攻位置,双人拦网的具体分工也不同。当对方从4号位组织进攻时,应以本方2号位队员为主,3号位队员协同配合,组成双人拦网如图12-3-10所示;当对方从3号位组织进攻时,应以本方3号位队员为主,4号位或2号位队员协同配合拦网如图12-3-11所示;当对方从2号位组织进攻时,应以本主4号位队员为主,3号位队员进行协同配合拦网如图12-3-12所示。

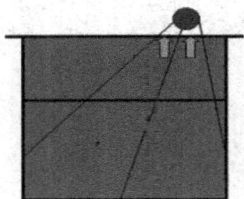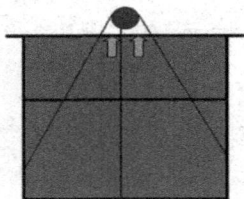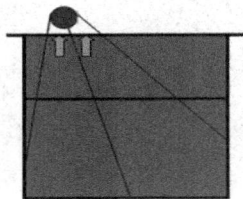

1	2	3
图 12-3-10	图 12-3-11	图 12-3-12

第四节　排球运动主要规则

一、赛前准备

第一裁判主持抽签,首先选择发球权、接发球权、场地。

二、比赛开始过程与停止

第一裁判员鸣哨后,在各自场区端线站好,再鸣哨时按原定位置(比赛前填写的位置表)站好。

三、得分

（1）一方发球后对队方接球失误、犯规或球落到对方场内,即发球方得分,继续发球。

（2）如发球队员发球违例或发出界外则对方得分,换发球。

四、暂停、换人

每局比赛中各队均有 2 次暂停,6 人次换人机会(成死球时可要求)。

(一)暂停

每局比赛中各队均有 2 次暂停。正规比赛每 8 分一次技术暂停(决胜局没有技术暂停)。

(二)换人

(1)主力队员只能退出比赛一次,同一局中他再次上场比赛时,只能回到该局替换他的队员位置。

(2)替补队员每局只能上场比赛一次,可以替换任何一个主力队员,同一局只能由被他替换下场的队员来替换。

注:比赛开始上场的队员为主力队员,其他队员为替补队员。

五、比赛胜负

(一)胜一局

先得 25 分并超过对方 2 分时为胜一局。

(二)五局三胜(决胜局 15 分)

每局间休息 3 分钟,第五局前休息 5 分钟,重新选择发球权及场区。

教学资源:
排球教具、多媒体教室、多媒体音像、录像带、场地及排球设备、实况转播比赛。
媒体链接:http://www.9inba.com/
http://www.cbareferee.com/guize.htm
http://china.nba.com/nbaindex.html

本章思考练习题

1.接发球的基本要求有哪些?
2.接扣球及其进攻包括哪几个环节?
3.集体拦网时应注意哪些事项?
4.试述"中一二"进攻战术的变化。
5.试述"边一二"进攻战术的变化。
6.试述"插上"进攻战术的变化。

第十三章 乒乓球、羽毛球运动

第一节 乒乓球运动导学

● 课程简介

乒乓球是普通高等学校的一门体育课程,包括理论课和实践课两部分。通过教学,使学生不仅能初步掌握基本技术动作及基本战术,还要了解乒乓球运动的基本知识,掌握乒乓球比赛的规则裁判法及比赛方法,具有组织小型乒乓球比赛的能力。在学习过程中,逐渐培养学生参与乒乓球运动的意识,促进基本技术的掌握和提高,并为今后技术发展奠定基础。尤其发展学生的爆发力,灵敏性和协调性等素质,提高动作的速度和上下肢活动的能力,改善心血管系统的机能,增强学生体质。

● 学习目标

通过乒乓球学习,培养学生克服困难、顽强拼搏的精神及在健康快乐的锻炼中,提高灵敏、协调能力,改善心肺功能,全面提高身体素质,掌握基本技术和基本知识,养成团结协作的精神,培养良好的道德品质。

● 学习内容

见表 13-1-1。

表 13-1-1 学习内容

内容	必学内容	选学内容	介绍内容
理 论	乒乓球运动概述、场地和器材装备、竞赛规则、组织比赛	裁判法	乒乓球比赛美学与欣赏
基本技术	基本站位和姿势、反手平击发球、反手发急球、推挡球、正手攻球、左推右攻、正手发下旋球、搓球、正手发侧旋球、接发球	反手发下旋球 反手发侧旋球	弧圈球 削球

● 学习要求

1. 提高认识,端正态度

21 世纪的大学生,对健康应该有更深层的认识,学生应树立正确的体育观和终身体育意识。用科学的方法,严肃的态度,积极地训练参加乒乓球课程的学习。

2. 持之以恒,锲而不舍

虽然乒乓球小,速度快,掌握起来有一定难度,但是,只要同学们树立坚持不懈的精神,一份汗水就有一份收获,用毅力克服学习中的困难,才能逐步完成任务,达到目标。

3.认真听讲,科学训练

由于乒乓球运动要求小肌肉群的参与较多,上下肢配合要协调,因此,越急动作越不容易掌握,所以,课上要认真听讲,课下多做徒手模仿练习,由简到繁,学会用"脑子"去打球。

4.珍惜时间,严以律己

时间短,任务重,因此要求学生珍惜时间,刻苦训练,严格遵守课堂常规,做到不迟到、不早退、有事请假。

●课时数分配

见表13-1-2。

表13-1-2 课时数分配

内容	第一学期 (果时数)	第二学期 (课时数)
理论	2	2
评价欣赏	2	2
基本技术	30	28
考核	2	4

●学习方法

1. 看:认真观看教师的示范动作。

2. 听:听清并记牢教师动作示范时,对动作技术的讲解。

3. 练:课上认真练习,课后多做徒手模仿练习。

4. 想:学会"用脑"去打球。

5. 忆:做好复习巩固练习,及时在教学资源网上查找相关资讯,使学生的成绩稳步提高。

6. 跃:认真组织学生进行实战练习,更能增强学生的实际战术水平,达到飞跃的高度。

● 成绩考核

第一学期

平时成绩100分,占总评30%。

期末成绩100分,占总评70%。

推挡球50分。

正手攻球50分。

1. 推挡球——达标

在一分钟时间内,记考试者连续击打的最多次数。击球路线要求为反手位斜线。记时从陪试者第二板击球瞬间开表开始,此后凡陪试者失误或其击出的球擦网、擦边造成击球回合结束的停表,重新由陪试者发球并按记时的规定及时开表,考试者击打的次数继续累计;若考试者失误则不停表,即由陪试者发球,击打的次数重新开始计算。每位考生有两次考试机会,记两次考试中最好成绩。

评分标准（表13-1-3）：

表 13-1-3　评分标准

一分钟内连续推挡拍数	得分
43 拍	50 分
40~42 拍	49 分
37~39 拍	48 分
34~36 拍	47 分
33 拍	46 分
32 拍	45 分
31 拍	44 分
30 拍	43 分

注：从33拍以下，每拍一分。

2. 正手攻球——技评

评分标准（表13-1-4）：

表 13-1-4　评分标准

得分	评分标准
50~44 分	拍形及姿态正确，动作连贯，有明显摩擦动作，能够在移动中击球
43~38 分	拍形正确，动作较为连贯，有明显摩擦动作
37~32 分	拍形正确，有摩擦球动作
31~26 分	拍形基本正确，动作基本连贯
10 分	拍形及姿态不正确，无摩擦球动作，动作不连贯

第二学期

平时成绩100分，占总评30%。

期末成绩100分，占总评70%。

左推右攻50分。

搓球50分。

1. 左推右攻——达标

在一分钟时间内，考试者运用左推右攻技术击球，记连续击打的最多组数。反手推一板、正手攻一板记为一组，每组得5分，连续打满10组得满分50分。记时从陪试者发球后考试者第一次触球瞬间开始，此后凡陪试者失误或其击出的球擦网、擦边造成击球回合结束的停表，重新由陪试者发球并按记时的规定及时开表，考试者击打的组数继续累计；若考试者失误则不停表，即由陪试者发球，击打的组数重新开始计算。每位考生有两次考试机会，记两次考试中最好成绩。

2.搓球——技评

评分标准见表13-1-5。

表 13-1-5 评分标准

得分	评分标准
50~47分	拍形及姿势正确,有明显的摩擦球动作,动作连贯,球过网较低、弧线适中,并且能在移动中接球
46~44分	拍形及姿势正确,有明显的摩擦球动作,动作较为连贯,能在移动中接球
43~41分	拍形及姿势基本正确,动作较为连贯,并能在移动中接球
40~38分	拍形及姿势基本正确,能在移动中接球
30分	拍形及姿势不正确,无摩擦球动作

一、乒乓球运动简介

(一)乒乓球运动的起源与发展

乒乓球运动起源于19世纪末的英格兰,流行于欧洲。国际乒乓球联合会于1926年12月在英国伦敦成立,简称"国际乒联":International Table Tennis Federation,英文缩写:ITTF。

现任(第六任)国际乒联主席为德国人维克特。联合会宗旨是协调规则,促进乒乓球运动在全世界开展,筹备和组织世界乒乓球比赛。中国乒乓球协会成立于1955年,在1952年我国以中华全国体总乒乓球部的名义加入国际乒乓球联合会,中国乒协正式成立后即改为中国乒协的名义。

第一发展阶段——欧洲全盛期。

第二发展阶段——优势转向亚洲,日本称霸乒坛。

第三发展阶段——中国直拍近台快攻打法崛起世界乒坛。

第四发展阶段——欧洲的复兴和欧亚对抗。

第五发展阶段——进入奥运时代,欧亚竞争更加激烈。

现阶段——中国称霸乒坛。

1959年第25届世界乒乓球锦标赛我国运动员容国团获得男子单打冠军。

1988年汉城奥运会将乒乓球比赛列为正式比赛项目。

21世纪初,国际乒联对乒乓球运动的改革相继出台:40毫米大球2000年10月1日开始执行。11分赛制2001年9月1日开始执行。无遮挡发球,2002年9月1日开始执行。

(二)重要的国际性乒乓球比赛

(1)世界锦标赛:斯韦思林杯、考比伦杯、圣—勃莱德杯、吉—盖斯特杯、伊朗杯、波谱杯、赫杜塞克杯。

(2)世界杯赛。

（3）奥运会乒乓球比赛。

（三）乒乓球运动器材

1. 球台

球台的上层表面叫作比赛台面，是与水平面平行的长方形，长 2.74 米，宽 1.525 米，离地面高 76 厘米。比赛台面不包括球台的侧面。比赛台面可用任何材料制成。应具有一致的弹性，即当标准球从离台面 30 厘米高处落至台面时，弹起高度应约 23 厘米。比赛台面应呈均匀的暗色，无光泽。沿 2.74 米的边线边缘及 1.525 米长的端线边缘应有一条 2 厘米宽的白线。比赛台面由一个与端线平行的垂直的球网划分为两个相等的台区。各台区的整个面积应是一个整体。双打时，各台区应由一条 3 毫米宽的白色中线，划分为两个相等的"半区"。中线与边线平行，应视为右半区的一部分（图 13-1-1）。

图 13-1-1

2. 球网装置

球网装置包括球网、悬网绳、网柱及将它们固定在球台上的夹钳部分。球网应悬挂在一根绳子上，绳子两端系在高 15.25 厘米的直立网柱上，网柱外缘离开边线外缘的距离为 15.25 厘米。整个球网的顶端距离比赛台面 15.25 厘米。整个球网的底边应尽量贴近比赛台面，其两端应尽量贴近网柱。

3. 球

球应为圆球体，直径为 40 毫米、重 2.7 克，呈白色或橙色，且无光泽。

4. 球拍

球拍的大小、形状、重量不限，但底板应平整、坚硬。

5. 场地

赛区空间应不少于 14 米长、7 米宽、5 米高。

二、乒乓球运动的功能

乒乓球是一项集力量、速度、柔韧、灵敏和耐力于一体的球类运动，同时又是技术和战术完美结合的典型。乒乓球运动，老少皆宜，对身体素质的要求不高，适应人群比较广。乒乓球运动主要有以下五大好处。

（1）强身健体，增强活力。

（2）切磋球艺,提高实力。
（3）陶冶情操,缓解压力。
（4）磨炼意志,坚定毅力。
（5）增进友谊,扩展魅力。

三、握拍法

直拍握拍法(图13-1-2、图13-1-3)：

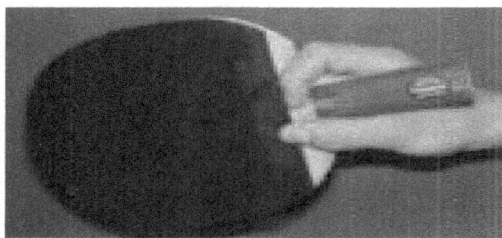

图 13-1-2

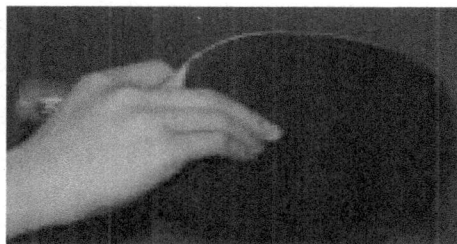

图 13-1-3

横拍握拍法(图13-1-4、图13-1-5)：

图 13-1-4

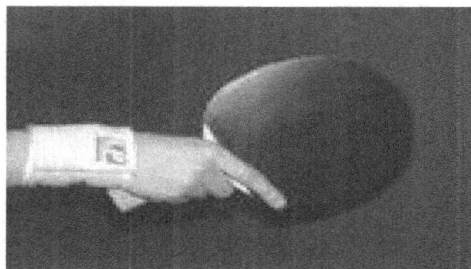

图 13-1-5

第二节　乒乓球运动基本技术及练习方法

一、乒乓球运动基本技术

（一）准备姿势

立足肩宽微提踵,屈膝弯腰莫挺胸,拍置腹前眼注视,准备移动体放松。

（二）正手攻球

切忌抬肘握拍松,前臂向左上方送,左脚稍前体右转,倾拍一般击球中。

（三）推挡球

推挡多用反手方，动作犹似反手攻，前臂发力向前下，倾拍推挡球上中。

二、乒乓球运动主要基本技术练习方法

（一）变换击球线路训练法

1. 单线练习法

（1）按规定的单一线路进行单一技术的练习，如右方斜线对攻。

（2）按规定的单一线路进行两个或两个以上技术的练习，如右方斜线的削中反攻练习。

2. 复线练习法

（1）两点打一点的练习：有规律地变化左右落点，如一左一右、一左两右等。
无规律地变化左右落点。

在以上的练习中，两点打一点者可使用一种技术（如正手2/3台走动攻）或两种（左推右攻）及两种以上的技术，一点打两点者，可使用一种，如反手推挡，或两种以上的技术，如摆速练习时，反手推结合反手攻或侧身攻。

（2）两点对两点的练习：两斜对两直：规定一方只能打两条斜线，另一方只能打两条直线的练习。

逢斜变直、逢直变斜：一方可随意向对方全台击球；另一方遇斜线来球必须回直线，遇直线来球必须回斜线。

全台无规律地变化落点的练习。

（3）长短球练习：长短球的落点变化，如同线长短、异线长短。
长短球变化的间隔时间，如一长一短、两长一短或无规律地变化长短落点。

（4）死线活练：从右方斜线对打练习始，渐至中路直线对练，又渐至左方斜线对练，再渐至中路对练，渐至右方斜线对练。

（二）多球练习法

多球单练：练习者台旁放一筐多球，做单球练习，击球失误不必捡球，从筐中取球继续练习。

供多球练习：

（1）自供自练：如练习发球或攻小球，自己按既定要求供球，再做击球练习。

（2）他人供球练习：陪练按要求供球，主练照计划练习。
单人供球。

双人供球：供球甲在台旁将球击给供球乙，供球乙再将球按要求供给主练者，如供球甲在台旁喂下旋球给供球乙，供球乙拉冲弧圈球，主练者进行攻打弧圈球的练习。

（3）机器供球练习：即利用发球机练习。

第三节　乒乓球运动基本战术及练习方法

一、乒乓球运动基本战术

（一）发球抢攻战术

发球抢攻是我国直板快攻打法的"杀手锏"，是力争主动、先发制人的主要战术。各种类型打法的运动员都普遍采用发球抢攻来抢占每个回合的上风。发球战术运用的效果主要取决于发球的质量和第三板进攻的能力。发球抢攻战术因打法的类型不同而有所差异，但常用的发球抢攻战术主要有以下几种。

（1）正手发转与不转。

（2）侧身正手（高抛或低抛）发左侧上（下）旋球。

（3）反手发右侧上（下）旋球。

（4）反手发急球或急下旋球。

（5）下蹲式发球。

（二）接发球战术

接发球战术与发球抢攻战术同样重要，在某种意义上讲，接发球水平的高低可以反映运动员的实战能力以及各项基本技术的应用程度。事实上，接发球者只是暂时处在被控制状态，如果你破坏了发球者的抢攻意图或者为他制造了障碍，减弱了对方抢攻的质量，也就意味着已经脱离被控制状态，变被动为主动了。控制与反控制是辩证的统一。

常用的接发球战术：

（1）稳健保守法。

（2）接发球抢攻。

（3）盯住对方的弱点处，寻找突破口。

（4）控制接发球的落点。

（5）正手侧身接发球。

（三）搓攻战术

搓攻战术是进攻型打法的辅助战术之一，主要利用搓球旋转的变化和落点的变化为抢攻创造机会。这一战术在基层比赛中被普遍采用。搓攻战术也是削球型打法争取主动的主要战术之一。

常用的搓球战术有：

（1）慢搓与快搓结合。

（2）转与不转结合。

（3）搓球变线。

（4）搓球控制落点。

（5）搓中突击。

（6）搓中变推或抢攻。

（四）对攻战术

对攻战术是进攻型打法在相持阶段常用的一项重要战术。快攻类打法主要依靠反手推挡（或反手攻球）和正手攻球（或正手拉弧圈球）的技术，充分发挥快速多变的特点来调动对方。

常用的对攻战术有以下几种：

（1）紧逼对方反手，伺机抢攻或侧身抢攻、抢拉。

（2）压左突右。

（3）调右压左。

（4）攻两大角。

（5）攻追身球。

（6）变化击球节奏，加力推和减力挡结合，发力攻、拉与轻打轻拉结合，也可造成对手的被动局面。

（7）改变球的旋转性质，如加力推后、推下旋；正手攻球后，退至中远台削一板，对方往往来不及反应，可直接得分或创造机会球。

（五）拉攻战术

拉攻战术是以攻为主的选手对付削球的主要战术。为了发挥拉攻的战术效果，首先要具备连续拉的能力，并有线路、落点、旋转、轻重等变化，其次要有拉中突击和连续扣杀的能力。

常用的拉攻战术主要有：

（1）拉反手后，侧身突击斜线或中路追身球。

（2）拉中路杀两角或拉两角杀中路。

（3）拉一角或杀另一角。

（4）拉吊结合，伺机突击。

（5）拉搓结合。

（6）稳拉为主，伺机突击。

（六）削中反攻战术

我国乒坛名将陈新华以及第43届世乒赛男单冠丁松成功地运用削中反攻的战术创造了辉煌，令欧洲选手手足失措，无以应对。这种战术主要靠稳健的削球限制对方的进攻能力，为自己的反攻创造有利条件。它不仅增强了削球技术的生命力，也促进了攻防之间的积极转化。

常用的削中反攻战术主要有：

（1）削转与不转球,伺机反攻。

（2）削长短球,伺机反攻。

（3）逼两大角,伺机反攻。

（4）交叉削两大角,突击对方弱点。

（5）削、挡、攻结合,伺机强攻。

（七）弧圈球战术

由于弧圈球战术把速度和旋转有效地结合起来,稳健性好,适应性强,许多著名选手已用它去替代攻球或扣杀。

常用的战术如下：

（1）发球抢攻。

（2）接发球果断上手。

（3）相持中的战术运用。

二、乒乓球运动基本战术练习方法

（一）单个战术练习法

根据多次比赛的实践,将复杂多变的战术简化、总结成带规律性、一般性的战术,反复练习,如对付正手单面强攻者(包括弧圈与快抽),可归纳为先压反手大角,后调正手空当,再压反手的战术。平时即照此练习。实践证明,这确是一个事半功倍的训练法。

（二）附加装置练习法

为更有效地解决某技术问题,对球台、球网做适当调整或增加附加装置后再进行训练的一种方法。

（1）击目标练习法：为战术需要,在对方台面上放置半个乒乓球或其他物品。要求运动员在练习时尽力击中目标。此法可大大提高控制落点的能力,提高某特定战术的训练质量。

（2）升降球网练习法：升网法：将球网稍升高(约1厘米),练习既定内容。此法可增加攻球弧线的弯曲度,对攻球弧线过直者颇有实用价值。降网法：将球网略下降,按既定内容进行练习。此法多在练习削球或搓球时采用,可降低击球弧线的高度。

（3）网上加线练习法：将球网上方另加一直线,要求双方击球皆从中间穿过(中间约为5厘米)。此法一般在对搓时采用,目的是控制弧线高度。

（4）加宽球台练习法：将球台的其中一方改放一个半或两个台面,使台面加宽。此法多在练习步法时采用,可增加脚步移动的距离和速度。著名运动员邓亚萍常在多球练习时采用,大大提高了她侧身和扑正手的步法。

（5）降低台高练习法：儿童身材矮,用常规球台练习不利于技术动作的掌握,故将球台高度适当降低。国家体委已正式作出规定：儿童比赛使用矮球台（12 岁以下者使用球台高度为 68 厘米，10 岁以下者使用球台高度为 64 厘米，正规球台高度为 76 厘米）。

（6）噪声干扰练习法：将正式比赛时观众的喧哗、广播等杂声录音，在训练中不时播放，使运动员在平时训练即对比赛气氛有所适应。第 35 届世乒赛在朝鲜平壤举行，我国选手童玲在与前世界冠军朝鲜运动员朴英顺比赛时，观众的倾向性很大。因童玲平日训练有素，能把朝鲜观众的喊声、掌声当成是在为自己加油，故而泰然自若，在 0：2 落后的情况下，连扳三局，反败为胜。

（三）意念打球

意念打球是将心理学知识用于乒乓球训练的产物。

（1）假想对手，做各种手法、步法练习：脑中想象对手击出各种球，自己做相应的回球动作。

（2）纯意念练习：想象对手击出各种球，又想象自己做出各种相应的快速还击动作。也可仅想象自己做快速手法或步法的练习。

（3）暗示拼抢 1 分法：可在乒乓球常规练习的任何内容中进行。要求练习者在每分球开始前，心中默念（或小声嘟嚷）："拼，拿下此分！"随之，提挈全部身心之力，拼抢此分，力争胜之。此练习的目的在于高度集中自己的注意力，消除一切杂念，一往直前，一心只想拼下此分球，这种心理状态正是比赛所最需要的，也是最难得的，一场或一局比赛都是一分一分地打的，抓住每分球，就可获得全局的胜利。采用此法练习时，必须强调一丝不苟地按要求去做。为此，应该让运动员真正清楚此练习的作用，真正信服它，否则敷衍应付式地练习，就难以见效。据统计，队员在练习右方斜线对攻时，若不做拼抢 1 分的暗示，命中率基本为 43%~57%，而做了拼抢的暗示后，命中率可提高到 50%~70%，甚至达到 80%。

（4）边练边想：练球时，利用捡球时机（或有意稍停一会儿）回忆动作，然后再练，切忌一味傻练，应回忆正确动作的肌肉感觉，检查击球失误的动作错在哪儿，应如何改正。

（5）提高对技术、战术动作表象能力的练习：表象，即以前经验的实物形象在脑中的反映。运动员看了一个动作或一场比赛后，要求他在脑中能清晰地重现动作或战术变化，重现的形象越清晰越好。这是学习新技术或提高战术意识的重要前提。

（四）发球、发球抢攻和接发球练习方法

1. 发球练习法

非球台练习：无须球台，在床上、书桌上或其他场地进行发球练习。这在学习或提高某一发球质量时（仅限解决抛球与挥拍触球动作的配合，提高发球的旋转强度；不能解决发球的速度和落点问题）很实用。吉林省运动员刘玉成当年就是利用此法发明的高抛抖动式发球，后拿到球台上试验果然效果不凡。

球台上的多球练习：节省了捡球时间，可把旋转、速度、落点结合练习。

有对手接的发球练习：对方练习接发球，发球者可以及时了解自己发球的效果，亦可将战术意识结合到技术训练中去。

2. 发球抢攻（冲）练习

发一种或一套球后抢攻，限定对方接发球的方法（或攻，或搓）与落点，如反手发右侧上、下旋至对方右近网，要求对方搓接我中左，我抢攻。

决定对方接发球方法和落点的依据有：

（1）比赛中接发球的一般规律。

（2）发球抢攻者正待解决的问题。

（3）接发球者的技术情况。例如，从以上两条看，应该让对方接发球撇一个左方配合挑一板正手，但对方不会撇，所以从实效出发，必须作相宜变更。

发一种或一套球后抢攻，只限制接发球的落点而不限制其方法（可用攻、拉、搓、撇等技术接），可提高发球者在一定位置上对各种不同接法的球都能抢攻的能力。

发一种或一套球后抢攻，只限制接发球的方法而不限制落点，要求判断好对方接发球的落点，迅速移步后抢攻。

发一种或一套球后抢攻，不限制接发球的方法和落点，对发球抢攻者要求更高，不仅步法要移动，而且能抢攻各种不同性能的球。

综合全面练习：不限制发球的种类、落点，对接发球亦无限制，可锻炼与考查发球抢攻的实战能力。

在上述练习中，还应注意培养与提高这样一种意识和技术，即发球后的第一板无法抢攻（对方接发球甚好）时，不应急于抢攻，而应有战术意识地先控制一板（如对方反手不擅攻，则可控制其反手，大角度一板强烈下旋，逼其必以搓回之）。然后争取下板再抢攻，此在比赛中很有实际意义。

3. 发球抢攻及其与以后技术的配合练习

发球抢攻练习同前，但规定发抢或对方回球落点，然后再进行相持技术的练习。为确保此练习的可行性，发球抢攻这一板力量不要过大。因为此练习的目的是解决发球抢攻与相持技术的结合，改变有些人发球抢攻没得分就无计可施的局面。

4. 接发球练习

练习接发球时，发球方发什么种类、旋转、落点变化的球，皆应听从接发球者的意见。

单一发、接练习：

（1）规定一种发球的旋转和落点，自己用一种或几种方法接，可集中精力熟悉一种发球。

（2）规定一套发球变化的规律，如一长一短、一转一不转等，自己用一种或几种方法接。在分辨不清某种发球的旋转变化时，用此练习效果最好，可提高判断能力。

（3）不限制发球的变化规律，全面练习接发球的技术。此法比较结合实战。

对方发球后结合抢攻条件下的接发球练习：可进一步提高接发球的控制能力，及时得到反馈，了解接发球的效果，但加强发球后的抢攻。

无论是单纯的发、接练习，还是对方发球后结合抢攻条件下的接发球练习，都必须对接发球提出具体的要求，或抢攻、或摆短、或撇一板、或挑起来……总之，不能是毫无要求地泛泛练习。

5.接发球结合以后技术的练习

在其他内容的练习中加入特定的发球(即规定发球种类、落点或旋转),如摆速练习时,加入接右近网的右侧上旋发球,不仅可以大大增加接发球练习的机会,而且还训练了接发球与后面技术的结合能力。

进攻型打法在接发球后打对攻(对方为攻球)或拉攻(对方为削球),削球型打法在接发球后练削球。

接发球与第4板球的结合练习:接发球先控制一板,在限制住对方发球抢攻的基础上,为自己下板球(第4板)的进攻制造机会。发球者一般不打发球抢攻(个别机会球除外)。

(五)比赛法

训练是为了更好地比赛,但有时比赛亦可作为训练的一种手段。

1.检查性比赛

周末或每堂课后进行比赛,为熟悉全面技术,发现问题,及时纠正。

在小型公开赛或内部比赛中,用教练员规定的技术或技术比赛。例如,将练习的新技术放在实践中考验,看敢不敢用、命中率如何、与其他技术的结合如何、对整个技术打法的影响如何等。

2.紧张性比赛

有意制造比赛的紧张气氛,借以对运动员的技术、战术和心理进行全面的锻炼与考验。

组织观众观看比赛:有意邀请运动员的家长或朋友参观,为其增加心理负荷。

擂台赛:5至6人一组,只比赛一局,胜者继续打,败者下台等候轮转再战。

升降台赛:两人一台,数台同时比赛,胜者挪向临近的球台,败者降到另一方向临近的球台,若干时间后,优胜者集中到前两台,失败者集中到后两台。可事先规定,依不同台号顺序决定奖惩。

3.特定技、战术比赛法

限定技术比赛:如拉球对削球的比赛,规定突击或削中反攻失误1球丢2分,命中得1分;拉球与削球均为常规记分法,以突出训练的重点。

20平后比赛:可打擂台、升降台或循环赛,以提高打关键球的能力。

轮换发球法比赛。

发球抢攻比赛:

(1)5板球的发球抢攻比赛:发球抢攻者在第5板球内打死对方算胜1分(发球为第1板,接发球为第2板,发球抢攻为第3板……),未打死对方可算失分,亦可再继续打下去,输了失1分,胜了不计分。可采用每局21分或11分的比赛方法,亦可从15平,17:18或20平后开始比赛。

(2)7板球的发球抢攻比赛:现接发球水平普遍提高,比赛中常会遇到第3板球难于抢攻的情况,此时勉强抢攻,极易失误。最好的办法是先控制一板,尽量使对方无法抢攻,然后在第5板球时再抢攻,力争第7板球打死对方。

接发球比赛：接发球使对方无法发球抢攻或抢攻第 1 板失误得 1 分,接发球失误或对方抢攻得分算失 1 分。

4. 适应性比赛

根据重大比赛的场次、观众、地理等条件,安排专门的适应性比赛。

模拟将要举行的比赛规模进行比赛,具体比赛方法、球台、球等皆应与真正的大赛一致。

有意选择和即将举行赛事的地理、气候等条件相似的地区、城市中比赛。

最好将以上方法结合起来。

5. 让分比赛法

根据比赛目的和双方技术实力,规定一方对另一方让分进行比赛。例如,从 0∶5 开始比赛,从 6∶9 开始比赛。此法可培养运动员在比分落后时不气馁的顽强作风和运用战术的能力。另外,在内部比赛时,若比赛双方实力相差很大,亦可采用此法。

第四节　乒乓球运动主要规则

一、定义

球处在比赛状态的一段时间叫作一个"回合"。

不予判分的回合叫作"重发球"。

判分的回合叫作"得分"。

握球拍的手叫作"执拍手"。

未握球拍的手叫作"不执拍手"。

用握在手中的球拍或执拍手手腕以下部位触球叫作"击球"。

球从突出台外的球网装置下或之外经过,或回击的球越过球网后回弹过网,均应视为"越过或绕过"球网装置。

二、合法发球

发球时,球应放在不执拍手的手掌上,手掌张开,保持静止,在发球方的端线之后,比赛台面的水平面之上,将球几乎垂直地向上抛起,不得使球旋转,并使球在离开不执拍手的手掌之后上升不少于 16 厘米,球下降到被击出前不能碰到任何物体。当球从抛起的最高点下降时,发球员方可击球,使球首先触及本方台区,然后越过或绕过球网装置,再触及接发球员的台区。在双打中,球应先后触及发球员和接发球员的右半区。从发球开始到球被击出,球要始终在比赛台面的水平面以上和发球员的端线以外,而且不能被发球员或其双打同伴的身体或衣服的任何部分挡住。

三、合法还击

对方发球或还击后,本方运动员必须击球,使球直接越过或绕过球网装置,或触及球网装置后,再触及对方台区。

四、比赛次序

在单打中,首先由发球员合法发球,再由接发球员合法还击,然后两者交替合法还击。

在双打中,首先由发球员合法发球,再由接发球员合法还击,然后由发球员的同伴合法还击,再由接发球员的同伴合法还击,此后,运动员按此次序轮流合法还击。

五、重发球

回合出现下列情况应判重发球:

如果发球员发出的球在越过球网装置时触及球网装置,而后成为合法发球。

裁判员未报分,同时接发球员也未准备好,发球员已将球发出。

由于发生了运动员无法控制的干扰,而使运动员未能合法发球、合法还击或遵守规则。

六、一局比赛

在一局比赛中,先得 11 分的一方为胜方。但是 10 平后,领先 2 分的一方为胜方。

七、一场比赛

一场比赛由单数局组成。

● 教学资源

(1)课堂直观教学。

(2)课余辅导,如校乒乓球协会组织学生进行乒乓球练习活动。

(3)通过网络工具(电子邮箱)为学生答疑。

第五节　羽毛球运动导学

● 课程简介

羽毛球运动是一项既高雅,又有活力,竞技和娱乐集于一身的体育运动项目,在广大学生和群众中广为流行。羽毛球是一项灵活、多变、可快可慢、隔网对击的运动,既是奥运会的正式比赛项目,又是老少皆宜、易于掌握的大众体育项目,趣味性强,锻炼价值高,又极具竞争性。

●学习目标

通过羽毛球专项课的教学和专项身体素质的练习,促进学生身体素质和身体机能的全面发展,增强自我锻炼的意识,达到锻炼身体,终身受益的目的。

使学生掌握羽毛球运动的基本技术;基本战术;基本理论,了解羽毛球比赛的规则和裁判法,在实践中加以利用。

培养学生热爱祖国,热爱集体,团结协作,不怕困难,勇敢顽强的意志品质,使其身心健康地适应当代社会。

●学习内容

见表13-5-1。

表 13-5-1 学习内容

内容		必学内容	选学内容	介绍内容
理论		羽毛球运动发展概述 羽毛球运动锻炼价值 羽毛球比赛规则	羽毛球比赛组织 羽毛球比赛裁判法	羽毛球比赛 美学与欣赏
基本 技术		基本站位和姿势 正反手握拍姿势 发球与接发球 羽毛球各种步法 正手击高远球、网前搓球 放网前小球、挑球 正手杀球技术 正手吊球技术、劈球技术	头顶击高远球 正手勾对角 头顶吊球技术 推球	反手击高远球 反手勾对角

●学习要求

在学习中,根据羽毛球的技术的特点和教学的要求,针对各项羽毛球技术进行有针对的学习和练习。

要求学生自备羽毛球,羽毛球拍由公共体育教研部提供。

●课时数分配

见表13-5-2。

表 13-5-2 课时数分配

内容／学年	第一学期	第二学期
理论	2	2
评价欣赏	2	2
基本技术	30	28
考核	2	4

●学习方法

1.直观形象法:根据教师在课堂上的讲解和示范进行学习和模仿。

2.注意在课下对羽毛球运动的练习。

3.从现场观看、比赛直播和比赛视频等多种途径观看羽毛球比赛,提高对羽毛球技术运用的了解。

●成绩考核

第一学期

平时成绩100分,占总评30%。

期末成绩100分,占总评70%。

1.正手发高远球50分

达标:满分25分,发5个高远球,落点在后发球线和底线之间,一球5分。

技评:满分25分,发球的站位2分(站在前罚球线后1米左右的位置,面对球网,两脚自然开立。左脚在前,脚尖对网,右脚在后,侧对网,身体重心在右脚);击球前准备姿势3分(左手拿球置于胸前,右手持拍向右后侧举起,肘部稍弯曲);击球动作10分(左手放球,右手大臂带动小臂,从右后方往左前上方挥动,身体重心前移。当球落到手臂向下自然伸直能触到球的一刹那,握紧球拍,手腕闪动发力将球击出);随拍前送动作5分(击球后,充分向前上方送球,身体微微向前倾);球的弧线5分(球的弧线大于45°,向对方后场飞行)。

2.正手发网前球50分。

动作要领:站位和发球前的准备姿势同发高远球。握拍放松,依靠前臂带动手腕向前切送,球的弧线要贴网而过.落点在前发球区附近。发三球,取最好成绩。

评分标准:

50~46分动作正确,球的落点和弧线很好。

45~41分完成动作较好,球的落点和弧线较好。

40~36分基本能完成动作,但球的落点或弧线不好。

35~31分基本能完成动作,但球的落点和弧线均不好。

30~26分能完成动作,但球不到发球区。

25~0分不能完成动作,球不过网。

第二学期

平时成绩100分,占总评30%。

期末成绩100分,占总评70%。

1.击高远球:满分50分,两人相互击高远球。

50~46分击球前的准备姿势正确,前臂向前上方甩动,手腕闪动力量好,击球后随拍前送动作充分,球的弧线高。

45~41分击球前的准备姿势正确,前臂向前上方甩动,手腕闪动力量较好,球的弧线较高。

40~36分击球前的准备姿势基本正确,有前臂向前上方甩动,手腕闪动力量。

35~0分击球前的准备姿势不正确,没有前臂向前上方甩动,手腕闪动力量。

2.反手发网前球:满分50分,球的落点位于前发球线到线后40厘米的范围之内,每个同学发球7次.落在规定区域之内,5球或以上50分;4球为40分;3球为30分;2球为20分;1球为10分。

一、羽毛球运动简介

早在两千多年前,一种类似现代羽毛球运动的游戏就已经在中国、印度以及其他的一些欧亚国家出现。中国称"打手毽",印度称"普那",西欧等国则称"毽子板球"。

1873 年的一天,英国公爵鲍费特在他格拉斯哥郡的伯明顿庄园里举行了一场别开生面的"普那游戏",比赛引人入胜,妙趣横生。从此这项运动便在英国各地迅速流传开来。伯明顿(Badminton)也就成为现代羽毛球的名称。

现代羽毛球运动在 19 世纪 70 年代初起源于英国。英语中的"羽毛球"一词就是以英格兰格拉斯哥郡的一座名叫伯明顿的庄园命名的。当时英国军人将在印度学到的"普那游戏"带回国,作茶余饭后的消遣娱乐。

国际羽毛球联合会于 1934 年成立,负责举办羽毛球国际性比赛。汤姆斯杯赛(男子)、尤伯杯赛(女子)、全英羽毛球锦标赛、世界羽毛球锦标赛等是当今世界最高水平的羽毛球较量。比赛分为男子团体、双打、单打;女子团体、双打、单打;男女混合双打七个项目。羽毛球场地如图 13-5-1 所示。

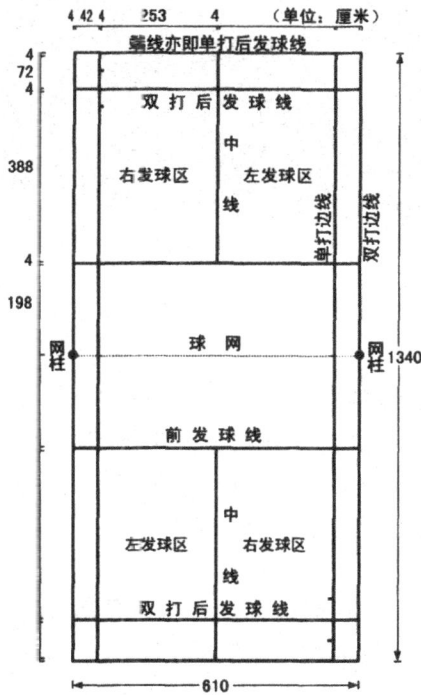

图 13-5-1

自 20 世纪 60 年代中期以来,中国羽毛球运动开始走向世界。在"快、狠、准、活"的技术风格和"以我为主、以攻为主、以快为主"比赛风格的指导下,频频战胜世界冠军印尼队并横扫北欧的劲旅丹麦队和瑞典队等强队。由于当时未能加入国际羽毛球联合会,故不能参加正式的世界比赛。这段时期,中国羽毛球运动被誉为世界羽毛球运动界的"无冕之王"。

1981 年中国成为国际羽毛球联合会的正式会员之后,亚洲选手占据了世界羽毛球的优势地位。

进入 20 世纪 90 年代,羽毛球运动经过一百多年的发展正式走入了奥运会的殿堂,世界羽毛球运动迎来了又一个春天。世界羽坛正出现一个欧亚对抗、群雄纷争的局面。

二、羽毛球运动的特点

羽毛球运动是一项深受广大群众喜爱的小型球类运动。羽毛球场地方便，锻炼效果好，器材简单，老少皆宜，充满乐趣。它一方面是一项技巧性技术性很强的竞技性比赛项目，另一方面又是普及性很强的体育运动项目（图13-5-2）。

图 13-5-2

三、国际重大的羽毛球赛事

汤姆斯杯——国际男子羽毛球团体锦标赛，每两年举行一次。
尤伯杯——国际女子羽毛球团体锦标赛，每两年举行一次。
苏迪曼杯——世界羽毛球混合团体锦标赛，每两年举行一次。
世界羽毛球锦标赛——世界羽毛球单项比赛。
世界杯羽毛球赛（实际是一项世界精英赛）。
世界羽毛球大奖总决赛（如全英锦标赛、中国公开赛等）。
世界青少年羽毛球锦标赛（参赛者的年龄规定为19岁以下）。
奥运会羽毛球比赛（羽毛球项目于1992年正式列为奥运会比赛项目，设男单、女单、男双、女双比赛，1996年又增设混双项目）。

第六节　羽毛球运动基本技术及练习方法

一、羽毛球基本技术

见图 13-6-1。

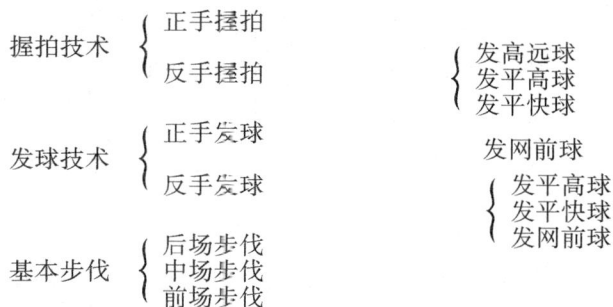

$$\text{握拍技术}\begin{cases}\text{正手握拍}\\\text{反手握拍}\end{cases}\qquad\begin{cases}\text{发高远球}\\\text{发平高球}\\\text{发平快球}\end{cases}$$

$$\text{发球技术}\begin{cases}\text{正手发球}\\\text{反手发球}\end{cases}\qquad\begin{matrix}\text{发网前球}\\\begin{cases}\text{发平高球}\\\text{发平快球}\\\text{发网前球}\end{cases}\end{matrix}$$

$$\text{基本步伐}\begin{cases}\text{后场步伐}\\\text{中场步伐}\\\text{前场步伐}\end{cases}$$

图 13-6-1

（一）握拍法

（1）正手握拍法：张开右手，手掌下部靠在拍柄底托处，虎口对准拍框侧面拍柄的棱角，小指、无名指和中指并握，食指稍分开，拇指和食指相对。握住后，拍柄后端稍露出（见图 13-6-2）。

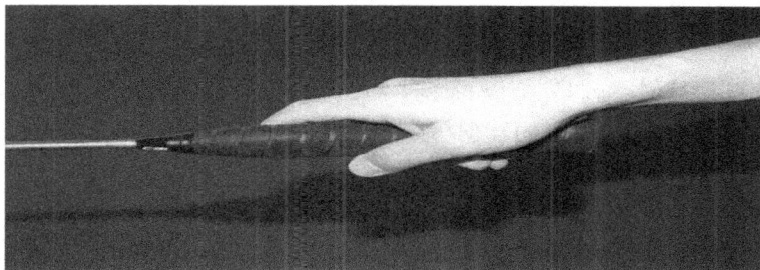

图 13-6-2

（2）反手握拍法：反手握拍法与正手握拍法不同之处是拇指从向下部位改为横贴在拍的侧面，其他四指除部位稍移动外，握法大体与正手握拍法相同（见图 13-6-3）。

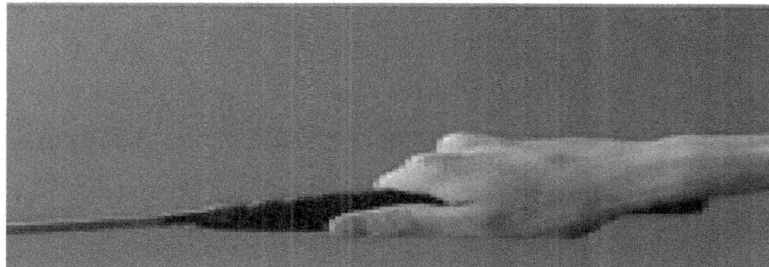

图 13-6-3

（二）发球

（1）发高远球：左脚在前，右脚在后，左手将球举在身体的右前方，右手开始向前摆动，腕部仍保持后屈，待球落到适当高度时，向前摆臂击球。当球与球拍接触的一刹那，要把拍子握紧，闪击式击球。击球时，身体重心由右脚移到左脚（见图13-6-4）。

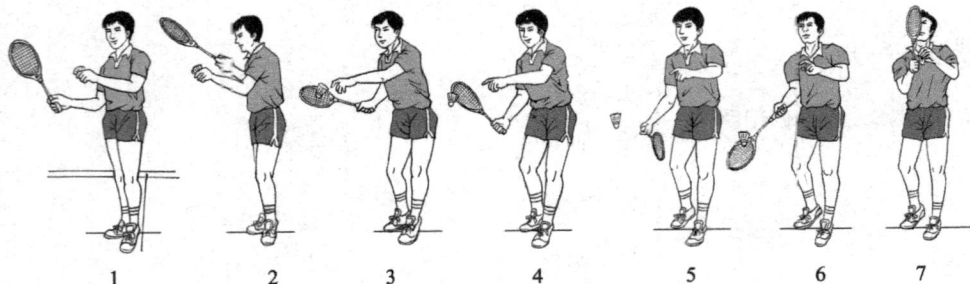

图 13-6-4

（2）发平高球：多用前臂带动手腕发力，拍面稍向前推进，其仰角小于45°。

（3）发平快球：站位应稍后，击球的瞬间，拍面的仰角一般小于30°。击球点在腰部以下的最高处，挥拍时要利用前臂带动手腕，闪击式击球。

（4）发网前球：发网前球与发高远球的姿势一样，但挥拍的幅度要小，当球与球拍接触的一刹那，利用小臂摆动和手腕的力量由右向左横切推送，把球击出。

（5）发旋转飘球：当球与球拍接触的一刹那，利用小臂摆动和手腕的力量，由右向左切削，使球产生旋转。

（三）接发球

以右手持拍为例，接发球时左脚在前，膝微屈，身体重心保持在两腿之间。接高球时，用平高球、吊球或扣杀球还击；接网前球时，用平高球、高远球、放网前球、平推球还击；接平快球时，可用平推球、平高球还击。

（四）击球

1. 高手击球

（1）高远球：用较高的弧线把球击到对方底线附近叫高远球。高远球可以迫使对方退离中心位置，到底线去击球，削弱对方进攻威力，消耗对方体力。高远球飞行时间长，易于争取时间，摆脱被动局面，如图13-6-5所示。

（2）吊球。把对方击来的球从后场轻巧地还击到对方的网前地区叫吊球。它是调动对方，打乱对方阵脚，组织配合战术的一种击球技术。在后场进攻中，常和高远球、杀球结合运用。

（3）杀球。用力扣杀高球叫杀球。杀球击球力量大，弧线直，下落快，是一种主要的进攻技术。杀球技术有正手、反手和头顶扣杀球三种。

2.网前击球

（1）放网前球。用球拍将对方的吊球或网前球轻轻地一抛，使球一过网顶就向下坠落，如图 13-6-6 所示。

图 13-6-5

图 13-6-6

（2）搓球。摩擦球托底部，使球改变在空中的正常飞行轨道，球体沿横轴翻滚或纵轴旋转过网顶，给对方回击造成困难，为自己创造进攻的机会。

（3）推球。在引诱对方上网时，突然将球快速推到后场底角。

（4）勾球。在网前回击对角线网前球叫勾球。常和搓球、推球结合起来运用。

（5）抛高球。将对方击来的吊球或网前球抛高，回击到对方后场上去。

3.低手击球

（1）抽球：抽球是应付对方长杀和半场球以平球对攻的反攻技术，抽球点在肩以下，以躯干为轴发力，做半圆式的挥拍击球动作。

（2）接杀时，有挡网球、推后场球和高抽球等技术。

（五）步法

（1）上网步法：由中心位置起动，根据来球的远近可采用一步、二步或三步上网击球；但最后一步总是要求右脚在前、重心落在右脚上。

（2）后退步法：由中心位置后退，根据来球的远近，也采用一步、二步或三步后退击球。最后一步是右脚在后，重心在右脚上。反手击球时左脚退一步后，身体需向左转，右脚再向左跨出一步。

（3）两侧移动步法：向右侧移动，若来球较近，用左脚掌内侧蹬地，右脚同时向右侧转跨一大步；若来球较远，左脚可向右垫一小步再起蹬，右脚同时向右侧转跨一大步。向左侧移动，右脚掌内侧起蹬，左脚同时向左侧跨一大步。若来球较远，左脚可先向左侧移半步，上体向左转身的同时右脚向左跨出一大步。

（4）起跳腾空步法：移动到位后，用单脚或双脚蹬起跳。

二、羽毛球基本技术练习方法

（一）步法练习

1. 单个步法练习

首先徒手按照各种步法点动作要领，一步一步分解后进行练习。这一阶段主要是体会出脚步的顺序及击球前最后的姿势。

2. 综合步法练习

在熟练地掌握各单个步法点基础上，再将几个单个步法组合起来进行全场性点综合步法练习。

3. 固定移动路线的步法练习

这一阶段主要是在固定移动路线上，熟悉各个单个步法的跑动路线。例如，从中心位置开始，先后退至正手底线，然后回到中心位置，再上右网前，接着再回到中心位置，如此循环。

4. 不固定移动路线的步法练习

在熟练地掌握了各个固定方向的移动步法之后，就可进行不固定方向的全场移动练习了。练习者可随心所欲地在全场范围内进行步法练习。练习者也可在场外指挥者的指示下进行综合步法练习：指挥者指向网前区，练习者以上网步法进至网前；指挥者指向后场，练习者以后退步法退至后场。在进行不固定移动路线步法练习时应注意：不论是自练还是按场外指导指示练习，都要避免惯性机械地移动步子，而应多做一些无规律的重复跑动，这样才能与实战结合起来。

5. 回击多球的步法练习

陪练者将多球先后发往练习者前后左右场区，迫使练习者运用各种步法移动去迎击来球。此练习方法既可练步子又可练手法，练习密度大，实际效果好。

（二）手法练习

1. 活握死抠

非击球状态下，球拍不能握死，拍柄要能灵活转动以便完成不同的击球动作；击球状态下，手指抠紧球拍，尤其是食指和拇指，保证击球动作干脆、线路明确。

2. 长挥短抖

击球时，尤其是长球和杀球时，肩膀和胳膊要完全放开，击球有力量保证，并且大动作可以迷惑对方；在最后击球的瞬间，线路的变化以及落点控制全靠手腕的抖动。

3. 高压低抬

打后场球手腕要有前压的感觉，不然球速慢落点近容易受攻击；防守时手臂上抬要充分，速度要快，避免被动挨打。

4. 远打近搓

后场球要先跑到位，胳膊带动手腕，幅度大用力猛；前场球小球，小臂伸出稳固，手腕和手指转动，幅度小用力巧。

5. 对拐平举

中前场放斜线短球，手腕要做反拐上挑动作；中前场平抽快球，球拍不放下，用小臂发力，手腕紧绷。

6. 正侧反背

打正手球身体向后侧方转动，作为弥补，手腕控制拍面也要有相应角度的内侧转动；打反手球，身体完全展开背对敌手，手臂挥动距离长，手腕发力要及时到点。

7. 强追缓挡

在进攻有利时，要不断加快进攻节奏，手臂手腕动作连贯而急促；在对方连续进攻时，主动通过轻挡放小改变对方连续进攻的节奏，手臂手腕发力舒缓。

8. 柔舞脆击

羽毛球的所有动作都应该是很协调连贯的，甚至是轻柔的；但击球瞬间必须是干脆利落的，从腰部到手腕，击球发力应该有一个猛烈的停顿，接着又是协调连贯的身体动作。

（三）发球练习

因为羽毛球竞赛规则只有发球方赢了球才能得分，所以发球实为组织进攻。发球可以一个人练，也可结合接发球进行两个人对练。

1. 发高远球练习

练习者在掌握正确的发球动作基础上，既要力求将球发得高、发得远（对方底线附近），同时还要注意左、右落点的变化,既要能发到对方场区的底线与边线交界附近,又要能发到底线与中线交界附近。

2. 发平高球、平球练习

发平高球、平球练习时,练习者除了要注意球落点的变化,还应使其发球的动作与发高远球动作保持一致,仅在最后用力时再变化。

3. 发网前球练习

在发网前球练习时,练习者首先应根据比赛的需要(指单打、双打)选择好站位。例如,单打被动时的站位应同于发高球时的站位,双打比赛时的站位则应适当前移。练发网前球时,一要注意使发出的球尽量贴网而过,二是球的落点应在对方前发球线或稍后,且要有变化。另在练发网前球时还可安排对手进行扑球练习,这样可提高发球的质量。

(四)击球练习

以击高球(高远球、平高球)练习为例,具体练习方法如下。

1. 一人固定、一人前后移动练习

一人在底线固定位置击出高球,另一人则在回击高球后底线回到中心位置,再重新退到底线回击对方打来的高球。

2. 一点打一点前后移动练习

对练双方在各自击完球后都回到中心位置,然后再各自退到底线回击对方打来的高球。如此循环练习。

3. 一点打两点三角移动练习

一人先固定在底线某个角上,先后将高球击往对方底线两个点(直线加斜线高球),另一人通过三角移动,还击球至一个点(直线加斜线高球)。

(五)吊球练习

1. 原地吊球练习

(1)定点吊斜线:练习者固定在右后场或左后场底线,用正手或头顶击球技术将球吊至对方的右(左)场区网前,对方将球挑回练习者的右、左后场底线,如此往复练习。

(2)定点吊直线:练习者固定在右(左)后场底线,将球吊至对方的右(左)场区网前,对方将球挑至练习者的右、左后场底线。如此往复练习。

2. 移动中吊球练习

(1)一点打吊一点前后移动:练习者在后场底线吊球后,移动到中心位置,然后重新退回到底线进行吊球;挑球者挑球后,退回中心位置,然后重新上网挑球。

(2)两点吊一点前后移动:吊球者先后在后场两个点将球吊至对方网前的一个点上;挑

球者网前点一个点是先后将球挑至对方后场两点上。双方均做前后移动。

（3）两点吊两点前后移动：在两点吊一点的基础上，吊球方增加一个吊球落点。

（六）杀球练习

由于接杀球者一般不易把对方的杀球连续挑到后场，所以，练杀球多采用多球练习。即一人利用多球连续发至练习者的后场，练习者先原地进行扣杀球练习，然后再过渡到移动中扣杀练习。

（七）网前球练习

不论是练搓球，还是练勾对角球、扑球、放网前球、平推球等，均宜采用多球练习。训练者通过大密度点练习，可充分体会网前击球动作的感觉。练习时，两人隔网相立，一人将球一个接一个地抛至练习者一方点网前，练习者用正手或反手技术练习各种网前击球。一开始原地练习，待熟练掌握各种网前击球技术后，可结合上网步法练习。

（八）平抽球练习

两人站在场地中部，用平球相互抽击（直线或斜线均可）。练平抽球时，握拍可适当上移。

（九）接杀球练习

可在进行多球杀球练习时同时练杀球技术。可以固定杀球落点，让接杀者连续进行防守；也可两人在半场进行一攻一守练习。

（十）综合练习

1. 吊上网练习

将对方发（击）来的后场高球吊到对方网前，然后从后场移动至网前，以各种网前击球技术还击对方击回来的网前球称吊上网。

直线吊上网搓球练习：甲在右半场（左半场）底线将球直线吊至对方网前，乙将来球击回到甲的前场区，甲移动上网把对方击回来的网前球搓回对方网前，然后乙再将球挑到甲的后场底线，甲再退至后场吊球后上网搓球。如此循环练习。

斜线吊上网搓或勾球练习：甲在正手（或左后场）底线将球斜线吊至对方的右（左）前场区，乙将对方的吊球击回到甲方的左（右）前场区，甲上网搓球或勾球，乙再将球挑回甲方的右（左）底线，甲再退至后场吊斜线球后上网搓或勾球。如此循环练习。在较熟练地掌握两种固定落点和路线的练习后即可进行不固定落点和路线的吊上网练习。

2. 杀上网练习

甲将对方发（击）来的后场高球扣杀至乙方场区内，并随后场移动至前场，以各种网前击球技术还击对方放回的网前球称杀上网。

杀上网练习方法可参照吊上网练习,所不同的是将吊球改为杀球。杀上网球初期练习时也应先行固定路线和落点,待熟练掌握技术之后即可进行不固定落点和路线的练习。

3. 吊、杀上网练习

是一种将吊球和杀球结合使用,然后上网做各种网前击球动作的练习。

半场吊、杀上网练习:甲方在右半场(左半场)将对方击(发)来的后场高球用吊或杀球还击到乙方前场区,乙方将球回放到甲方的网前,甲方上网扑或搓、推、勾球;乙方再把球回至甲方的后场底线附近,甲方再接着吊球或杀球上网,如此循环练习。

全场吊、杀上网练习 甲方在底线附近任意一点将乙方击(发)来的高球吊或杀球到乙方前场区,乙方将球还击甲方的网前区,甲方上网做扑或搓、推、勾球;乙方再将球击回至甲方后场,甲再吊或杀球,如此循环练习。

4. 攻守综合练习

半场打半场攻守练习:利用场地的半边,甲方以高远球、平高球、杀球或吊球来进攻乙方,乙方则主要以高远球和挡球、放网前球来防守。这样,乙方为甲方提供了进攻的机会,而乙方也能在对方的进攻下,进行各种防守的练习。当场地较少时,可四人同时练习,这是经常运用的一种练习手段。

全场打全场攻守练习:要求和方法同上。只是练习全场打全场还可用二打一的形式进行,即以两个人为一方以防守为主,一个人为一方以进攻为主。亦可调换攻防技术训练。

第七节 羽毛球运动主要基本战术及练习方法

一、羽毛球运动主要基本战术

战术与打法的关系是很密切的。在实战中,战术是根据双方的打法和场上的具体情况而定的。"以己之长,攻彼之短"是一大原则,现简单介绍一些常用的战术(图13-7-1)。

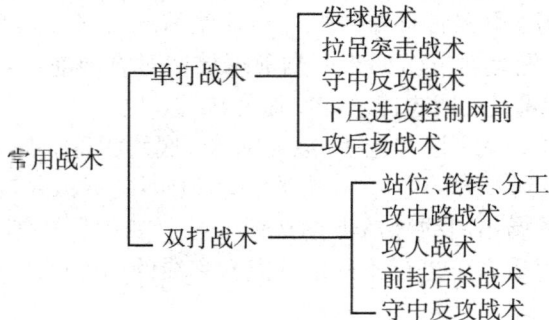

图 13-7-1

（一）单打战术

1. 发球抢攻战术

从发球的第一拍起，争取控制对方，以攻杀得分。这种战术，一般为发网前低球结合平快球、平高球，争取第三拍的主动进攻。用这种战术对付应变能力较差的对手，或实施于比赛的关键时刻，效果往往很好。实施这一战术时，应有高质量的发球予以保证，否则很难成功。

2. 攻后场战术

攻后场战术是通过击高球、重复压对方的底线两角，造成对方的被动，然后寻找机会进攻。用它来对付初学者，或后场还击能力较差，或后退步子较慢以及急于上网的对手是很有效的。

3. 攻前场战术

对网前技术较差的对手，可运用攻前场战术先将其吸引到网前，然后再攻击其后场。采用此战术，自己首先要有较好的网前击球技术。

4. 打四方球战术

若对手步子较慢、体力较差、技术不全面，可以快速准确地落点攻击对方场区的四个角落，寻找机会向空当进攻。此战术的主要目的是通过打落点，逼迫对方前后奔跑、被动应付，并在其回球质量下降或露出破绽时乘虚而入而攻之。

5. 杀、吊上网战术

对对手打来的后场高球，本方先以杀球配合吊球把球下压，落点选在场区的两条边线附近，致使对手被动回球。若对手回网前球时，本方迅速上网搓球、勾对角球或平推球，创造在中场大力扣杀的机会。这种战术必须能很好控制杀、吊球的落点，在使对方被动回球时，才能主动迅速上网。

6. 打对角线战术

对付身体灵活性差、转体较慢的对手，不论是进攻还是防守，均应以打对角线球为主。这样，对方会因移动困难而被动，为我方创造进攻机会。

7. 防守反击战术

在对方主动进攻、我方被动防守时，我方可高质量地接杀挡网；或抓住对方攻杀力量减弱，或落点不好之机会，以平抽底线球还击对方后场，扭转被动局面，并进行反击。

（二）双打战术

双打比赛不仅仅是竞赛双方在技术、战术、体力上的较量，同时也是双打同伴相互配合程度的较量。因此，在学习双打战术之前，首先要了解两人之间站位形式上的配合。

一般情况下，有两人一前一后站位和两人分边（左、右）站位两种形式。一前一后站位即在后场的人分管后半场的球,站在前场的人则负责后半场的球。这种站位形式有利于进攻,而不利于防守。所以,一般在本方进攻时多采用此站法。分边站位多在防守时采用,这样,各人分管半边场地,在防守时就没有什么空当了。

站位形式不是固定不变的,它在比赛中随着进攻与防守之间的不断转换而变化。现举两例,简单加以说明。

例一:进攻转防守时两人之间的配合。甲方A队员在后场杀对角线,乙方一队员将球挡至网前;甲方B队员由于封网不及,被动上网挑高球,然后退至后场,A队员迅速从后场移至右半场,呈分边站位准备防守。

例二:防守转进攻时两人之间的配合。甲方A队员将对方杀球挡至网前,对方被动挑后场;甲方B队员迅速从前场移至后场进攻,而A队员则移至网前准备封网,呈前后站位。

双打轮转站位多在配对选手水平相差不大时采用。如果技术水平悬殊较大,则水平高者固定站在后场,他除了主要负责后半场的来球之外,同时还兼顾中场附近或前场的球。在混双打中,这种前后固定站位形式是较普遍的(男队员站后场,女队员站前场)。

下面简单介绍双打的战术。

1. 攻人战术

集中攻击对方中有明显弱点的人,并伺机攻击另一人因疏忽而露出的空当,或对此人偷袭。双打比赛中的配对选手的技术,一般总有一人好,另一人稍差些。即便两人水平相差不多,但若能集中力量攻击其中一人,也可给其造成很大的心理压力,从而使其出现失误。

2. 攻中路战术

当对方分边站位防守时,将球攻击对方两人的中间;当对方前后站位时,可将球下压或平推两边半场。这样可使对方防守时互相争抢或互让而出现失误。

3. 攻后场战术

对方扣杀能力差,本方可采用平高球、推平球、接杀挑底线,把对方一人紧逼在底线两角移动。当对方被动还击时,则抓住机会大力扣杀。如另一对手后退支援时,即可攻网前空当。

4. 后攻前封战术

当本方处于主动进攻前后站位时,站在后场的队员见高球就杀或吊网前球,迫使对方接球挡网前,这为本方前场队员创造了封网扑杀机会。前场队员要积极封锁网前,迫使对方被动挑高球。一旦对手挑高球达不到后场,就为本方创造了再进攻的机会。

5. 防守反攻战术

在防守中寻找反攻的机会,以便摆脱困境,转被动为主动。例如,挑底线高球,即不论对方从哪里进攻,本方都应设法把球挑到进攻者的另一边底线。如对方正手后场攻直线,就挑对角线,如对方攻对角就挑直线。这是一种较容易争得主动的防守战术,在女子双打中运用更为有效。时机有利,即可运用反抽或挡网前回击对方的杀球,从守中反攻,争得主动权。运用此战术时,要注意挑高球一定要挑到底线,否则将会出现对方连续攻杀而本方无力反击的局面。

二、羽毛球运动主要基本战术练习方法

（1）直线高球吊直线网前。

（2）吊对角杀直线。

（3）吊对杀对角。

（4）杀直线上直线网前搓直线。

（5）杀直线上网勾对角。

（6）头顶杀上网推。

（7）头顶杀对角上网勾。

（8）正手吊直线上网推。

（9）正手吊直线上网勾对角。

（10）杀直线上直线网前推对角线。

（11）直线高球吊对角线。

（12）对角高球吊对角网前。

（13）对角高球吊直线网前。

（14）直线高球杀对角。

（15）直线高球杀直线。

（16）斜线高球杀直线。

（17）斜线高球杀对角线。

（18）吊直线杀对角线。

（19）吊直线杀直线。

第八节　羽毛球运动主要规则

一、比赛中的站位

单打：

发球员的分数为 0 或双数时,双方运动员均应在各自的右发球区发球或接发球。

（2）发球员的分数为单数时,双方运动员均应在各自的左发球区发球或接发球。

（3）如"再赛",发球员应以该局总的分数来确定站位。若总分为 15 分（单数）,双方运动员均应在各自的左发球区发球或接发球;若总分为 16 分（双数）,双方运动员均应在各自的右发球区发球或接发球。

（4）球发出后,双方运动员就不再受发球区的限制而自由击到对方场区的任何位置,运动员的站位也可以在自己这方场区的界内或界外。

双打：

（1）一局比赛开始和获得发球局的一方,都应从右发球区开始发球。

（2）只有接发球员才能接发球；如果它的同伴去接球或被球触及，发球方得一分。

①每局开始首先发球的运动员，在该局本方得分为 0 或双数时，都必须在右发球区发球或接发球；得分为单数时，则应在左发球区发球或接发球。

②每局开始首先接发球的运动员，在该局本方得分为 0 或双数时，都必须在右发球区接发球或发球；得分为单数时，则应在左发球区接发球或发球。

上述两条相反形式的站位适用于他们的同伴。

（3）任何一局的本方发球员失去发球权后，由该局首先发球员发球，然后首先发球员的同伴发球，接着由他们的对手之一发球，然后再由另一对手发球，如此传递发球。

（4）运动员不得有发球错误和接发球的错误，或在同一局比赛中有两次发球。

（5）一局胜方的任一运动员可在下一局先发球，负方中任一运动员均可先接发球。

（6）球发出后就不再受发球区的限制了，运动员可在本方场区自由站位和将球击到对法场区的任何位置。

二、比赛规则

（一）交换场区

（1）以下情况运动员应交换场区：
①第一局结束。
②第三局开始。
③第三局中或只进行一局的比赛进行至一方达到 11 分时。
（2）运动员未按以上规则交换场区，一经发现立即交换，已得分数有效。

（二）合法发球

（1）发球时任何一方都不允许非法延误发球。
（2）发球员和接发球员都必须站在斜对角线发球区内发球和姜接发球，脚不能触及发球区的界限；两脚必须都有一部分与地面接触，不得移动，直至将球发出。
（3）发球员的球拍必须先击中球托，与此同时整个球必须低于发球员的腰部。
（4）击球瞬间球杆应指向下方，从而使整个球筐明显低于发球员的整个握拍手部。
（5）发球开始后，发球员的球拍必须连续向前挥动，直至将球发出。
（6）发出的球必须向上飞行过网，如果不受拦截，应落入接发球员的发球区。

（三）违例

（1）发球不合法违例。
（2）发球员发球时未击中球。
（3）发球时，球过网后挂在网上或停在网顶。
（4）比赛时：

①球落在球场边线外。

②球从网孔或从网下穿过。

③球不过网。

④球碰屋顶、天花板或四周墙壁。

⑤球碰到运动员的身体或衣服。

⑥球碰到场地外其他人或物体(由于建筑物的结构问题,必要时地方羽毛球组织可以制订羽毛球触及建筑物的临时规定,但其国家组织有否决权)。

(5)比赛时,球拍或球的最初接触点不在击球者网的这一方(击球者击球后,球拍可以随球过网)。

(6)比赛进行中:

①运动员球拍、身体或衣服触及网或网的支持物。

②运动员的球拍或身体以任何程度侵入对方场区。

③妨碍对手,如阻挡对方紧靠球网的合法击球。

(7)比赛时,运动员故意分散对方注意力的任何举动,如喊叫、故作姿态等。

(8)比赛时:

①击球时,球夹在或停滞在拍上紧接着又被拖带。

②同一运动员两次挥拍连续击中球两次。

③同一方两名运动员连续各击中球一次。

④球碰球拍继续向后场飞行。

(9)运动员违反比赛连续性的规定。

(10)运动员行为不端。

(四)重发球

(1)发生不能预见或意外的情况。

(2)除发球外,球挂在网上或停在网顶。

(3)发球时,发球员和接发球员同时违例。

(4)发球员在接发球员未做好准备时发球。

(5)比赛进行中,球托与球的其他部分完全分离。

(6)司线员未看清球的落点,裁判员也不能做出决定时。

(7)重发球时,最后一次发球无效,原发球员重发球。

(五)死球

球撞网并挂在网上,或停在网顶上。

(1)球撞网或网柱后开始在击球这一方落向地面。

(2)球触及地面。

(3)违例或重发球。

（六）发球区错误

（1）发球顺序错误。
（2）从错误的发球区发球。
（3）在错误的发球区准备接发球，且对方球已发出。

（七）发球区错误的裁判方法

（1）如果错误在下一次发球击出前发现，应重发球；只有一方错误并输了这一回合，则错误不予纠正。
（2）如果错误在下一次发球击出前未被发现，则错误不予纠正。
（3）如果因发球区错误而重发球，则该回合无效，纠正错误重发球。
（4）如果发球区错误未被纠正，比赛也应继续进行，并且不改变运动员的新发球区和新发球顺序。

●教学资源
室内羽毛球场约 8 块，多媒体教室。

本章思考练习题

1. 乒乓球运动起源于哪个国家？
2. 世界乒乓球发展经历了几个时期？
3. 中国乒乓球运动的兴起是什么时间？
4. 试述羽毛球下手发高远球的动作要领。
5. 羽毛球在第几届奥运会上被列为正式比赛项目？
6. 世界羽毛球锦标赛、世界杯赛、奥林匹克运动会羽毛球比赛分别有哪些比赛项目？

第十四章　健身操、游泳、瑜伽运动

第一节　健美操运动导学

●课程简介

健美操课是普通高校体育必修课程,主要介绍健美操课程的基本理论知识、技能及方法。根据我校的具体情况,精选和创编了不同类型、难度和运动负荷的组合套路,其中包括有氧拉丁、有氧操、有氧舞蹈、街舞、健身小球、瑜伽。使绝大部分学生对健身课程产生浓厚的兴趣,为学生今后终身参加健身运动奠定良好的基础。

●学习目标

1.通过各种套路练习,增强学生的心肺功能,改善学生的形体,培养学生良好的节奏感、优美感和表现力。

2.学生了解健身及健身操运动的基本知识、编排原则与方法,培养学生的自编能力、团结协作精神和创造力。

3.通过教学,使学生树立正确的审美观,提高观赏能力,陶冶高雅情操。

4.教学中,通过把健身及健身操运动与健康和终身体育密切相联系,培养学生良好的体育锻炼习惯和终身体育的意识,实现学生身体、心理、社会的整体健康。

●学习内容

1.基本技术部分:健美操基本步伐组合、手臂动作组合、有氧拉丁成套动作、有氧舞蹈成套动作、健身小球操、创编动作练习。

2.介绍内容:大众健美操三四级、瑜伽组合、踏板操、有氧舞蹈组合、街舞组合等。

3.评价与欣赏:世界啦啦操队比赛集锦、健美操世锦赛、大众健美操一到六级动作、拉丁舞比赛,等等。

●学习要求

1.提高认识,端正态度。当下大学生对健康应该有更深层的认识,树立正确的体育观和终身体育意识。用科学的方法,严肃的态度,火热的激情参加健美操课程的学习。

2.认真听讲,科学训练。由于在本课程教学过程中会经常进行柔韧性及力量训练,所以要求学生严格按照老师的口令及指导方法去完成动作,避免受伤。

3.课内外联系相结合。学生在课下除了认真复习成套组合以外,还应将课上老师授予的理论性知识结合实践进行练习或锻炼,为终身体育奠定坚实的理论和身体基础。

课时数分配

见表 14-1-1。

表 14-1-1　课时数分配

内容	第一学期	第二学期
评价欣赏	2	2
基本技术	32	30
考核	2	4

学习方法

1. 观察与模仿。仔组观察录像和老师示范的每个技术动作,特别是动作路线和动作方法,并进行模仿练习。

2. 体验与领悟。在动作模仿中体验老师强调的技术要点、动作方法及每个动作环节的衔接技巧,在反复的练习中领悟健美操运动特点,从感性的表象认识逐步过渡到身体(运动)认知。

3. 练习与运用。在已有知识的基础上,遵循人体运动规律和健美操运动特点合理创编一些不同风格的简单的健身操动作、健身操组合动作及健身操小套路。

● 成绩考核

第一学期

平时成绩 100 分,占总评 30%。

期末成绩 100 分,占总评 70%。

仰卧起坐 40 分。

健美操 60 分。

1. 一分钟仰卧起坐。评分标准见表 14-1-2。

表 14-1-2　评分标准

成绩（次/分）	得分	成绩（次/分）	得分
45	40	30~28	30
43~42	38	27~24	28
41~39	36	23~21	26
38~35	34	20	24
34~31	32	19 以下	不及格

2. 健美操。以个人为单位,三人一组分别面向除镜子以外的三个方向,互不干扰。每人只有一次测试机会。评分标准见表 14-1-3。

表 14-1-3　评分标准

分值	技评
54~60 分	整套动作熟练、动作准确、有力度、节奏感强;动作与音乐配合协调,具有较强表现力

分值	技评
48~53分	整套动作熟练,动作较准确、较有力度、有节奏感;动作与音乐配合协调,具有一定表现力
42~47分	整套动作较连贯,动作较正确,与音乐配合较协调,表现力一般
36~41分	整套动作基本正确,动作独立完成,与音乐基本协调,无表现力
36分以下	整套动作不熟练,主要动作不正确或未完成,无表现力

第二学期

平时成绩100分,占总评30%。

期末成绩100分,占总评70%。

健身球操50分。

健美操50分。

1. 健身球操。以个人为单位,三人一组分别面向除镜子以外的三个方向,互不干扰。每人只有一次测试机会。评分标准见表14-1-4。

表14-1-4　评分标准

分值	技评
40~50分	整套动作熟练、动作准确、有力度、节奏感强;动作与音乐配合协调,具有较强表现力
39~30分	整套动作熟练,动作较准确、较有力度、有节奏感;动作与音乐配合协调,具有一定表现力
29~20分	整套动作较连贯,动作较正确,与音乐配合较协调,表现力一般
19~10分	整套动作基本正确,动作独立完成,与音乐基本协调,无表现力
10分以下	整套动作不熟练,主要动作不正确或未完成,无表现力

2. 健美操。3~5人为一组进行考试,时间为2分~3分30秒。健美操组合必须包括七种队形变化,音乐自选或选用老师上课的音乐;动作组合合理,队形变化自然流畅;符合健美操特点;必须有4×8拍至8×8拍的地上动作;各组按抽签顺序进行。评分标准见表14-1-5。

表14-1-5　评分标准

分值	技评
47~50分	1. 整套动作编排合理,音乐配合协调,队形变化自然流畅,动作姿态优美、舒展、节奏感强,能充分锻炼身体各部位 2. 整套动作熟练、动作准确、有力度、节奏感强;动作与音乐配合协调,具有较强表现力
44~46分	1. 整套动作编排合理,音乐配合较协调,队形变化较流畅,动作较舒展,节奏感强,能锻炼身体各部位 2. 整套动作熟练,动作较准确、较有力度、有节奏感;动作与音乐配合协调,具有一定表现力
41~43分	1. 整套动作编排基本合理,音乐配合基本协调,队形变化较自然,身体各部位锻炼效果一般 2. 整套动作较连贯,动作较正确,与音乐配合较协调,表现力一般
38~40分	1. 部分动作编排欠合理,队形变化及音乐的配合不够自然,身体各部位锻炼效果不够明显 2. 整套动作基本正确,动作独立完成,与音乐基本协调

续表

分值	技评
37分以下	1. 整套动作的编排及队形变化凌乱,音乐配合不协调,身体各部位锻炼效果不明显 2. 整套动作不熟练,主要动作不正确或未完成

一、健美操运动简介

(一)健美操的概念

健美操是融体操、音乐、舞蹈、美于一体,通过徒手、手持轻器械和用专门器械的操化练习,达到健身、健美和健心的目的的一种新兴娱乐及观赏型体育项目,又是竞技运动的一个项目。

(二)健美操运动发展概述

健美操起源于生活及人们对人体健美的追求,是体操、舞蹈、音乐逐步结合发展的产物。20世纪70年代末以来,健美操以其强大的生命力风靡世界。美国是对现代健美操发展具有较大影响的国家,代表人电影明星简·方达根据自己健身的体会编写出版了《简·方达健身术》一书,以自己的名声和现身说法提倡健美操运动。该书自1981年首次在美国出版以来,一直畅销不衰,并被译成20多种文字,在世界30多个国家发行。简·方达被称为20世纪80年代健美操杰出代表,对健美操在世界范围的推广做出了巨大的贡献。

二、健美操运动的特点

(一)分类

(1)健身健美操。
(2)竞技健美操。
(3)表演健美操。

(二)特点

(1)实效性。
(2)力量性。
(3)节奏性。
(4)创新性。
(5)广泛的群众性。

三、健美操运动的锻炼价值

（1）增强体质，增进健康：提高运动系统的功能，提高呼吸系统的机能水平，促进心血管系统的机能，改善消化系统的机能。

（2）塑造健美形体，培养端正体态。

（3）身心全面调节，陶冶美好情操。

（4）发展身体素质，提高艺术修养。

（5）健美操是具有艺术性的项目，长期从事锻炼可以增强韵律感、节奏感，提高音乐素养，进而提高认识美、鉴赏美、表现美及创造美的能力。

第二节　健美操运动的基本动作

一、健美操基本动作

（一）手型基本动作

手型：如图 14-2-1、图 14-2-2、图 14-2-3 所示。

图 14-2-1

图 14-2-2

图 14-2-3

（二）身体各部位基本动作

（1）头、颈动作：由屈、转、绕、绕环动作组成。

（2）肩部动作：由提肩、沉肩、绕肩、肩绕环动作组成。

（3）上肢动作：由举、屈、伸、摆、绕、绕环、振、旋等动作组成。

（4）胸部动作：由含胸、挺胸、移胸动作组成。

（5）腰部动作：由屈、转、绕和绕环动作组成。

（6）髋部动作：由顶髋、提髋和髋绕环动作组成。

（7）下肢动作：由踏步、一字步、漫步、V 字步、开合跳、交叉步、吸腿跳等动作组成。

二、健美操基本技术

1. 落地技术

落地技术是一种滚动技术,即脚后跟先着地,然后过渡到全脚掌着地;或前脚掌先着地,再过渡到全脚掌着地,紧妥着屈膝屈髋缓冲,从而使冲击力减小。

2. 弹动技术

弹动技术主要是依靠踝关节、膝关节、髋关节由下至上的缓冲产生的,所以要完成这个技术就要掌握缓冲。一方面,可以通过提踵练习来提高踝关节的屈伸能力,即,双脚并拢,反复上提和下落脚后跟,这样可以提高踝关节的缓冲能力;另一方面,可以通过半蹲练习提高膝关节、髋关节的屈伸能力。即双脚分开,半蹲,髋关节稍屈。

3. 半蹲技术

半蹲技术要求上体挺直,身体重心在两腿之间,臀部向后 45°,膝关节弯曲的角度不得超过 90°,两脚外开,膝盖与脚尖同方向,并且膝盖的垂线不能超过脚尖。

4. 身体控制能力

(1)身体姿态的控制。
(2)操化动作的控制。

三、健美操术语

(一)术语的概念及其作用

1. 术语的概念

指各门学科中的专门用语。运动术语是与该运动项目同步发展起来的。正如恩格斯所说:"一门科学提出的每一种新见解,都包含着这门科学的术语的革命。"健美操术语即是健美操理论和技术等方面的专门用语。

2. 创立术语应遵循的原则

(1)简练。
(2)准确性性。
(3)易懂性。

3. 术语的作用

符合"简练、准确、易懂"要求的术语是传播、交流信息不可或缺的工具,而且在提高教学、促进普及等方面也起着重要的作用。

（二）动作方向术语

1. 人体运动的基本面

矢状面、水平面、额状面。

2. 人体运动的基本轴

垂直轴、额状轴、矢状轴。

3. 动作方向

（1）基本方向：动作与人体基本平面平行或垂直的指向。分前、后、左、右、上、下 6 个基本方向。

（2）中间方向和斜方向：中间方向：与基本方向呈 45° 角的方向。例如，前上、前下、侧上、侧下等。中间方向的名称是由两个基本方向名称组合而成。例如，前上是基本方向"前"与"上"的组合。

斜方向：三个互成 90° 角的基本方向之间的方向。例如，前侧上、前侧下等。斜方向的名称是由三个基本方向名称组合而成。

（三）动作强度术语

人体运动时对地面产生一定的作用力，同时地面也会对人体产生相应的反作用力，这种反作用力被称为冲击力。根据冲击力的大小，可以将基本步法划分为三种：一是无冲击力动作，二是低冲击力动作，三是高冲击力动作。如图 14-2-4 所示。

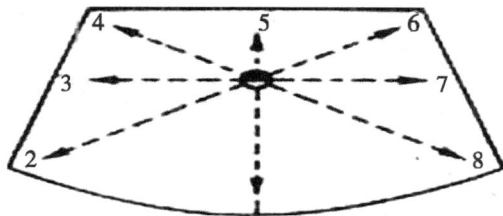

图 14-2-4

四、健美操的创编原则

（一）全面性原则

全面发展身体是健美操的锻炼宗旨。因此，全面性是健身健美操创编的基本原则，坚持全面性的原则主要体现在：

（1）身体各部位活动全面。

（2）动作的时空变化丰富。

（二）针对性原则

健身健美操的创编除自始至终要遵循全面性的基本原则外，在具体创编时还要针对不同的任务、对象、场地、器材等情况和特点，使创编切合实际，有所侧重，有的放矢，以取得实效。

（1）视任务创编。

（2）因人而异创编。

（3）因地制宜创编。

（三）合理性原则

健身健美操的锻炼功效首先取决于该操动作编选、动作顺序设计和运动负荷安排的合理性。因此，合理性原则是本现健身健美操科学性，从而取得锻炼实效的一项重要原则。

（1）恰当编选动作。

（2）合理设计动作顺序。

（3）科学安排运动负荷。

（四）艺术性原则

健美操既是一项锻炼身体的手段，又是一种形体艺术。它和艺术体操、花样滑冰等含有较多艺术成分的体育项目一样，其本身应具有较强的艺术魅力，方能吸引广大练习者全身心地投入健身运动当中。因此，艺术性是健身健美操创编中应当遵循一个体现健美操特点的原则。

（1）音乐的选配。

（2）动作的设计。

（五）创新性原则

创新是健美操的生命，没有创新就没有健美操的发展，因此，创新性是健美操创编的一项重要原则。

第三节　健美操运动欣赏

一、健美操的锻炼

从事任何一项运动都必须遵循其发展规律，人们在参加健身健美操锻炼时，也应当遵循人体的生理学规律，这样才能切实增进健康，提高人体的机能，达到预期的效果，实现锻炼的目标。为此，在进行健身健美操锻炼时应注意。

（1）根据需要选择不同类型的健美操。

（2）掌握好练习的时间和运动负荷。

（3）重视基本功和基本动作练习。

（4）要持之以恒。

二、健美操的比赛

健美操比赛的形式与规模如下。

（1）班级健美操比赛。

（2）校级健美操比赛。

（3）省、市及全国健美操比赛。

三、评分办法与要求

健美操动作的选择与设计要有利于大学生身体全面发展的需要,要符合大学生生理和心理特点。成套动作编排要求准确全面、对称、规范,但又要活泼有变化,给人以耳目一新的感觉,队形变化在 5 次以内。比赛采用 10 分制,公开示分。

●教学资源

1.课堂直观教学。

2.课余辅导,如健身俱乐部。

3.通过网络工具(电子邮箱)为学生答疑。

第四节 游泳运动导学

●课程简介

本课程为公共必修课,是一门以游泳教学为媒介,提高学生身体素质,促进学生身体健康的,综合性的,融知识和技能于一体的课程。本课程坚持知识、能力、素质协调发展和综合提高的原则,在教学过程中注重结合素质教育理念培养,提高大学生的学习能力、实践能力和创新能力,全面推进素质教育,进一步提高人才培养质量,树立"健康第一"的观念。

●学习目标

1.素质教育目标:结合游泳教学的特点进一步培养学生的运动兴趣,磨炼学生的意志,培养学生勇敢顽强的精神,提高体育意识,养成锻炼身体的习惯。

2.知识目标:了解游泳对健康的重要意义、作用;掌握游泳的基本原理和方法;安全预防措施,自救、互救知识。

3.技能目标:掌握游泳项目中的蛙泳技术和了解自由泳技术,全面提高学生的自主学习游泳的能力,掌握水中求生能力。

●学习内容

1.熟悉水性：水中憋气行走、水中呼吸方法，浸水与呼吸，浮体滑行，漂浮与水中站立练习。

2.蛙泳、自由泳：蛙泳和自由泳的分解技术身体姿势，腿部动作，腿与呼吸，臂部动作，臂与呼吸；蛙泳和自由泳的完整技术。

3.游泳中的卫生常识、安全预防措施、自救方法。

课时数分配

见表14-4-1。

表14-4-1　课时数分配

内容	第一学期	第二学期
评价欣赏	2	2
基本技术	32	30
考核	2	4

●教学进度

见表14-4-2。

表14-4-2　教学进度安排

周次	学时	教材	项目	教学主要内容
1	2	游泳	概述	1.介绍本课程的教学内容和考核内容及游泳池的卫生安全要求 2.综合素质练习
2	2	游泳	理论	理论课： 1.游泳运动发展简介 2.游泳技术的基础知识 3.游泳的安全卫生常识 4.游泳知识介绍
3	4	游泳	熟悉水性	熟悉水性： 1.熟悉水性：水中行走、学习憋气 2.浮体与站立：抱膝浮体与展体浮体，水中站立 3.滑行：蹬池底滑行、蹬边滑行
4	4	游泳	蛙泳	1.复习漂浮和滑行 2.学习蛙泳的蹬腿动作
5	4	游泳	蛙泳	1.复习蛙泳的蹬腿动作(陆地模仿) 2.综合素质练习
6	4	游泳	蛙泳	1.复习蛙泳的蹬腿动作 2.学习蛙泳的划臂动作
7	4	游泳	蛙泳	1.巩固蛙泳蹬腿和划臂动作(陆地模仿) 2.综合素质练习
8	4	游泳	蛙泳	1.复习蛙泳的蹬腿和划臂动作 2.学习蛙泳手、腿配合技术

续表

周次	学时	教材	项目	教学主要内容
9	2	游泳	自由泳	1. 自由泳动作介绍、学习 2. 综合素质练习
10	2	游泳	自由泳	1. 自由泳动作练习 2. 学习呼吸技术 3. 学习手、腿、呼吸配合技术
11	2	游泳	复习	1. 复习蛙泳、自由泳完整配合动作 2. 介绍踩水技术、自救互救
12	2	游泳	考核	游泳技术考核

●学习要求

1. 了解游泳的卫生、保健知识和锻炼价值。

2. 熟悉水性，掌握水中呼吸的方法。

3. 通过教学，使学生掌握基本的游泳技术、技能。

4. 了解游泳的基本规则。

●学习方法

1. 观察与模仿。仔细观察录像和老师示范的每个技术动作，特别是动作路线和动作方法，并进行模仿练习。

2. 体验与领悟。在动作模仿中体验老师强调的技术要点、动作方法及每个动作环节的衔接技巧，在反复的练习中领悟游泳运动特点，从感性的表象认识逐步过渡到身体（运动）认知。

3. 练习与运用。在已有知识的基础上，遵循人体运动规律和游泳运动特点进行锻炼。

●成绩考核

第一学期

平时成绩100分，占总评30%。

期末成绩100分，占总评70%。

蛙泳技术60分。

蛙泳技术评定40分。

评分标准见表14-4-3。

表 14-4-3　蛙泳评分标准

分值（分）	技术评定（40%）	游距达标（60%）	
		男	女
100	身体位置高、平，臂与腿及呼吸的动作配合合理，整体技术连贯协调，动作正确，节奏性强，具有较高的动作实效	200米	100米
90	身体位置高、平，臂与腿及呼吸的动作配合合理，整体技术连贯协调，动作正确，节奏性强，具有较高的动作实效	100米	50米
80	身体位置合理、臂与腿及呼吸的动作配合合理，整体技术连贯协调，节奏性较好，腿、臂动作有一定的实效，动作有轻微缺点	50米	30米

分值（分）	技术评定（40%）	游距达标（60%）	
		男	女
70	整体技术动作符合要求,配合基本合理,臂与腿动作实效性欠佳,有明显错误	30 米	20 米
60	整体技术动作基本符合要求,配合不太协调、不合理,臂与腿动作实效性差,有犯规动作	15 米	15 米

第二学期

平时成绩 100 分,占总评 30%。

期末成绩 100 分,占总评 70%。

自由泳技术 60 分。

自由泳技术评定 40 分。

评分标准见表 14-4-4。

表 14-4-4　自由泳评分标准

分值（分）	技术评定（40%）	游距达标（60%）	
		男	女
100	身体位置高、平,臂与腿及呼吸的动作配合合理,整体技术连贯协调,动作正确,节奏性强,具有较高的动作实效	200 米	100 米
90	身体位置高、平,臂与腿及呼吸的动作配合合理,整体技术连贯协调,动作正确,节奏性强,具有较高的动作实效	100 米	50 米
80	身体位置合理、臂与腿及呼吸的动作配合合理,整体技术连贯协调,节奏性较好,腿、臂动作有一定的实效,动作有轻微缺点	50 米	30 米
70	整体技术动作符合要求,配合基本合理,臂与腿动作实效性欠佳,有明显错误	30 米	20 米
60	整体技术动作基本符合要求,配合不太协调、不合理,臂与腿动作实效性差,有犯规动作	15 米	15 米

一、游泳运动简介

（一）游泳的概念

游泳是一种凭借自身肢体动作和水的作用力,在水中活动或前进的技能活动。

（二）游泳运动的起源与发展

游泳技能的发展与生产、生活是离不开的。五千多年前出土的陶器上就有人类潜入水中猎取食物的图案。而后逐渐成为军事、健身的一项内容。

二、游泳运动的特点

如图 14-4-1 所示。

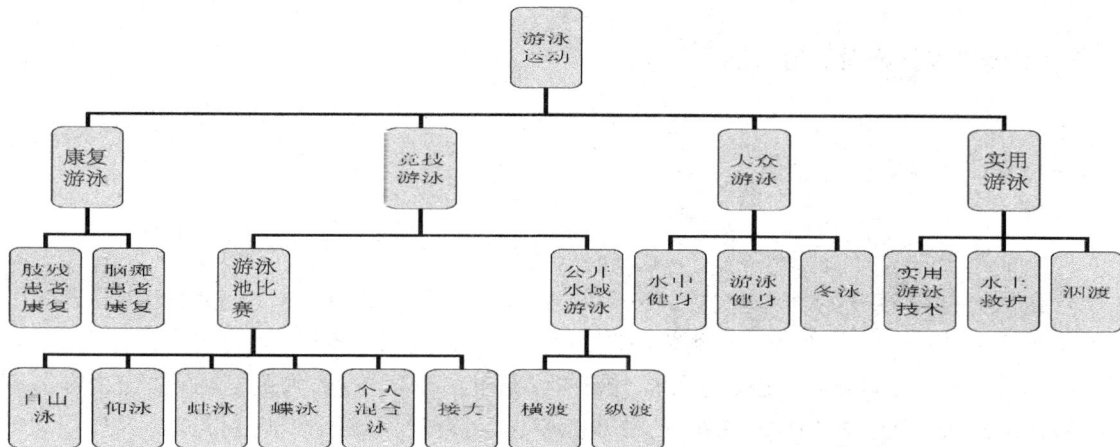

图 14-4-1

三、游泳运动的锻炼价值

（1）保障生命安全。地球上布满江、河、湖、海，人类在生活中不可避免地要与水打交道。如果会游泳，自身的生存就会有保障。

（2）强身健体。游泳运动对于提高人的心肺功能有显著作用。坚持游泳锻炼，还能提高肌肉力量、速度、耐力和关节灵活性。

（3）休闲娱乐，促进身心健康。游泳运动不受年龄、性别限制，是一项"休闲体育"。

（4）为生产、国防服务。如水利建设、防洪抢险、渔业等，都要掌握游泳技能才能更好地完成。

（5）创造优异成绩，为国争光。奥运会游泳比赛中设有 32 个项目，是名副其实的金牌大户。

（6）防病治病。游泳能帮助和促进功能恢复，对瘫痪病人和残疾人的康复很有帮助。

第五节　游泳运动基本技术及练习方法

一、蛙泳基本技术及练习方法

（一）腿部动作练习

1. 动作要领

两腿从并拢伸直开始,大腿放松,膝下沉,小腿跟在大腿后面向前收,边收边分,当大腿收到与躯干成120°~140°角时,两膝与髋同宽,两脚尽量靠近臀部,小腿与水面垂直,脚底朝上。接着,两脚勾脚外翻,使脚内侧和小腿内侧对准后方。然后,大腿发力,小腿和脚加速向后做弧形蹬夹,蹬夹动作同时结束,两腿并拢伸直,身体成流线型向前滑行。

2. 练习方法和步骤

（1）陆上模仿练习:

坐撑模仿:坐在池边或凳子上,上体稍后仰,两手后撑,按口令做蛙泳腿部动作。练习时,先按"收、翻、蹬、停"四拍进行,再过渡到"收、翻""蹬、停"两拍,最后是一拍的完整练习。

俯卧池边模仿:趴在池边,下肢置于水中,按同上的口令做蛙泳腿部动作。

池边垂直蹬腿:面对池壁,双手扶池边将身体撑起成直立悬垂姿势,手臂力量弱者则可手抓池边,做向下蹬腿练习。因手臂支撑时间有限,每次练习做3~6次蹬腿为宜。

（2）扶池边水中蹬腿练习:

双手扶池边,憋气后身体呈俯卧姿势平卧水中,做蹬腿练习。每次练习3~6次。

滑行蹬腿:在蹬边滑行的基础上,两臂伸直,两腿做蛙泳蹬腿动作练习。

（二）手臂动作与呼吸配合练习

1. 动作要领

手臂的动作要领:两臂从并拢前伸开始,前臂内旋,稍屈腕,掌心朝外斜对后下方,两手外划至比肩宽时,边划边屈肘,前臂外旋,形成高肘姿势转向内划,两手划至颌下靠拢向前伸,掌心转向下方。整个划水过程要加速进行。

手臂与呼吸配合的动作要领:

早吸气:两臂外划时抬头,口露出水面时吸气,内划时闭气,臂前伸滑行时呼气。

晚吸气:两臂外划时呼气,内划结束口露出水面时吸气,前伸滑行时闭气。

2.练习方法和步骤

（1）陆上模仿练习：

站立模仿：两脚开立，上体前屈，两臂前伸并拢，做手臂动作的模仿练习。先按口令做外划、内划、前伸分解练习，然后做完整练习。熟练后做手臂与呼吸配合练习。

俯卧池边划臂练习：做手臂划水动作和手臂与呼吸配合练习。

（2）水中练习：

水中站立划臂：站在齐腰深的水中，上体前屈，两臂前伸并拢，先做手臂划水练习，然后做手臂与呼吸配合练习。

行进间手臂和手臂与呼吸配合：站在齐腰深的水中，上体前屈，两臂前伸并拢，边做手臂动作边向前慢慢行走（抬头），熟练后做手臂与呼吸配合练习。

夹板手臂与呼吸配合练习：将浮板夹于两大腿之间，俯卧水中做手臂与呼吸配合练习。

滑行蹬腿手臂与呼吸配合：滑行蹬腿两次，手臂与呼吸配合一次。

（三）完整配合动作练习

1.动作要领

游蛙泳时，一般采用划臂一次、蹬腿一次、呼吸一次的配合方式。

采用早吸气技术时，完整配合动作要领是：两臂外划时腿不动，外划过程中抬头吸气，内划时收腿、闭气，臂向前将伸直时蹬夹腿，臂腿伸直滑行时呼气。

采用晚吸气技术时，完整配合动作要领是：两臂外划时开始呼气，腿不动。内划时收腿，同时，头随肩部的升高而口露出水面时吸气。臂向前将伸直时蹬夹腿，在手臂前伸和滑行时闭气。

2.练习方法和步骤

（1）陆上模仿练习：

单腿配合练习：两腿稍开立，两臂向上伸直并拢。一腿支撑，另一腿与臂配合做模仿练习。练习时，可先按4拍进行分解练习，即第1拍，两臂向外侧划臂；第2拍，内划并收腿、翻脚；第3拍，臂将伸直时蹬腿；第4拍，臂腿伸直并拢后稍停片刻，然后做连贯动作。

臂腿配合练习：两腿左右开立，两脚成外八字，两臂向上伸直并拢。按口令做配合模仿练习，开始时分3拍进行：第1拍，两臂向外侧划臂；第2拍，内划并稍屈膝下蹲；第3拍，臂将伸直时伸膝站立，之后做连贯动作练习。

完整配合模仿练习：在上一练习的基础上，增加与呼吸的配合，做蛙泳完整配合模仿练习。

（2）水中练习：

蛙泳完整配合练习一般分三个练习步骤；第一步，滑行后蹬腿两次、划臂一次、呼吸一次的配合练习；第二步，按划臂（呼吸）—蹬腿滑行的配合方式进行练习；第三步，逐步过渡到蛙泳紧凑式配合练习。

二、自由泳基本技术及练习方法

(一)腿部动作练习

1.动作要领

自由泳腿部的打水动作,膝盖自然弯曲,最佳状态弯曲 160°。放松脚踝,绷直脚尖,大腿带动小腿打水,腰部以下用力,上半身保持不动,这样打水才有力度,而且不会左右晃动。

2.练习方法和步骤

(1)陆上模仿练习

池边坐撑打水:坐在池边,两手后撑,下交替打水动作。

(2)水中练习

身体浮于水中,两腿做上助浮打腿:俯卧水中,将浮板置于腹下,借助浮板的浮力帮助身体上浮,做打腿练习。

徒手打腿:俯卧水中,两手臂在头前伸直并拢或两手放于体侧,两腿做打腿练习。开始时可将两手放于体侧,轻轻拨水,帮助身体上浮。然后过渡到两手臂在头前伸直并拢的打腿练习。

(二)手臂动作与呼吸配合练习

1.动作要领

入水:手臂在空中完成移臂之后,大臂内旋,使肘关节处于最高点,手指伸直并拢,掌心斜向外下方,指尖自然触水,接着是小臂,最后大臂自然插入水中。

抱水:完成入水之后,手掌掌心开始由斜向外下转为斜向内后,逐渐弯手肘、弯曲手腕,手肘始终高于手臂,为下一步的划水做好准备。

划水:抱水完成之后,手臂配合肩膀的旋转,大臂内旋,带动小臂,弯曲的手臂逐渐往大腿方向伸直划水,掌心由斜内下方转为斜内上方,从下往上划水至大腿。

注意:划水是提供向前滑行的最主要也是最关键的动力,不仅要划水有力,而且更要充分发挥推进作用。

出水:划水至大腿之后,掌心转向大腿,手指向上先划出水面,稍微弯曲手肘,手臂放松,大臂带动小臂,上提手肘部位,掌心转为后上方,整个出水过程必须连贯不停顿,并且快速。

空中移臂:完成出水之后,手肘处于上提状态,此时手肘高于手臂,向身体前方移臂,手有些感觉像要插入水的动作,进入下一个入水动作的准备。

自由泳呼吸:一般是划臂两次(即左右臂各自划水一次),呼吸一次,腿部打水六次。呼吸动作与身体的转动动作同时进行,使呼吸像"搭车"一样轻松省力。要掌握正确的吸气时机,以向右侧吸气为例:右手入水后用口和鼻缓缓呼气,身体向右侧加大转动幅度。当左手入水,右手向内划水时,头随身体开始向右转动。右臂即将出水时,头随身体向右转动使嘴露出水面吸气。右手移臂时,头随身体向左转动,复原到水中。

2. 练习方法和步骤

(1)陆上模仿练习:

手臂动作模仿练习:两脚并拢站立,做仰泳手臂动作模仿练习。练习时,先做单臂,后做两臂配合;先要求直臂划水,后逐渐过渡到屈臂划水。熟练后手臂练习应与呼吸配合。

俯卧模仿练习:俯卧池岸边(身体纵轴与池边平行),单臂做在水中划水并经空中移臂的模仿练习。

(2)水中练习:

助力划臂:在浅水中,由同伴抱住双腿或握住脚踝,俯卧水中做自由泳手臂动作练习。

夹板划水:将浮板夹于两大腿之间,身体俯卧水中,做自由泳手臂动作练习。

(三)完整配合动作练习

1. 动作要领

身体平直地俯卧水面,两臂交替划水时,两脚不停地交替打水,打水 6 次、划臂 1 次、呼吸 1 次,即 6∶1∶1 配合方式。

2. 练习方法和步骤

(1)陆上模仿练习:

踏步配合:两脚并拢站立,原地踏步(表示打腿)做自由泳完整配合模仿练习。

(2)水中练习:

单臂配合:仰卧滑行打腿,一臂前伸(或置于体侧),另一臂做与腿的配合练习。

双臂分解配合:仰卧滑行打腿,一臂划水并移臂入水后,另一臂再做动作,两臂交替进行。

完整配合:俯卧滑行打腿,加手臂动作做自由泳完整配合练习。

第六节　游泳运动的安全与救助常识

一、游泳安全卫生注意事项

(1)安全第一。"水火无情",参加游泳运动时切实确立安全第一的思想。

(2)游泳前严格体检。

(3)选择安全卫生的游泳场所。

二、游泳保健常识

（1）入水前必须按规定清洗身体。

（2）做好准备活动。

（3）睡眠不足,身体过于疲劳,或情绪激动,都不宜游泳。

（4）不要冒险跳水。

（5）遵守游泳池各项规则。

（6）饭后 45~60 分钟内不要游泳。

（7）了解水温,最理想的是 27℃。

（8）不要单独游泳。

三、游泳救助常识

（1）抽筋。下水前的准备活动应当充分,在水里时间别太长。一旦出现抽筋,千万不要慌乱。比方脚趾抽筋,那就马上将腿屈起,用力将足趾拉开、扳直;小腿抽筋,先吸足一口气,仰卧在水面,用手扳住足趾,并使小腿用力向前伸蹬,让收缩的肌肉伸展和松弛;手指抽筋时,手握成拳头,然后用力张开,如此反复,即可解脱。

（2）眼睛痒痛。可能是由水不洁净引起。上岸后应马上用清洁的淡盐水冲洗眼睛,然后用氯霉素或红霉素眼药水点眼,临睡前最好再做一下热敷。

（3）皮肤发痒出疹。主要皮肤过敏所致。立即上岸,服一片息斯敏或扑尔敏,很快就会好转。

（4）溺水。救助——实施人工呼吸,拨打急救电话120。

第七节　瑜伽运动导学

●课程简介

瑜伽课程是在《全国普通高等学校体育课程教学指导纲要》的精神指导下,为了进一步配合学校本科生教学改革,根据教学改革实施方案的指导意见的要求,在打破原有系别、班级、重新组合上课的情况下,满足不同层次、不同水平、不同兴趣学生选修体育课的需要;实行网上选课机制,学生自主选择瑜伽课程内容、自主选择任课教师、自主选择上课时间。

●学习目标

瑜伽是一项集智育和体育于一身的、增进健康、陶冶心灵的印度古老的健身项目,瑜伽中的姿势练习与冥想练习,是最有益于整个神经系统的锻炼体系。经常正规地练习瑜伽,可以使神经系统达到平衡进而使身体各系统得到调理,在肌肉伸展、心灵放松和呼吸调节中减缓心理压力。减少心理疾病的发生,协调发展人体各部位肌肉群,使人体均匀和谐地发展,帮助形成正确优美的身姿体态,培养顽强的意志品质,良好的风度素养,陶冶美的情操。

●学习内容

瑜伽的教学内容包括感悟瑜伽、瑜伽呼吸、瑜伽体位、瑜伽冥想和瑜伽饮食五个部分。瑜伽的课程结构分为初、中级课；提高课和综合课。其知识内容由浅入深、注重基础，同时注重瑜伽练习的科学性。瑜伽的训练教学，可使学生掌握正确的瑜伽修练方法，既塑造学生的形体，又缓解紧张的学习所造成的压力，为社会培养心身健康的新型高校人才打下坚实基础。

●课时数分配

（一）瑜伽理论：4 学时

瑜伽基础理论 2 学时：大学体育与健康。

瑜伽专项理论 2 学时：简介瑜伽运动的概况，瑜伽运动的特点与锻炼价值。

（二）实践部分：28 学时

1. 瑜伽的呼吸方法：胸式呼吸、腹式呼吸、自然完全的呼吸（胸腹式呼吸）。

2. 瑜伽准备姿势：瑜伽站姿（双脚并拢、双脚分开约一肩宽、双脚分开两肩宽、双脚分开约三肩宽）、四角式、跪坐式、简易坐姿（盘坐）、直角坐姿、仰躺式、俯卧式、侧卧式。

3. 瑜伽的放松姿势：折叠式放松、心灵叩拜式放松、仰躺式完全放松、俯卧式完全放松、鱼戏式放松、英雄式放松。

4. 瑜伽的基本姿势（部分）。

课程Ⅰ：前屈式、前伸展式、简易弓脊式、树式、风吹树式、立式前屈式、牛面式（塑手臂、肩）。

课程Ⅱ：擎天式、三角伸展式、跳水式、折叠三角式、简易箭式、云雀式（塑胸、背）。

课程Ⅲ：水瓶式、后弯式、鹰式、天鹅式、舞王式、板式＋侧板式（塑腰、腹）。

课程Ⅳ：双角式、后弯延伸式、猫式、简化弓式、兔子式、蝗虫式、桥式（塑臀、髋）。

课程Ⅴ：战士式组合、跪式前屈仰脸狗式系列、眼镜蛇式；脚尖蹲＋分腿伸展式＋虎式（塑腿）。

课程Ⅵ：跪式前屈，仰脸—俯脸狗式系列、眼镜蛇式、蝗虫式、梨式、肩肘倒立式、蛇击式＋三角拧转式（塑脊柱）。

课程Ⅶ：战士式组合、弓式、骆驼式、眼镜蛇式、蝗虫式、肩肘倒立式（或头倒立式）

（三）考核：4 学时。

●教学进度

见表 14-7-1。

表 14-7-1　教学进度表

课　次	教学内容
1	引导课
2	瑜伽的呼吸、准备及放松姿势、课程Ⅰ＋塑手臂,肩(牛面式)身体素质
3	课程Ⅱ、塑胸、背(云雀式)身体素质
4	课程Ⅲ、塑腰、腹(板式、侧板式)身体素质
5	课程Ⅳ、塑臀、髋(桥式)身体素质
6	基础理论

课次	教学内容
7	课程Ⅳ、塑臀、髋(桥式)身体素质
8	课程Ⅴ、塑腿(脚尖蹲、分腿伸展式、虎式)身体素质
9	课程Ⅴ、塑腿(脚尖蹲、分腿伸展式、虎式)身体素质
10	课程Ⅵ、塑脊柱(蛇击式、三角拧转式)身体素质
11	课程Ⅶ 身体素质拜日一式
12	复习课程ⅠⅡ 身体素质拜日一式
13	复习课程Ⅲ、Ⅳ身体素质拜日一式
14	复习课程Ⅴ、Ⅵ身体素质拜日二式
15	欣赏课
16	复习课程Ⅶ、复习部分姿势身体素质
17	期末总复习 身体素质
18	考试身体素质

●学习要求

1. 认真听讲,主动练习,动作技术正确。

2. 加强对音乐节奏的掌握,成套动作连贯,节奏准确。

3. 姿态舒展,动作协调、清晰,无多余动作。

4. 有个人风格,能体现健康、向上的情绪。

●学习方法

1. 上课主动记忆成串动作。

2. 在课堂上没有学会的动作可通过教学资源网上视频进行练习。

3. 及时在教学资源网上查找相关资讯,以获取更多资料。

4. 积极参加全国瑜伽各类比赛,提高专项技能。

●成绩考核

第一学期

平时成绩100分,占总评30%。

期末成绩100分,占总评70%。

瑜伽标准动作测试60分。

瑜伽基本技术动作测试40分。

第二学期

平时成绩100分,占总评30%。

期末成绩100分,占总评70%。

瑜伽标准动作测试50分。

仰卧起坐测试50分。

评分标准：

1.考核方式：在教学内容规定范围内：学生在ABC三个等级中选择适合自己的考试内容。

2.考试内容：瑜伽＋专项素质＝100分，占总成绩70%。

（1）瑜伽技术考核：采取个人独立完成的方式对每学期所学瑜伽体位、拜日式和印度流程进行考核，满分50分。

（2）专项素质考核：每学期分别对柔韧、力量和耐力等综合素质进行考核，满分50分。

（3）平时成绩：满分100分，包括课堂纪律、出勤情况、学习态度、进步幅度及平时测验等占总成绩30%。

3.评分方法：

瑜伽成套动作考试，均以百分制评分。根据成套动作具体情况确定每一个瑜伽姿势的分值，从完成质量（准确、力度、幅度）、熟练性（有无停顿、与呼吸配合）等方面酌情减分。

40~50分：能熟练掌握拜日式和印度流程，动作伸展、有力度、幅度大、呼吸配合协调、效果好。

30~39分：能熟练掌握拜日式和印度流程，动作伸展，但力度稍差，幅度一般、呼吸配合协调，允许小错误动作在二次以为。

20~29分：能熟练掌握拜日式和印度流程，动作较伸展，但力度稍差，幅度一般、呼吸配合协调，允许小错误动作在三次以内。

10~19分：能熟练掌握拜日式和印度流程，动作较伸展，但力度很差，幅度一般、呼吸配合比较协调，允许小错误动作在四次以内。

10分以下：不能独立掌握拜日式和印度流程。

学生的学习评价应是对瑜伽学习效果和过程的评价，评价中应淡化甄别、选拔功能，强化激励及发展功能，把学生的进步幅度纳入评价内容。

专项素质评分标准见表14-7-2：

表14-7-2　评分标准

成绩（次／分）	得分	成绩（次／分）	得分
44	50	40~38	30
43~42	48	37~34	28
41~39	46	33~31	26
38~35	44	30	24
34~31	42	29以下	不及格

一、瑜伽运动简介

瑜伽起源于古印度，距今有5 000多年近6 000年历史。"瑜伽"一词在梵文里是连接、统一、结合的意思。从广义讲瑜伽是哲学，从狭义讲是精神和肉体结合的最佳状态，从本意上讲是自我原始动意的结合。

现在人们所练习的瑜伽，是由呼吸法、体位法、冥想法所构成的；是协调身心的养生法则，通过深长的呼吸、筋骨的伸展及平静的心境来增强人体心智和精神的健康。

在优雅的环境中，伴随着舒缓的音乐，配合瑜伽的呼吸，模仿动物和植物的体态，将身体处在紧张或放松的状态，可以塑造形体、提升气质、缓解精神上的压力和紧张，预防慢性疾病，增强体质，提高免疫力。如图14-7-1所示。

图 14-7-1

二、瑜伽运动的特点

（1）消除疲劳，平静心境。能使人保持一种舒畅宁静的状态，充分享受人生。

（2）保持姿态平衡。瑜伽师们认为人体的很多疾病，如颈椎病、腰椎病等，是因为姿势不正确、失调造成的。通过练习，能够使每一个小关节、脊柱、肌肉、韧带和血管处于一个良好的状态。

（3）净化血液，调节体重，有效消除脂肪维持饮食平衡。

（4）刺激内分泌系统，维持内分泌平衡。

三、瑜伽运动的锻炼价值

（1）调理生理，达到平衡。瑜伽强调身体是一个大系统，系统中由若干部分组成，但各个部分保持良好的状态才能有健康的身体。瑜伽通过体位法、调息等方法，调整各个器官的生理机能，达到强身健体的目的。

（2）消除紧张，平静内心。通过瑜伽完全呼吸、打坐和各种体位法，调节神经系统，达到消除紧张。

（3）修心养性，厚德载物。瑜伽提倡一种健康的生活态度，让你自然去掉吸烟、喝酒这些不良习惯。通过不停地超越自我，也会充满自信。

（4）特别功法，特别疗效。瑜伽对减肥症、失眠、焦虑和关节炎等症状非常好的疗效。

（5）增加疾病抵抗力。瑜伽锻炼出一副健壮的体格，免疫能力也增加。这个加强的抵抗力可以对付从感冒到诸如癌症的各种严重病症。

（6）心智情绪的改善。由于瑜伽使包括脑部在内的腺体神经系统产生回春效果，心智情绪自然会呈现积极状态。它使你更有自信,更热诚,而且比较乐观,每天的生活也会变得更有创意。所以,瑜伽不但能让我们的身体得到更好的伸展,而且还能修身养性,对提高免疫力以及抚平情绪都能起到很好的作用。

四、瑜伽锻炼注意事项

(1)不要盲从瑜伽热。发源于古印度、已经有几千年历史的瑜伽,在今天已经成为一项十分热门的健身方法。但锻炼瑜伽不当很容易导致受伤。练瑜伽要量力而行,在练习瑜伽时应该充分考虑自己身体的柔韧、平衡和力量素质,一定要遵循量力而行的运动原则,如果强度过大或者难度过高,就可能导致运动损伤。

(2)练瑜伽不能急于求成。练习瑜伽千万不能急功近利,瑜伽向来就反对急于求成的急躁心态。通常初学者一般一周练二至三次比较适合,坚持锻炼三个月才能感觉到效果。热瑜伽并非人人适合,现在热瑜伽正逐渐在国内开始被很多爱美者接受。热瑜伽是在一个40℃左右高温的屋子里进行练习,对身体素质要求比较高,体质不好的人不要轻易尝试。

(3)高血压、低血压、糖尿病等慢性病患者也不能进行热瑜伽锻炼。

(4)练瑜伽前必须先做热身运动,不论你从事什么样的运动项目,暖身是一定要的,它能让你为接踵而来的活动做好准备,否则,闪了腰、扭了脚可就不好玩了。

(5)练习前2个小时内不要进食,结束后1小时内最好不要吃东西,容易长胖。

(6)结束后不要马上洗澡,练完后散散步,30分钟后洗澡合适,因为刚锻炼结束皮肤都在张口呼吸,立即用水洗澡会让皮肤受不了,对身体也有害。

(7)要配合饮食,才会有更好的效果。

第八节　瑜伽运动的基本动作

简易坐:(图略)。

至善坐(半莲花坐或单莲花坐):如图14-8-1所示。

图 14-8-1

腹式呼吸和胸式呼吸：如图 14-8-2、图 14-8-3 所示。

图 14-8-2

图 14-8-3

束角式：如图 14-8-4 所示。

图 14-8-4

牛面式：如图 14-8-5、图 14-8-6 所示。

图 14-8-5

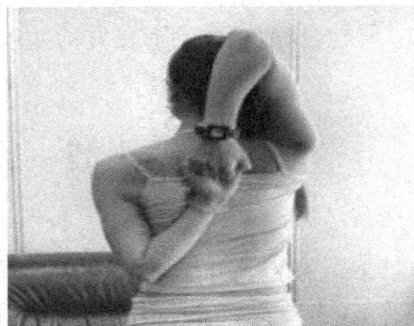
图 14-8-6

背部伸展式：（图略）。
交换鼻孔调息法：（图略）。
桥式：如图 14-8-7 所示。

图 14-8-7

第九节　瑜伽运动欣赏

瑜伽更像一种符号：小资的符号、时尚的符号。练习瑜伽的人，特别是女士，通过瑜伽，找到一种社会角色的认同，这就是一种心理需求。

瑜伽的练习，恰恰又是要让人放弃对社会角色的寻找。人为什么会寻找社会角色呢？因为人需要社会的承认。而符合一种角色，就自然地获得了那种角色的所有承认。瑜伽告诉你：你就是你，你甚至不是你的心，如图14-9-1所示。

图 14-9-1

中国、欧美、印度不同锻炼者对瑜伽运动的健康作用的理解：

欧美人强调的是强壮。他们对人的身体的理解是物理性的，他们设计的锻炼方法也是物理性的。他们认为：化学性的，比如药啊什么的，不是让人强壮。只有物理性的，通过科学的手段，才是锻炼的方法。比如减肥，欧美派认为：计算出你的标准体重，然后计算出你要去掉多少脂肪，然后设计每天的什么运动可以去掉多少卡路里。控制饮食，吃进去的比消耗的少，就是减了。

中国人强调的是真正的健康。从身体、性格、精神、气质等方面都有要求，并且认为这些方面是互相影响的。中国人强调"人法自然"，锻炼的门类五花八门，极其繁杂，而且都有很好的专项锻炼效果。比如减肥，中国通过七经八脉，五腑六脏，阴阳五行，然后结合推拿按摩，导引意念，饮食锻炼，达到目的。

印度人，强调的是灵魂。今天的印度，在首都，还有很多人安于非常清贫的生活。他们不看重此生，而看重灵魂的归宿。所以，他们的身体活动主要是为灵魂的觉醒与干净设计的。比如减肥，印度不鼓励人减肥，不鼓励人为了身体的欲望去行动。但是，因为瑜伽修行的人性情寡淡，无欲无求，吃得极少，又吃得极简单，身体一般都清瘦。当然，有人把瑜伽动作单独拿出来锻炼，又大鱼大肉，那样身体是会比较强壮。但他一般只是忽视灵魂的存在。

总之，这三种文化下的锻炼与运动，路径有很大的差别。瑜伽，就是让你平静的一种方法。如何平静？控制自己。如何控制自己？一是提升自己的能量；二是开启智慧。能量从哪来？锻炼。智慧怎么开启？冥想。瑜伽的冥想，就是一种观看世界的方法的修行。

教学资源

1. 课堂教学
2. 相关网站 http://www.caa.net.cn/
http://pilates.qd360.com/

思考练习题

1. 瑜伽适合哪些人来练习?
2. 以下哪个体位对于加强腹肌、消除腹部赘肉、缓解便秘有显著的效果?
3. 瑜伽体位中多数都是围绕身体的哪个部位进行练习的?
4. 什么是健美操? 健美操的分类、特点是什么?
5. 简述健美操的锻炼价值。
6. 健美操的创编原则和步骤有哪些?
7. 正确的蛙泳动作周期应该有几个阶段?
8. 标准蛙泳配合的正确动作应该是什么?
9. 游泳时腿部抽筋多发生在什么部位?

第十五章　太极拳、太极柔力球运动

第一节　太极拳运动导学

●课程简介

太极拳是中华民族的一项优秀的民族传统体育项目,以其丰富的内容而深受广大人民群众和学生的喜爱。由于练习太极拳不受场地、器材、气候等条件的限制,运动量可大可小,易于开展,在锻炼身体、增进健康、陶冶品性、祛病延年、防身自卫以及丰富文化生活诸多方面,太极拳都具有重要的价值和作月,受到各国人民的推崇并广泛地开展起来。我们有理由,也有责任让太极拳这一民族奇葩在学校体育的大地上越开越艳!

●学习目标

1.培养学生参与太极拳运动的兴趣,学习掌握太极拳运动的基本技术和方法。

2.介绍太极拳运动的特点,提高学生对太极拳的欣赏水平。

3.促进学生的身体健康,培养学生良好的运动习惯和道德品质。

4.使太极拳运动成为学生的一种娱乐和休闲的方式。

●学习内容

1.理论部分:

(1)太极拳运动的特点及锻炼价值。

(2)太极拳运动的特点及健身原理。

(3)太极拳运动欣赏。

2.实践部分:

基本功:

手型、手法:拳、掌、勾;推掌、亮掌、勾手、挑掌;

步型、步法:弓步、马步、仆步、虚步、歇步。

基本动作:24式简化太极拳动作、42式太极拳动作。

●基本素质

柔韧性、速度、力量、耐力、弹跳、平衡等。

●学习要求

1.从简单的动作学起,动作要符合人的运动生理,既能得到锻炼又不易造成运动伤害。要循序渐进,不能着急。

2.最重要的是学生要多练。练拳,练拳,多练才能出拳,同时学生还要学习一些基本功,如压腿、踢腿、蹲马步等拉韧带和增加腰腿力量的基本功。

3.熟记动作名称、顺序、方向,在外形规范、姿势正确上下工夫,加深对太极拳内涵的"悟"性和深刻理解。

●课时数分配

见表 15-1-1。

表 15-1-1　课时数分配

内容 / 学期	第一学期	第二学期
实际技术	32	32
欣赏课	2	2
考试	2	2

●学习方法

1.刻苦努力,勤学勤练,多动脑筋研究,脚踏实地去反复实践。

2.发扬尊师重道和虚心学习、埋头苦干的精神。

3.反复地练习基本动作或拳套。在一次练习中,重复数十次练习。

4.根据体力及目的可以选择一种或多种交换练习。

5.配乐练习法,伴随美妙的太极音乐练习也是一种促进身心放松的好方法。

6.组织集体、分组练习,互相学习,增加情趣的不同人数的练习。

●成绩考核

1.第一学期

平时成绩 100 分,占总评 30%。

期末成绩 100 分,占总评 70%。

24 式简化太极拳 100 分。

2.第二学期

平时成绩 100 分,占总评 30%。

期末成绩 100 分,占总评 70%。

42 式太极拳 100 分。

评分标准见表 15-1-2。

表 15-1-2　24 式 /42 式太极拳评分标准

评分	标准
90~100 分	动作正确,连贯协调,圆活,体现了杨式太极拳的风格和特点,重心低而稳定,绵绵不断而不停顿,心静体松
80~89 分	动作正确,连贯协调,圆活,体现了杨式太极拳的风格和特点,重心稍低而稳定,绵绵不断,心静体松。在整套动作中出现一次停顿
70~79 分	动作正确,连贯协调,圆活,体现了杨式太极拳的风格和特点,重心稍低而稳定,绵绵不断,心静体松。在整套动作中出现二次停顿
60~69 分	动作较正确,较连贯协调,圆活,体现了杨式太极拳的风格和特点,重心高而稳定,绵绵不断,心静体松。在整套动作中出现二次停顿
60 分以下	动作有严重的错误,在整套动作中出现三次或三次以上的停顿

一、太极拳运动简介

（一）概述

1. 太极的出处

"太极"一词最早出自于《易传·系辞上》，曰："易有太极，是生两仪。"

2. 太极的含义

"太"有"至"的意思；"极"有"极限"之义；"太极"就是至于极限、无有相匹之意，意为宇宙万物的起源。

3. 太极图

图 15-1-1

从太极图（图 15-1-1）可以得出结论：

太极图的圆圈：代表一，代表宇宙，代表无极。

图像的黑白二色：代表阴阳两方，天地两部。黑白两方的界限，就是划分天地阴阳界的人部。

白中黑点：表示阳中有阴。

黑中白点：表示阴中有阳。

4. 太极的文化价值

"太极"是一个哲学概念，意为派生万物的本源。是华夏人类文明的结晶，是中国传统文化的根基，影响了儒家、道家等中华文化各个流派。

（二）拳与太极拳

1. 拳

"拳"者，技击之术也。拳就是一种用于技击的技术，不能用于技击，就不能称之为拳。拳有内家拳和外家拳之分。拳是一种载体，可以去承载不同的思想、文化，而演变成独具特色的拳种。

2. 太极拳

太极拳是依据阴阳之理、中医经络学、道家导引、吐纳，综合地创造一套有阴阳性质、符合人体结构、大自然运转规律的一种拳术，古人称为"太极拳"。简单地说，太极拳就是把"太极"的阴阳之理,融到"拳"的每个招式里面,而成为太极拳。

3. 时代性

时代不同和社会主流思想不同,"拳"也被赋予了不同的时代意义和社会要求。

(三)太极拳的来源

1. 易

阴阳——太极拳就是把太极的阴阳之理融入到拳的每个动作里面。

2. 道

修心——人生无处不太极,强调在不平衡中找到平衡点。

3. 医

养生——太极拳是人体的运动,每一个动作都要吻合人体骨骼最佳受力状态,保证经络畅通。

4. 武

技击——太极拳是相互矛盾而统一的运动,强调节节贯穿、不丢不顶、以柔克刚、四两拨千斤。

(四)太极拳的社会价值

1. 太极拳是中华优秀传统文化的集大成者

太极拳是中华民族辩证的理论思维与武术、艺术、气功引导术的完美结合,是高层次的人体文化。太极拳是最能代表中国优秀传统文化的武术拳种,也是最能体现中华优秀传统文化的集大成者。

2. 太极拳是世界第一的有氧健康运动

迄今为止,全球150多个国家和地区有约1.5亿人在习练太极拳。太极拳已经成为世界第一的有氧健康运动。

3. 太极拳是建设和谐社会的润滑剂

太极拳富含丰富的哲学内涵,倡导以柔克刚,不丢不顶等原则,蕴含对立统一、辩证包容的理念。边体悟,边心悟,可以达到身心双修,促进生理和心理的双重平衡。坚持练拳,可以影响习练者的思维方式和行为习惯,是建设和谐社会的润滑剂。

(五)太极拳的推广和普及

1. 太极拳的推广

新中国成立后,党和政府重视民族武术遗产的研究、整理和推广,把太极拳作为重点武术项目来推行,并广泛应用于医疗体育方面。1956 年,国家体委组织太极拳专家编制简化太极拳,也叫 24 式太极拳。1957 年,整理出 88 式太极拳。1979 年编成"48 式简化太极拳"。

为适应竞赛需要,1989 年,国家体委组织专家创编了陈式、杨式、吴式、孙式和武式太极拳竞赛套路,以及用于全国武术锦标赛的 42 式太极拳和 42 式太极剑竞赛套路。从 1986 年起,正式举办每年一届的全国太极拳、剑、推手比赛。国际武术联合会 1990 年成立后,翌年举办首届世界武术锦标赛,将太极拳设为比赛项目之一。

2. 太极拳的普及

在太极拳成为武术竞赛项目的同时,太极拳也广泛地进入全民健身活动,而且正被越来越多的海外人士采用为健身锻炼项目。

现在,太极拳已传播到 150 多个国家和地区,其中日本早在十多年前已有太极拳传习者逾百万。日本武术太极拳联盟成立后,其注册会员已达 1000 万人,其中大多数参与太极拳传习。

(六)太极拳运动的现状

1. 民间老龄化严重

(1)缺少标准化的教学体系:由于国家对太极拳的普及和推广,使得很多人练太极拳。但是由于现代社会生活节奏快,许多年轻人和社会精英都不喜欢去公园练习。年轻人对外来文化的崇拜高于传统文化的学习,现代年轻人练习跆拳道、瑜伽的特别多,对传统文化不够重视,导致了太极拳好像是老年人的专利。太极拳无法真正实现商业化,人们只能在公园进行锻炼和传播,成为老人锻炼的专利。

(2)缺少场馆化的运营模式:缺少适合青少年锻炼的专业场地和教学方法,使得青少年市场没有真正打开。

2. 比赛化、体操化、舞蹈化

(1)国内现行太极拳比赛的规则和标准,是长拳和体操的标准,讲究的是动作难度的系数和动作的漂亮程度,而缺少太极拳的真正内涵。太极拳比赛中拿到冠军,不等于就是真正的太极拳冠军。

(2)比赛化(强调规则和观赏)、体操化(追求难度系数)、舞蹈化(强调动作漂亮)。

3. 动作缺少科学理论的验证

(1)缺少准确性,没有完整的标准体系,导致"十位大师,十种拳架"的现状。太极拳老师对拳的理解都是一知半解,往往把结果当成是过程来练,用过程当结果去比。

把结果当过程练:比如,"用意导气"其实是一个结果而不是一个过程。意是一种信息,如果用意去导气,气会跟着意走。前提是气从哪里来——通过特定的结果首先产生内气才可以用意去导气。在练习的过程中首先就用意导气,往往导致身体的亏空。

把过程当结果比:例如,"太极推手"其实不是真正意义上的散手,太极推手也绝对不是摔跤、磐手等项目,不适合用于比赛,是太极拳学习中用来检验太极拳架是否准确的一种方法。推手是用来训练"知彼"的功夫。

（2）检验的模式：如"不丢不顶"，怎样检验"不丢不顶"呢？我们要求在你练拳的过程中，让对方推你在使不出力的情况下完成结果。如果在对方使出力的情况下完成动作可能就是顶。为了不让对方出不了力，自己完不成动作而对方把你推出去了这个就叫丢。检验动作的训练是一种"不丢不顶"的方法。让对方推着你做动作其实也是太极推手一种简化的方法。

（3）缺乏对理论的研究：如果缺乏理论研究的话，练完太极拳会有膝盖痛的现象。所有的理论都在讲要结合中医的经络骨骼学说，也即所有的动作都要结合人体的生理特点。膝盖痛的原因是使膝盖受力了，如果懂得人体的生理结构使力直接往下传，膝盖不受力，那么膝盖是不会痛的。

二、太极拳运动的特点

（一）体松心静

体松心静是太极拳的重要特点之一，"体松"是指练拳时，在维持动作姿势的基础上，尽量使身体肌肉处于放松状态，要求动作自然舒展，不用僵力。腿部在运动时经常是半弯曲的，肌肉必须用力，但在两腿交替支撑体重时，负重腿仍然要放松。"心静"是指要排除一切杂念，注意力集中。

（二）缓慢柔和

缓慢柔和也是太极拳的重要特点之一。一套太极拳一般要求在5~10分钟内完成。缓慢还包含连贯，各拳式之间不得停顿，应做到连绵不断。缓慢的前提是放松，在此基础上使两臂动作姿势及运动路线都保持弧形。

（三）动作、呼吸和意念相配合

练太极拳到一定程度要把动作、呼吸和意念配合起来，这样才能表现出太极拳的特点，才能取得较好的锻炼效果。

1. 动作与呼吸的配合

太极拳的技术动作是由起落开合动作组成的，要求起（向上）的动作要吸气，落的动作要呼气；开（两臂张开）时为吸，合时为呼。无论哪中呼气方式都应求其自然。

2. 动作与意念的配合

在练拳时首先要排除杂念，把注意力集中到动作的运动过程中，以意识引导动作，做到"意领身随"。

三、太极拳运动的锻炼价值

（一）有利于血液循环

太极拳要求动作姿势始终要保持一定的弧或圆形。使身体处于放松的状态，正是这种舒展圆活的放松姿势可以使肌肉更富有节奏，有利于血液循环，使能量物质顺畅地达到组织器官，防止组织器官缺血，及时清走代谢产物，保证机体活力。太极拳还要求"尾闾中正，虚胸实腹，圆裆松胯。"

（二）有利于新陈代谢

太极拳的技术特点决定了太极拳为运动负荷适中的健身活动。适中的运动量可使新陈代谢处于适宜的状态，无论是能量物质的供应，还是代谢产物的排放，都在一个比较有序的状态下进行。

（三）有利于中枢神经系统

大脑是人体的重要组成部分，是神经系统的中枢。大脑的结构与功能对人的智慧与思维具有重要影响。大脑重量虽然只有人体重量的 1/50，但其作用却超过其他任何器官。脑细胞约有 140 亿个，没有再生能力，随着年龄的增加而减少。进行太极拳锻炼，可使脑细胞减少的状况得以改善，使大脑功能处于良好的工作状态。

现代社会的生活和工作节奏使大脑皮层相应区域长期处于高度兴奋的紧张状态。容易导致交感神经过度兴奋，太极拳运动中有意识地运用意念调节中枢神经系统兴奋与抑制过程的相互转换，可提高植物神经系统的功能，促使人体处于全面、协调的运动状态。

（四）有利于循环系统

世界卫生组织（WHO）已将太极拳列为心脏复健运动项目。实验证明，杨式太极拳对老年人的心功能有明显的提高作用。通过 1 个月太极拳练习，受试者的安静心律降低，可以减少心肌氧耗；血压降低，说明太极拳可增加大动脉管壁的弹性；每搏输出量和射血分数的明显提高，说明心脏泵血效率提高；而心室厚度和收缩的提高，说明心室壁血液供应得到了改善。

研究表明，通过练习太极拳可以使甲皱微循环异常率降低，说明机体组织血液灌流量增大，血液循环得到了改善。对练习 2 年以上太极拳的老年人的脑血流图进行分析时还发现，练习者脑血管弹性良好，脑血流有明显改善，说明太极拳运动对脑细胞的发育和延缓衰老具有重要影响。而从事高强度训练后，运动员经常感到头晕、头痛、反应迟钝，对脑部血液供应有不良作用。

（五）有利于呼吸系统

呼吸系统的功能对人体的健康状况有着重要的影响。大量的研究表明，通过太极拳练习能够有效地增大肺活量，改善肺组织结构，并对各种呼吸系统疾病有良好的治疗作用。

经观察，长期从事太极拳练习的肺结核患者的肺活量有明显增加，而且对慢性支气管炎、肺气肿等各种疾病有良好的治疗作用。进一步研究发现，在 X 线下观察太极拳练习中，膈肌上下活动幅度比常态增加 2~3 倍，说明太极拳可以提高练习者的肺通气功能。

第二节　太极拳运动的基本动作

一、手型与手法

太极拳的手型不外乎三种，即掌、拳、勾手。其中变化最多，运用最广的为掌和拳，其次为勾手。对掌的要求是，五指自然伸展，小指与拇指有内合之意，成瓦拢状，用掌时以中指统领四指，用意不用力，用拳时，四指弯曲，拇指压在食指与中指之上，出拳时要螺旋发出。勾手的方法是五指自然弯曲相合，四指与拇指相包，成梅花状，如单鞭，有勾手时勾尖向下。

太极拳的手法主要有八种，即掤、捋、挤、按、采、挒、肘、靠。八劲八法手型与手法的运用，主要是根据对方力点的来脉，而不断调整自己的手型与手法，即"顺来横打，横来捧压"，太极拳以柔克刚，四两拨千斤的道理就在于此。陈式太极拳的手型手法灵巧多变，技击的技巧丰富多彩，其健身与防身的功效久享盛誉。

二、眼法

眼神是心灵的窗口。练太极拳时，要心静气和，眼神随手运动，左手当令眼随左手，右手当令眼随右手，绝不可闭目斜视。打太极拳发令在心，传令在手，传心之神在于眼，心、手、眼三到之说缺一不可。陈鑫说："眼之所注，神之所往。"

三、身法

何为身法？简单地说，身躯运动即纵横、高低、进退、顾盼、反侧的姿势与形态叫作身法，打太极拳身躯有时忽纵忽横，纵横要借势而变；有时忽高忽低，高低必有攒促之形；有时忽进忽退，进退皆随机应变；顾盼、反侧皆顺势而为。总之观察在眼，变化在心，有时身体虽因势而倚斜，在倚斜之中自寓中正，绝不可徒表面而失中正，而中正之法全赖于虚领顶劲，塌腰、泛臀、裆开圆。身法中正与否、灵活与否全在于此。

四、步行与步法

步行与步法为一身之根基。打太极拳随机应变在于手,而进退反则之妙在于步。两足两腿在成势时的基本姿势叫"步型",在运行中以示进退反则之妙的步型称"步法"。步型步法的不同,主要是根据势与势的来脉不同,千变万化莫非步的巧变。总之,"活与不活在于步,灵与不灵亦在于步"。

第三节　太极拳运动欣赏

一、观太极拳招式

无论是杨式太极拳、陈式太汲拳还是24式简化太极拳,无不从招式中流露模仿各类动物的姿态,展现出仿生美,原始之美,体现出完整、对称、和谐发展之美。太极拳的整套动作或虚或实、若隐若现、刚柔并济而又浑然天成,弥漫无际,体现出了对称和谐的中庸美。

二、观太极拳内在美

太极拳招式的全过程重心下沉、内聚收敛、占中求圆动作形式,形成了上虚、下实、中间灵的特点,从而造成了习练太极拳者以腰围、大腿的正三角形的形体,表现出阴阳和谐、虚实结合,透射出对天人合一的向往;动静结合、虚实相生则是对时间的无限和空间的无界的诠释。因此,太极拳内在美,美在意境,美在精神。

三、24式太极拳动作要领

第一式:起势
(1)身体自然直立,两脚开立,与肩同宽,脚尖向前;两臂自然下垂,两手放在大腿外侧;眼平看前。
要点:头颈正直,下颏微向后收,不要故意挺胸或收腹。精神要集中(起势由立正姿势开始,然后左脚向左分开,成开立步)。
(2)两臂慢慢向前平举,两手高与肩平,与肩同宽,手心向下。
(3)上体保持正直,两腿屈膝下蹲;同时两掌轻轻下按,两肘下垂与两膝相对;眼平看前方。
要点:两肩下沉,两肘松垂,手指自然微屈。屈膝松腰,臀部不可凸出,身体重心落于两腿中间。两臂下落和身体下蹲的动作要协调一致。
第二式:左右野马分鬃
(1)上体微向右转,身体重心移至右腿上;同时右臂收在胸前平屈,手心向下,左手经体前向右下划弧至右手下，手心向上，两手心相对成抱球状；左脚随即收到右脚内侧，脚尖点地；眼看右手。

（2）上体微向左转，左脚向左前方迈出，右脚跟后蹬，右腿自然伸直，成左弓步；同时上体继续向左转，左右手随转体慢慢分别向左上、右下分开，左手高与眼平（手心斜向上），肘微屈；右手落在右胯旁，肘也微屈，手心向下，指尖向前；眼看左手。

（3）上体慢慢后坐，身体重心移至右腿，左脚尖翘起，微向外撇（45°~60°），随后脚掌慢慢踏实，左腿慢慢前弓，身体左转，身体中心再移至左腿；同时左手翻转向下，左臂收在胸前平屈，右手向左上划弧至左手下，两手心相对成抱球状；右脚随即收到左脚内侧，脚尖点地；眼看左手。

（4）右腿向右前方迈出，左腿自然伸直，成右弓步；同时上体右转，左右手随转体分别慢慢向左下、右上分开，右手高与眼平（手心斜向上），肘微屈；左手落在左胯旁，肘也微屈，手心向下，指尖向前；眼看右手。

（5）与（3）解同，只是左右相反。

（6）与（4）解同，只是左右相反。

要点：上体不可前俯后仰，胸部必须宽松舒展。两臂分开时要保持弧形。身体转动时要以腰为轴。弓步动作与分手的速度要均匀一致。做弓步时，迈出的脚先是脚跟着地，然后脚掌慢慢踏实，脚尖向前，膝盖不要超过脚尖；后腿自然伸直；前后脚夹角成45°~60°（需要时后脚脚跟可以后蹬调整）。野马分鬃式的弓步，前后脚的脚跟要分在中轴线两侧，它们之间的横向距离（即以动作进行的中线为纵轴，其两侧的垂直距离为横向）应该保持在10~30厘米。

第三式：白鹤亮翅

（1）上体微向左转，左手翻掌向下，左臂平屈胸前，右手向左上划弧，手心转向上，与左手成抱球状；眼看左手。

（2）右脚跟进半步，上体后坐，身体重心移至右腿，上体先向右转，面向右前方，眼看右手；然后左脚稍向前移，脚尖点地，成左虚步，同时上体再微向左转，面向前方，两手随转体慢慢向右上、左下分开，右手上提停于右额前，手心向左后方，左手落于左胯前，手心向下，指尖向前；眼平看前方。

要点：完成姿势胸部不要挺出，两臂都要保持半圆形，左膝要微屈。身体重心后移和右手上提、左手下按要协调一致。

第四式：左右搂膝拗步

（1）右手体前下落，由下向后方划至右肩外，手与耳同高，手心斜向上；左手由左下向上、向右划弧至右胸前，手心斜向下；同时上体先微向左再向右转；左脚收至右脚内侧，脚尖着地，眼看右手。

（2）上体左转，左脚向前（偏左）迈出成弓步，右手屈回由耳侧向前推出，高与耳尖平，左手由左膝前搂过落于左胯旁，指尖向前；眼看左手指。

（3）右脚慢慢屈膝，上体向左，身体重心移至右腿，左脚尖翘起微向外撇，随后脚掌慢慢踏实，右脚前弓，身体左转，身体重心移至左腿，右脚收到左脚内侧，脚尖着地；同时左手向外翻掌由左后向上划弧至左肩外侧，肘微屈，手与耳同高，手心斜向上；右手随转体向上、向下划弧落于左胸前，手心斜向下；眼看左手。

（4）与（2）解同，只是左右相反。

（5）与（3）解同，只是左右相反。

（6）与（2）解同。

要点：身体不可前仰后附，要松腰松胯。推掌时要沉肩坠肘，坐腕舒掌，同时松腰、弓腿上下协调一致。搂膝拗步时，两脚跟的横向距离保持30厘米左右。

第五式：手挥琵琶

右脚跟进半步，上体后坐，身体重心转至右腿上，上体半面向右转，左脚略提起稍向前移，变成左虚步，脚跟着地，脚尖翘起，膝部微屈；同时左手由左下向上挑举，高与鼻尖平，掌心向右，臂微屈；右手收回放在左肘里侧，掌心向左；眼看左手食指。

要点：身体要平稳自然，沉肩垂肘，胸部放松。左手上起时不要直向上挑，要由左向上、向前，微带弧形。右脚跟进时，脚掌先着地，再全脚踏实。身体重心后移和左手上起、右手收回要协调一致。

第六式：左右倒卷肱

（1）上体右转，右手翻掌（手心向上）经腹前由下向后上方划弧平举，臂微屈，左手随即翻掌向上；眼的视线随着向右转体先向右看，再转向前方看左手。

（2）右臂屈肘折向前，右手由耳侧向前推出，手心向前，左臂屈肘后撤，手心向上，撤至左肋外侧；同时左腿轻轻提起向后（偏左）退一步，脚掌先着地，然后全脚慢慢踏实，身体重心移到左腿上，成右虚步，右脚随转体以脚掌为轴扭正；眼看右手。

（3）上体微向左转，同时左手随转体向后上方划弧平举，手心向上，右手随即翻掌，掌心向上；眼随转体先向左看，再转向前方看右手。

（4）与（2）解同，只是左右相反。

（5）与（3）解同，只是左右相反。

（6）与（2）解同。

（7）与（3）解同。

（8）与（2）解同，只是左右相反。

（9）上体微向右转，同时右手随转体向后上方划弧平举，手心向上，左手放松，手心向下；眼看左手。

要点：前推的手不要伸直，后撤不可直向回抽，转体仍走弧线。前推时，要转腰松胯，两手的速度要一致，避免僵硬。退步时，脚掌先着地，再慢慢全脚踏实，前脚随转体以脚掌为轴扭正。退左脚略向左后斜，退右脚略向右后斜，避免使两脚落在一条直线上。后退时，眼神随转体动作先向左或右看，然后再转看前手。最后退右脚时，脚尖外撇的角度略大些，便于接做"左揽雀尾"的动作。

第七式：左揽雀尾

（1）身体继续向右转，左手自然下落逐渐翻掌经腹前划弧至左肋前，手心向上；左臂屈肘，手心转向下，收至右胸前，两手相对成抱球状；同时身体重心落在右腿上，左脚收到右脚内侧，脚尖点地；眼看右手。

（2）上体微向左转，左脚向左前方迈出，上体继续向左转，右腿自然蹬直，左腿屈膝，成左弓步；同时左臂向左前方掤出（即左臂平屈成弓形，用前臂外侧和手背向前方推出），高与肩平，手心向后；右手向右下落于右胯旁，手心向下，指尖向前；眼看左前臂。

要点：掤出时，两臂前后均保持弧形。分手、松腰、弓腿三者必须协调一致。揽雀尾弓步时，两脚跟横向距离上超过 10 厘米。

（3）身体微向左转，左手随即前伸翻掌向下，右手翻掌向上，经腹前向上，向前伸至左前臂下方；然后两手下捋，即上体向右转，两手经腹前向右后上方划弧，直至右手手心向二，高与肩齐，左臂平屈于胸前，手心向后；同时身体重心移至右腿；眼看右手。

要点：下捋时，上体不可前倾，臀部不要凸出。两臂下捋须随腰旋转，仍走弧线。左脚全掌着地。

（4）上体微向左转，右臂屈肘折回，右手附于左手腕里侧（相距约 5 厘米），上体继续向左转，双手同时向前慢慢挤出，左手心向右，右手心向前，左前臂保持半圆；同时身体重心逐渐前移变成弓步；眼看左手腕部。

要点：向前挤时，上体要正直。挤的动作要与松腰、弓腿相一致。

（5）左手翻掌，手心向下，右手经左腕上方向前、向右伸出，高与左手齐，手心向下，两手左右分开，宽与肩同；然后右腿屈膝，上体慢慢后坐，身体重心移至右腿上，左脚尖翘起；同时两手屈肘回收至腹前，手心均向前下方；眼向前平看。

（6）上式不停，身体重心慢慢前移，同时两手向前、向上按出，掌心向前；左腿前弓成左弓步；眼平看前方。

要点：向前按时，两手须走曲线，腕部高与肩平，两肘微屈。

第八式：右揽雀尾

（1）上体后坐并向右转，身体重心移至右腿，左脚尖里扣；右手向右平行划弧至左肋前，手心向上；左臂平屈胸前，左手掌心向下与右手成抱球状；同时身体重心再移至左腿上，右脚收至左脚内侧，脚尖点地；眼看左手。

（2）同"左揽雀尾"（2）解，只是左右相反。

（3）同"左揽雀尾"（3）解，只是左右相反。

（4）同"左揽雀尾"（4）解，只是左右相反。

（5）同"左揽雀尾"（5）解，只是左右相反。

（6）同"左揽雀尾"（6）解，只是左右相反。

第九式：单鞭

（1）上体后坐，身体重心逐渐移至左腿上，右脚尖里扣；同时上体左转，两手（左高右低）向左弧形运转，直至左臂平举，伸于身体左侧，手心向左，右手经腹前运至左肋前，手心向后上方；眼看左手。

（2）身体重心再逐渐移至右腿上，上体右转，左脚向右脚靠拢，脚尖点地；同时右手向右上方划弧（手心由里转向外），至右侧方时变勾手，臂与肩平；左手向下经腹前向下划弧停于右肩前，手心向里；眼看左手。

（3）上体微向左转，左脚向左前侧方迈出，右脚跟后蹬，成左弓步；在身体重心向左腿的同时，左掌随上体的继续左转慢慢翻转向前推出，手心向前，手指与眼齐平，臂微屈；眼看左手。要点：上体保持正直，松腰。完成式时，右肘稍下垂，左肘与左膝上下相对，两肩下沉。左手向外翻掌前推时，要随转体边翻边推出，不要翻掌太快或最后突然翻掌。全部过渡动作上下要协调一致。如面向南起势,单鞭的方向(左脚尖)应向东偏北(大约 15°)。

第十式:云手

(1)身体重心移至右腿上,身体渐可右转,左脚尖里扣;左手经腹前向右上划弧至右肩前,手心斜向后,同时右手变掌,手心向右前;眼看左手。

(2)上体慢慢左转,身体重心随之逐渐左移;左手由脸前向左侧运转,手心渐渐转向左方;右手由右下经腹前向左上划弧至左肩膀前,手心斜向后;同时左脚靠近左脚,成小开立步(两脚距离 10~20 厘米);眼看右手。

(3)上体再向右转,同时左手经腹前向大踏步划弧至右肩前,手心斜面向后;右手右侧运转,手心翻转向右;随之左腿向左横跨一步;眼看左手。

(4)同(2)解。

(5)同(3)解。

(6)同(2)解。

要点:身体转动要以腰脊为轴,松腰、松胯,不可忽高忽低。两臂随腰的转动而运转,要自然圆活,速度要缓慢均匀。下肢移动时,身体重心要稳定,两脚掌先着地再踏实,脚尖向前。眼的视线随左右手而移动。第三个"云手"的右脚最后跟步时,脚尖微向里扣,便于接"单鞭"动作。

第十一式:单鞭

(1)上体向右转,右手随之向右运转,至右侧方时变成勾手;左手经腹前向右上划弧至右肩前,手心向内;身体重心落在右腿上,左脚尖点地;眼看左手。

(2)上体微向左转,左脚向左前侧方迈出,右脚跟后蹬,成左弓步;在身体重心移向左腿的同时,上体继续左转,左掌慢慢翻转向前推出,成"单鞭"式。

第十二式:高探马

(1)右脚跟进半步,身体重心逐渐后移至右腿上;右手变掌,两手心翻转向上,两肘微屈;同时身体微向右转,左脚跟渐渐离地;眼看左前方。

(2)上体微向左转,面向前方;右掌经右耳旁向前推出,手心向前,手指与眼同高;左手收至左侧腰前,手心向上;同时左脚微向前移,脚尖点地,成左虚步;眼看右手。

要点:上体自然正直,双肩要下沉,右肘微下垂。跟步移换重心时,身体不要有起伏。

第十三式:右蹬脚

(1)左手手心向上,前伸至右腕背面,两手相互交叉,随即向两侧分开并向下划弧,手心斜向下;同时左脚提起向左前侧方进步(脚尖略外撇);身体重心前移,右腿自然蹬直,成左弓步;眼看前方。

(2)两手由外圈向里圈划弧,两手交叉合抱于胸前,右手在外,手心均向后;同时右脚向左脚靠拢,脚尖点地;眼平看右前方。

(3)两臂左右划弧分开平举,肘部微屈,手心均向外;同时右腿屈膝提起,右脚向右前方慢慢蹬出;眼看右手。

要点:身体要稳定,不可前俯后仰。两手分开时,腕部与肩齐平。蹬脚时,左腿微屈,右脚尖回勾,劲使在脚跟。分手和蹬脚须协调一致。右臂和右腿上下相对。如面向南起势,蹬脚方向应为正东偏南(约 30°)。

第十四式：双峰贯耳

（1）右腿收回，屈膝平举，左手由后向上、向前下落至体前，两手心均翻转向上，两手同时向下划弧分落于右膝两侧；眼看前方。

（2）右脚向右前方落下，身体重心渐渐前移，成右弓步，面向右前方；同时两手下落，慢慢变拳，分别从两侧向上、向前划弧至面部前方，成钳形状，两拳相对，高与耳齐，拳眼都斜向下（两拳中间距离约 10~20 厘米）；眼看右拳。

要点：完成式时，头颈正直，松腰松胯，两拳松握，沉肩垂肘，两臂均保持弧形。双峰贯耳式的弓步和身体方向与右蹬脚方向相同。弓步的两脚跟横向距离同"揽雀尾"式。

第十五式：转身左蹬脚

（1）左腿屈膝后坐，身体重心移至左腿，上体左转，右脚尖里扣；同时两拳变掌，由上向左右划弧分开平举，手心向前；眼看左手。

（2）身体重心再移至右腿，左脚收到右脚内侧，脚尖点地；同时两手由外圈向里圈划弧合抱于胸前，左手在外，手心均向后；眼平看左方。

（3）两臂左右划弧分开平举，肘部微屈，手心均向外；同时左腿屈膝提起，左脚向左前方慢慢蹬出；眼看左手。

要点：与右蹬脚式相同，只是左右相反。左蹬脚方向与右蹬脚成 180°（即正西偏北，约 30°）。

第十六式：左下势独立

（1）左腿收回平屈，上体右转；右掌变成勾手，左掌向上、向右划弧下落，落于右肩前，掌心斜向后；眼看右手。

（2）右腿慢慢屈膝下蹲，左腿由里向左侧（偏后）伸出，成左仆步；左掌下落（掌心向外）向左下顺左腿内侧向前穿出；眼看左手。

要点：右腿全蹲时，上体不可过于前倾。左腿伸直，左脚尖须向里扣，两脚脚掌全部着地。左脚尖与右脚跟踏在中轴线上。

（3）身体重心前移，左脚跟为轴，脚尖尽量向外撇，左脚前弓，右腿后蹬，右脚尖里扣，上体微向左转并向前起身；同时左臂继续向前伸出（立掌），掌心向右，右勾手下落，勾尖向后；眼看左手。

（4）右腿慢慢提起平屈，成左独立势；同时右手变掌，并由后下方顺右腿外侧向前弧形摆出，屈臂立于右腿上方，肘与膝相对，手心向左；左手立于左胯旁，手心向下，指尖向前；眼看右手。

要点：上体要正直，独立的腿要微屈，右腿提起时脚尖自然下垂。

第十七式：右下势独立

（1）右脚下落于左脚前，脚掌着地；然后左脚前掌为轴，脚跟转动，身体随之左转同时左手向后平举变成勾手，右掌随着转体向左侧划弧，立于左肩前，掌心斜向后，眼看左手。

（2）同"左下势独立"（2）解，只是左右相反。

（3）同"左下势独立"（3）解，只是左右相反。

（4）同"左下势独立"（4）解，只是左右相反。

要点：右脚尖触地后必须稍微提起，然后再向下仆腿，其他均与"左下势独立"相同，只是左右相反。

第十八式：左右穿梭

（1）身体微向左转，左脚向前落地，脚尖外撇，右脚跟离地，两腿屈膝成半坐盘式；同时两手在左胸前成抱球状（左上右下）；然后右脚收到左脚的内侧，脚尖点地；眼看左前臂。

（2）身体右转，右脚向右前方迈出，屈膝弓腿，成右弓步；同时右手由脸前向上举并翻掌停在右额前，手心斜向上；左手先向左下再经体前向前推出，高与鼻尖平，手心向前；眼看左手。

（3）身体重心略向后移，右脚尖稍向外撇，随即身体重心再移至右腿，左脚跟进，停于右脚内侧，脚尖点地；同时两手在右胸前成抱球状（右上左下）；眼看左前臂。

（4）同（2）解，只是左右相反。

要点：完成姿势面向斜前方（如面向南起势，左右穿梭方向分别为正本偏北和正偏南，均约30°）。手推出后，上体不可前俯。手向上举时，防止引肩上耸。一手上举一手前推要与弓腿松腰上下协调一致。做弓步时，两脚跟的距离同搂膝拗步式，保持在30厘米左右。

第十九式：海底针

右脚向前跟进半步，身体重心移至右腿，左脚稍向前移，脚尖点地，成左虚步；同时身体稍向右转，右手下落经体前向后、向上提抽至肩上耳旁，再随身体左转，由右耳旁斜向前下方插出，掌心向左，指尖斜向下；与此同时，左手向前、向下划弧落于左胯旁，手心向下，指尖向前；眼看前下方。

要点：身体要先向左转，再向左转。完成姿势，面向正西。上体不可太前倾。避免低头和臀部外凸。左腿要微屈。

第二十式：闪通臂

上体稍向右转，左脚向前迈出，屈膝弓腿成左弓步；同时右手由体前上提，屈臂上举，停于右额前上方，掌心翻转斜向上，拇指朝下；左手上起经胸前向前推出，高与鼻尖平，手心向前；眼看左手。

要点：完成姿势上体自然正直，松腰、松胯；左臂不要完全伸直，背部肌肉要伸展开。推掌、举掌和弓腿动作要协调一致。弓步时，两脚跟横向距离同"揽雀尾"式（不超过10厘米）。

第二十一式：转身搬拦捶

（1）上体后坐，身体重心移至右腿上，左脚尖里扣，身体向后转，然后身体重心再移至左腿上；与此同时，右手随着转体和右、向下（变拳）经腹前划弧至左肋旁，拳心向下；左掌上举于头前，掌心斜向上；眼看前方。

（2）向右转体，右拳经胸前向前翻转撇出，拳心向上；左手落于胯旁，掌心向下，指尖向前；同时右脚收回后（不要停顿或脚尖点地）即向前迈出，脚尖外撇；眼看右拳。

（3）身体重心移至右腿上，左脚向前迈一步；左手上起经左侧向前上划弧拦出，掌心向前下方；同时右拳向右划弧收到右腰旁，拳心向上；眼看左手。

（4）左腿前弓成左弓步，同时右拳向前打出，拳眼向上，高与胸平，左手附于右前臂里侧；眼看右拳。

要点：右拳不要握得太紧。右拳回收时，前臂要慢慢内旋划弧，然后再外旋停于右腰旁，拳心向上。向前打拳时，右肩随拳略向前引伸，沉肩垂肘，右臂要微屈。弓步时，两脚横向距离同"揽雀尾"式。

第二十二式：如封似闭

（1）左手由右腕下向前伸出，右拳变掌，两手手心逐渐翻转向上并慢慢分开回收；同时身体后坐，左脚尖翘起，身体重心移至右腿；眼看前方。

（2）两手在胸前翻掌，向下经腹前再向上、向前推出，腕部与肩平，手心向前；同时左腿前弓成左弓步；眼看前方。

要点：身体后坐时，避免后仰，臀部不可凸出。两臂随身体回收时，肩、肘部略向外处松开，不要直着抽回。两手推出宽度不要超过两肩。

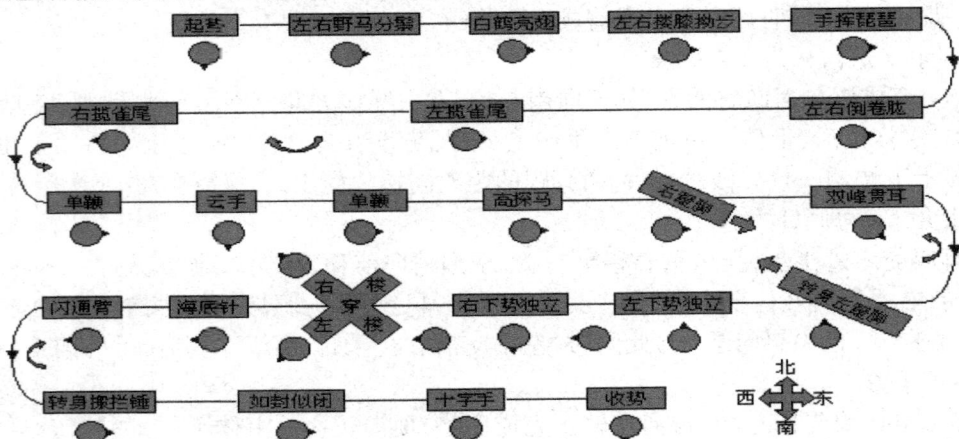

图 15-3-1

第二十三式：十字手

（1）屈膝后坐，身体重心移向左腿，左脚尖里扣，向右转体；右手随着转体动作向右平摆划弧，与左手成两臂侧平举，掌心向前，肘部微屈；同时右脚尖随着转体稍向外撇，成右侧弓步；眼看右手。

（2）身体重心慢慢移至左腿，右脚尖里压，随即向左收回，两脚距离与肩同宽，两腿逐渐蹬直，成开立步；同时两手向下经腹前向上划弧交叉合抱于胸前，两臂撑圆，腕高与肩平，右手在外，成十字手，手心均向后；眼看前方。

要点：两手分开和合抱时，上体不要前俯。站起后，身体自然正直，头要微向上顶，下颏稍向后收。两臂环抱时须圆满舒适，沉肩垂肘。

第二十四式：收势

两手向外翻掌，手心向下，两臂慢慢下落，停于身体两侧；眼看前方。

要点：两手左右分开下落时，要注意全身放松，同时气也徐徐下沉（呼气略加长）。呼吸平稳后，把左脚收到右脚旁，再走动休息。

四、24 式简化太极拳比赛在线视频

中国太极拳网 www.cntaijiquan.com
中国国际太极拳网 www.tjqtn.com

太极拳教学视频 视频教程 在线观看 – 酷 6 视频专辑

教学资源：
学校多媒体教室
学校图书馆以及各种教学录像光碟等
wushu.sport.org.cn
www.china–wushu.net
www.taijicn.net

第四节　太极柔力球运动导学

一、太极柔力球运动简介

白榕,1984 年毕业于山西大学体育系,现任职于山西医科大学晋中分校、副教授,是太极柔力球的发明人(图 15–4–1)。

图 15–4–1

1991 年正式向国家专利局申请了实用新型发明"太极娱乐球"和"球拍"两项专利设计,同年获得国家专利局批准。

1991 年以白榕先生为主,先后邀请山西财经大学(山西经济管理学院)体育系教师李健康、张路、薛晓媛,山西大学体育学院教师成民铎,山西师范大学体育学院教师李小斌,山西长治医学院体育部教师邢怀忠等成立了"太极柔力球项目创编组"。山西财经大学是"太极柔力球运动"的发祥地！

二、太极柔力球运动特点

太极柔力球运动吸取了民族传统体育太极拳劲力之精髓,融合了太极拳的运动方式和现代竞技体育的运动特征,是一项集民族性、健身性、娱乐性、趣味性、竞技性、优美性、适应性为一体的新兴运动项目。

太极柔力球运动是一项新兴的民族体育项目,具有浓郁的中国民族特色,又有较强的竞技性和普及推广价值。自1992年向社会推出后,运动技术水平得到了飞速发展,但相对于一些发展成熟的运动项目,它的运动体系和规则体系仍处于雏形阶段。

创编组成员本着实践奥运精神,弘扬民族体育的宗旨,在社会各界的支持和帮助下,借鉴传统武术中太极拳的拳理,以及羽毛球、网球、乒乓球等持拍隔网竞技类项群项目的技术特点和竞赛规则,逐步创新和规范了技术动作,设计了多种运动和娱乐的方式,草拟了太极柔力球运动的教材、竞赛的规则和裁判法,并最终将这项运动定名为"太极柔力球",于1992年正式向社会推出。

太极柔力球运动是一项由民族传统文化精神孕育而生的新兴体育项目,它以肢体语言淋漓尽致地表现了太极"以柔克刚"的思想,是太极化的球类运动项目。它是世界上唯一不以持拍直接碰撞击打为特征,具有中国特色的民族体育运动项目。太极柔力球运动最大的特点在于它一改传统的持拍硬性撞击的击打球方式,而导以"弧形引化"的接抛球过程,这一独特的接抛球新概念,使它具备了独特的运动特点和健身价值。

太极柔力球问世以后,先后参加了全国"民、特、优、新"体育产品展(北京)、1992年国际体育用品博览会(北京)、1993年第二届国际太极拳联谊会(邯郸)、1993年全国农民体协干部培训班(太原)等多项汇报和表演,受到了有关领导和广大群众的好评。

1993年中华全国总工会宣教文体部举办的全国职工大众体育创编项目展示中,太极柔力球被评为"优秀创编项目"。在中华全国总工会宣教文体部的指导和支持下,完成了《太极柔力球教材》《竞赛规则》和教学录像带的编制并开始在全国推广。

1996年9月,全国第三届工人运动会成功地将其纳入正式比赛项目,在此届工运会上,共有来自全国18个产业部委和19个省市区的37支代表队的281名运动员参加了竞赛。各省市及行业体协工会也相继举办了50多次系统内部的培训和比赛,在全国培训骨干近三千多人。

2000年3月,中国老年人体育协会在全国老年人体育工作会议上,郑重地做出了在全国老年人中大力普及和推广太极柔力球运动的决定。2001年中国老年体协会成立了太极柔力球推广办公室,办公室开展了大量的工作,成立了项目服务体系,邀请了各方面的专家,组成了太极柔力球教学科研小组,对这项运动进行了改编,重新编写了"太极柔力球教与学"教材。

中央电视台《夕阳红》栏目正式成立了太极柔力球运动指导委员会,北京市也成立了太极柔力球运动委员会。中国老年人体育协会拍摄了大型教学片"太极柔力球教与学",通过中央电视台向全国播放,在社会上造成了巨大的影响。

2006年5月22日,德国总理默克尔女士访问中国,温家宝总理在北京菖蒲河公园亲邀她同赏太极柔力球,随后,默克尔女士将这一典型的"中国式运动"推荐给德国奥林匹克运动委员会;2006年9月5日,欧洲太极球联合总会协同欧洲东西方文化交流中心在青岛崂山举办首届国际级的研究交流大会,共议太极柔力球运动的国际发展前景,并希望为奥林匹克体育权威机构提供具有鼓舞性的可靠数据。2006年9月,日本举办了第一届太极柔力球全国邀请赛。2006年10月,欧共体地区在德国举行了有14个国家参加的首届太极柔力球锦标赛。

图 15-4-2

三、太极柔力球运动的锻炼价值

（一）太极柔力球运动广泛的适应性

1. 不受气候和场地的限制

太极柔力球运动的开展不受风雨天气的限制；太极柔力球运动不受场地的限制，门庭小径、楼道屋顶都可以随地开展，空旷场地更佳。

2. 贴近大众锻炼的实际

太极柔力球器材价格低廉，不易损坏，一套器材能打好几年，而羽毛球一天就可能损坏数只，所以本器械更适合我国国情，更贴近广大群众的锻炼实际；太极柔力球及球拍的设计能够从运动者的实际考虑，更为人性化。

（二）太极柔力球运动的健身价值

1. 自然舒畅的美感

太极柔力球最大的特点就是自然流畅，给人以舒畅顺达之美，既悦人又悦己。演练时自由自在，随心所欲，完全是即兴的发挥和创造，踏着音乐的节拍，尽情地徜徉在音乐的海洋之中，享受运动带给我们的快乐。

2. 灵活多样的运动形式

太极柔力球灵活多样的技术动作，全身参与的整体运动形式，可以使青少年的身体得到全面均衡发展。在以退为先、以静制动的反意识训练中，可使大脑对来自身体内外的刺激反应更加迅速、准确，提高对外界的适应能力和思维想象能力，促进了青少年的多向思维，反向思维和创造性思维。

（三）太极柔力球运动的健身特点

（1）注重思维能力开发。
（2）锻炼形式丰富多彩。
（3）适应不同需求的针对性形式。

（4）贯穿始终的美感。

（四）太极柔力球运动的健身功能

（1）健体强身。
（2）调解身心。
（3）平衡气血。
（4）改善循环防病治病。

第五节 太极柔力球运动基本技术及练习方法

一、太极柔力球运动的技术特点

（一）柔

"柔"是太极柔力球的灵魂，有了柔才能化力克刚，御敌制胜，柔也是这项运动最大的特色和魅力所在。"柔"是"刚"经过了千锤百炼之后萃取发展的结果。老子曰，"克刚易、克柔难""天下莫柔弱于水，而攻坚强者莫之能胜"，这些都生动地说明了"柔"的价值和意义。太极柔力球正是这种"柔"的体现，"柔"的升华精髓。

（二）圆

"圆"是化解力量和聚集力量的最佳选择。它可以在最短时间内获得最长的距离和最大的速度，它是力量的源泉，是这项运动特有的形态标志。太极柔力球所有的技术动作都是以圆为核心，人体在打球时是动态的，要想画出的圆绝对圆是不可能的，但在训练和比赛中我们要最大可能地使球拍控球的弧线过程保持在"一个圆心""一个半径""一个平面"的圆弧上，这样才能使动作有力度也有美感。

（三）退

"退"，太极柔力球每一个动作完成都是以退为前提的。只有退的时机、方向、力量恰到好处，我们才可能顺利地完成技术动作，有了合理的后退我们才能蓄积更大的力量，才能获得更全面的观察视角，更加理性、巧妙、准确地向前进。它是"以退为进"战略思想的开端和基础。毛泽东同志有一段话是这样说的，"我们都应该学学打拳击，把拳退回来才能更有力地打出去。"可见，"退"是太极柔力球技术的重要环节。

（四）整

"整"，太极柔力球最根本的还是要体现完整运力的特点。太极柔力球从入球到出球是由迎、引、抛三个引化阶段组成的，它们始终是在一条连贯完整、自然流畅的弧形曲线上，是不可分割的一条弧线。球入球拍后，以两脚为支撑双腿同时发力，出球的快慢和力量大小都来自于腿和腰带动的全身合力。在此过程中，手臂的肌肉和关节并不单独发力，主要起到出球方向的控制作用。在训练中要特别强调"一个整力"，这是我们正确完成动作的关键。在完成每一个动作时都要周身协调、上下相随、浑圆一体、一气呵成，贯彻太极运动"一动全身当动"的主导思想。

二、太极柔力球运动基本技术原理

（一）太极柔力球运动的技术分析

太极拳是一种圆活连贯、以柔克刚、借力打力的传统拳术。作为太极拳的延伸，太极柔力球采用了独特的球拍拍面——正反都可以形成凹面的橡胶软面，这从根本上改变了传统持拍击球硬性撞击的打击球方式，成为世界上唯一不以直接"碰撞"为特征的持拍类体育项目。

太极柔力球要求接球者在接球时应顺来球的路线和方向连贯流畅地完成"迎""纳""引""抛"四个技术环节，即所谓"弧形引化"。相对于其他持拍球类项目中球与球拍接触时的对应关系来说，太极柔力球将球与球拍接触时的一个"点"变成了一个"接抛球过程"，而对这一"接抛球过程"的界定与解释是太极柔力球区别于其他球类项目的关键所在。

在太极柔力球规则制订之初，首先明确了"接抛球过程"必须是一个完整的"弧形引化"这一新的概念。"接抛球过程"必须包括"迎""引""抛"的三个技术环节，球在引入球拍和最后被抛出的一瞬间，必须与拍面行进过程所构成的圆弧呈切线方向，其中，"迎"是前提，"引"是关键，"抛"是结果，也是目的。

（二）太极柔力球接抛球的发力原理与力学分析

我们从太极柔力球的运行轨迹和动作要求可以看出，它是在一个空间弧形曲线上完成的均匀变速运动，太极柔力球的用力方法与田径运动中的"链球"用力方法相似，从自身发力来讲，它的出球力量来自身体旋转产生的惯性，惯性的大小主要来自身体带球拍旋转的速度，在物理上称为"角速度"（图 15-5-1）。

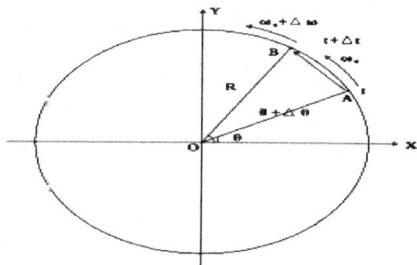

图 15-5-1

（三）太极柔力球运动中的拍弧对应关系

在"引化现象"表现为大小都是弧、大小都是圆的设定条件下，应特别注重拍、弧之间的对应关系。在弧形引化过程中，拍面中心点应始终处于圆弧切点位置，且应与弧形引化轨迹中的任意一点相吻合。出球阶段，球拍应沿着引化圆弧切线方向运行，最后出球的瞬间，引化方向的拍框边缘应对准抛出方向。鉴于上述的拍弧对应关系，在弧形引化过程中的任意一点上，当球拍面与引化圆弧产生较大角度并致使引化技术动作出现推、压、煽、抖、挑、扣等可见现象时，均应视为错误接抛球（图 15-5-2）。

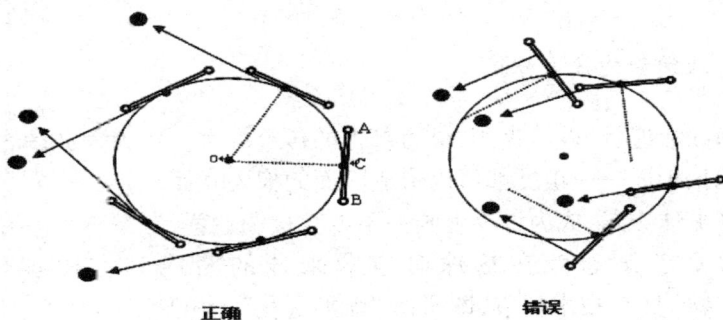

正确   错误

图 15-5-2

本章思考练习题

1. 简述太极拳的发展过程。
2. 简述太极拳的特点及作用。
3. 太极柔力球运动打法的技术原理是什么？
4. 太极柔力球是如何发明的？发明者是谁？
5. 太极柔力球运动的发展现状及发展趋势是什么？

第十六章　滑冰、滑雪运动

第一节　滑冰运动导学

一、滑冰运动简介

速度滑冰简称"速滑",最早起源于欧洲。滑冰运动是我国北方人民非常喜爱的冬季锻炼运动项目之一。滑冰运动目前正在国内悄然兴起,滑冰不仅能够锻炼增强人体的平衡能力、协调能力以及身体的柔韧性,同时还可增强人的心肺功能,提高有氧运动能力。它还能够有效地锻炼下肢力量,十分适合开车族。另外,滑冰还有很好的减肥效果。对于青少年来说,滑冰有助于其小脑发育。穿上冰刀在冰面上尽情奔驰,豪情一番,不仅能放松心情,更能获得融入自然的乐趣。

经常参加滑冰锻炼,能促进心血管和呼吸系统机能的改善,增强腰、腹、腿部肌肉的力量和各关节的灵活性和韧性,还能有效地增强抗寒、耐寒能力,对人体的平衡能力,有特殊作用,通过滑冰锻炼,还能培养学生勇敢、顽强、不畏困难的意志品质。

二、滑冰运动的特点

(一)滑冰运动分类

滑冰(Skating)运动包括速度滑冰、短道速度滑冰、花样滑冰(图16-1-1、16-1-2)。

图 16-1-1

图 16-1-2

冰球也属滑冰范畴,并且专门成立了国际冰球联合会(图16-1-3)。

图 16-1-3

（二）滑冰运动的项目

（1）速度滑冰：速滑比赛项目分为短距离（男、女 500 米、1 000 米），中距离（男、女 1 500 米），长距离（男 1 000 米、女 1 500 米）的单项比赛和全能比赛。

（2）短道速滑冰：男子 4 圈追逐、全能、500 米、1 000 米、1 500 米、3 000 米、10 000 米、5 000 米接力；女子 4 圈追逐、全能、500 米、1 000 米、1 500 米、3 000 米、3 000 米接力。

（3）花样滑冰：单人滑（男、女）、双人滑和冰上舞蹈。

（4）冰球：我国有昙子冰球、女子冰球。

三、滑冰运动的锻炼价值

（1）改善肌肉的协调与控制能力。

（2）提高身体素质，如力量、速度、耐力、灵敏等。

（3）改善呼吸及循环系统的功能。

（4）增加耐寒和免疫能力。

（5）通过滑冰竞赛与活动，增加自信心与意志力。

第二节　速度滑冰运动基本技术及练习方法

一、速度滑冰运动主要基本技术

（一）直道滑跑

1. 滑跑姿势

正确的滑跑姿势是上体前倾，肩部稍高于臀部，上体与冰面约成 15° 到 30° 角，踝关节成 50° 到 70° 角，上体放松，两臂伸直，双手自然放于背后，头微抬起，眼视滑行方向前面

30~40米处(图16-2-1)。

图 16-2-1

2. 蹬冰动作

蹬冰是推动速滑运动员向前头滑跑的动力,是速滑技术的关键,蹬冰动作完成的好坏,直接影响滑跑的速度。

3. 收腿动作

蹬冰腿完成蹬冰动作后,抬离冰面处放松状态称浮腿。将浮腿从蹬结束后的侧位到后位,由后位到冰刀着冰时的前位动作叫收腿动作。

4. 下刀动作

下刀动作正确与否,直接影响滑进动作和蹬冰动作的质量。一个完整的下刀动作,是从浮腿的冰刀着冰起,到浮腿进入支撑滑进动作止。

5. 惯性滑行动作

惯性滑行动作是在另一条腿蹬冰结束后,到这一条腿蹬冰开始之前,用单腿支撑身体借助惯性速度向前滑进的动作。

6. 全身配合动作

全身配合动作是实现正确滑跑技术和创造速度滑跑不可缺少的重要因素,是指臀部、上体、两臂的合理协调配合。

7. 摆臂动作

在滑跑中两臂的摆动是为了增加蹬冰的力量,迅速有效地移动重心,提高滑跑的频率。摆臂有两种,一种是单摆臂,另一种是双摆臂。单摆臂多用于长距离滑,在短距离和中、长距离滑的冲刺阶段多用双摆臂(图16-2-2、16-2-3)。

图 16-2-2

图 16-2-3

（二）弯道滑跑

1. 滑跑姿势

弯道滑跑中采用身体向左倾斜姿势，这是由圆周运动的特点所决定的。身体的倾斜度与弯道半径、速度有密切关系，如半径小、速度快，身体的倾斜度就大。掌握好身体倾斜度与弯道弧度的关系，是提高弯道滑跑速度的重要因素。

2. 蹬冰动作

弯道蹬冰采用交叉步伐来滑跑，右腿用内刃，左腿用外刃向侧蹬冰，蹬冰方向要与蹬冰腿滑进的切线垂直。

3. 收腿动作

弯道滑跑的收腿动作是在右腿结束蹬冰之后，右腿以大腿带动小腿膝盖领先。与左支撑腿靠近，继续向左移动着冰。在浮腿准备着冰时，要使刀尖向右偏离雪线，收右腿时，要以"压收"的方法完成。

4. 下刀动作

弯道的下刀动作很重要，出刀角的大小和惯性滑进动作的好坏，以及能否获得侧蹬冰的条件，是由下刀动作的正确与否决定的，是实现弯道侧蹬冰技术最基本的条件。正确的下刀动作要领是右刀收回时，刀跟左内压的动作，刀尖偏离雪线，以刀尖的刃开始着冰，然后滚动到全刃着冰。

5. 惯性滑进动作

弯道惯性滑进动作比直道短得多，所以每一个滑步不能太长。弯道滑跑中，左腿支撑惯性滑进动作是以右腿结束蹬冰起，到右腿收到与左腿靠近时止，右腿惯性滑进动作是从左腿开始收腿起，到左腿冰刀收到右腿的冰刀后方为止。

6. 全身配合动作

目前弯道技术发展趋势之一就是尽量挖掘身体各部的动作潜力，创造更大的向前加速度，主要表现在摆肩动作、摆动收腿动作、摆臂动作和蹬冰动作的配合上。

7. 弯道摆臂同直道摆臂的不同点

臂摆到后高点时，更位于体侧；摆向前最高点时，臂可以超过身体中线；左臂主要起协调作用（图 16-2-4）。

图 16-2-4

（三）起跑技术

起跑技术由四部分构成，即预备姿势、起动、疾跑、衔接。

1. 预备姿势

预备姿势常有两种：一是侧面起跑法预备姿势，二是正面起跑法预备姿势。

2. 起跑

起跑的第一步即是起动，起动的好不将决定起跑的效果。

3. 疾跑

起动后到发挥出最高速度，这一段滑跑叫作疾跑。疾跑主要有切跑式、滑跑式、扭跑式三种方法。

4. 衔接

疾跑后采用3或4个单步，利用惯性，把疾跑中已获得的速度转移到正常滑跑中，这就是衔接。

（四）冲刺

冲刺是一个全程滑跑的组成部分，冲刺技术是在全程的最后阶段。

从基本姿势开始，然后身体向左倾斜，同时右大腿抬起，右脚离地，此时左腿开始伸展蹬地，伸展的同时将右腿压过左腿，左腿伸直时右脚着地，然后收回左腿成开始姿势，这个动作反复多次练习（图16-2-5）。

图 16-2-5

二、速度滑冰运动基本技术练习方法

（一）冰上基础练习

（1）冰上站立。

（2）原地重心移动。

（3）蹲起练习。

（4）踏步。

（5）侧向行走。

（6）向前行走。

（二）直道滑跑技术练习

1．练习内容

（1）单蹬双滑。

（2）单蹬单滑。

（3）双内曲线滑。

（4）滑行基本姿势。

（5）单脚支撑练习。

（6）收腿出刀练习。

（7）双脚不离冰侧蹬滑行。

（8）原地摆臂练习。

（9）行进间摆臂练习。

（10）完整的直道滑行。从单蹬单滑练习开始。

2．具体操作

（1）掌握了单蹬单滑接两脚并拢滑行的动作之后，把两脚并拢滑行的动作去掉，要连续不断地两脚交替做单蹬单滑。上冰前，先在陆地上做这一练习。

（2）单脚蹬冰要向侧后推蹬冰，单脚滑行要用正刃滑得长一点。100米的距离滑10个单步。当你能做到蹬一次冰可以滑行10米以上时，就可以正式学习直道滑跑技术了。上冰前，要在陆地做单脚静支撑练习10~20秒，重复3~4次。

（3）用两个动作的结合练习法来体会直道滑跑技术：

①蹬冰和下刀结合：表面上看就是一脚蹬冰另一脚做下刀动作，但从技术结构上看，这里有四个动作，蹬冰包含两个动作：单脚支撑蹬冰、双脚支撑蹬冰；从下刀动作看，也有两个动作：一是摆腿，如左（右）脚在单脚支撑蹬冰，右（左）脚同时在摆腿；第二个动作就是下刀，如左（右）蹬冰腿快要蹬直时，右（左）脚同时在做冰刀着冰动作。蹬冰和下刀结合的动作是速度滑冰直道滑跑技术的核心，一定要反复练习。开始练习时，蹬冰的动作可以从"推"冰练起，用推冰的方法过渡到利用体重蹬冰。上冰前可在陆地上用扶物的方法体会上述四个动作。

②平衡滑行和收腿结合：平衡滑行，就是用单脚正刃在冰上滑行，与平衡滑行的同时，另一腿做收腿动作，也就是将蹬冰结束的腿从侧位收到后位。上冰前可在陆地以扶物的方法体会平衡滑行和收腿的感觉。

图 16-2-6

（三）弯道滑跑技术练习

（1）原地交叉步练习。
（2）单脚外刃支撑练习。
（3）单脚外刃垫步练习。
（4）连续左右压步练习。
（5）压步练习。

（四）急停技术练习

（1）内八字急停。
（2）侧向急停。
（3）单脚急停。

（五）起跑技术练习

（1）正面起跑。
（2）侧面起跑。

第三节　滑冰运动的安全与救助常识

一、滑冰运动的安全常识

（1）场地要安全。要选择安全的场地。在河里滑冰,应选择冰冻结实,没有冰窟窿和裂纹、裂缝的冰面,要尽量在距离岸边较近的地方。初冬和初春时节,冰面尚未冻实或已经开始融化,千万不要去滑冰,以免冰面断裂而发生事故。

（2）滑冰前先做好准备活动,尤其是手腕和下肢各关节及韧带要充分活动开。

（3）初学滑冰者,不可性急莽撞,学习应循序渐进,特别要注意保持身体重心平衡,避免向后摔倒而摔坏腰椎和后脑,应在规定范围内练习,或尽可能在人少的地方练习。滑冰的人多时,要注意力集中,避免相撞。

（4）宜佩戴一些防护用具,如专用的护腕、护肘、护膝等。

（5）滑冰时要戴好帽子、手套,注意保暖,防止感冒和身体暴露的部位发生冻伤。

（6）忌做危险动作或妨碍他人的动作,如几人拉手滑行,在冰场上逆行或与大家滑行方向相反,乱蹦乱跳,在场内横插乱窜,追逐打闹,突然停止等,既妨碍他人,又危险。

（7）学会在摔跤时做自我保护。当要向前或向侧摔倒时,要主动屈膝下蹲,用双手撑地缓冲,减小摔倒的力量;当要向后摔倒时,也要主动屈膝下蹲,降低重心,尽量让臀部先坐下,并注意保护尾骨处,同时低头团身,避免头部后仰磕地;摔倒时应尽量避免直臂单手撑地,这样很容易损伤手腕。

（8）滑冰的时间不可过长，在寒冷的环境里活动，身体的热量损失较大。在休息时，应穿好防寒外衣，同时解开冰鞋鞋带，活动脚部，使血液流通，防止生冻疮。

（9）患有严重疾病的人（如有心脏病、高血压等）不宜做剧烈的速滑动作，可慢速滑锻炼身体，饮酒后和过度疲劳的人不宜参加滑冰活动。

二、滑冰运动救助常识

（1）冬季，天寒地冻，锻炼前准备活动充分，避免肌肉、肌腱拉伤及关节扭伤和脚跟的蹾伤。

（2）注意保护皮肤，戴上手套、耳套。如果天气恶劣，就停止室外活动。

（3）活动时，应注意鼻、口混合呼吸，特别是长距离滑冰时，一定不要张着嘴大口大口地喘气。

（4）活动后，应注意及时更换被汗水湿透的内衣、鞋袜。

（5）冬季滑冰时要注意冰面厚度在 15 厘米以上，而且不能逆向滑行。

第四节 滑雪运动导学

一、滑雪运动简介

（一）滑雪定义

滑雪是运动员把滑雪板装在靴底上在雪地上进行速度、跳跃和滑降的竞赛运动。滑雪板用木材、金属材料和塑料混合制成。高山滑雪由滑降、小回转和大回转（障碍滑雪）组成。高山滑雪混合项目，由上述三个项目组成。人们成站立姿态，手持滑雪杖、足踏滑雪板在雪面上滑行的运动，"立""板""雪""滑"是滑雪运动的关键要素。

滑雪运动（特别是现代竞技滑雪）发展到当今，项目不断在增多，领域不断在扩展，目前有世界比赛正规大项目，每大项又分众多小项，全国比赛、冬奥会中几十枚耀眼的金牌激励人们去拼搏、去分享。纯竞技滑雪具有鲜明的竞争性、专项性，相关条件要求严格，非一般人所能具备和适应。旅游滑雪是出于娱乐、健身的目的，受人为因素制约程度很轻，男女老幼均可在雪场上轻松、愉快地滑行，饱享滑雪运动的无穷乐趣。由于高山滑雪具有惊险、优美、自如、动感强、魅力大、可参与面广的特点，故高山滑雪被人们视为滑雪运动的精华和象征，更是旅游滑雪的首选和三体项目。通常情况下，评估人们滑雪技术水平的高低，多以高山滑雪为尺度。

（二）中国滑雪运动的发展

在中国，随着人民生活水平的提高以及本身所具有的刺激性和强身健体的功能，滑雪运动在近几年逐渐褪去"贵族运动"的外衣，成为一项深受广大民众喜爱的运动。中国的滑雪产业经过前 10 年的积累，目前正处于较快发展时期。以 2000 年为界分为两个阶段。2000 年前 5 年，滑雪场只分布在黑龙江和吉林两省。2000 年以后，由于掌握了大规模造雪技术，在两省以外地区，尤其在北京，开始出现滑雪场。这对滑雪产业在全国的整体发展起到促进作用。现在，东北、河南、山东甚至一些南方省市也在积极开发这个市场。到 2006 年全国各地有 200 多个滑雪场，滑雪人数突破了 400 万人次。

展望中国大众滑雪目标市场的未来，二十年内可能超过现在的韩国，达到年滑雪人次 2 000 万以上，滑雪人口 1 000 万人。美国西部的科罗拉多州用四十年时间将其滑雪人口由 80 万人提高到 1 100 万人，我国仅用了十六年时间就将滑雪人口由 500 人提高到了 500 万人，再用二十年将滑雪人口翻一番，大有希望。这意味着未来二十年，我国将至少发展出几十家规模宏大、设施现代化、人性化的"大型目的地滑雪度假区"和"城镇近郊当日往返滑雪场"（兼夜间灯光滑雪场）。

（三）亚布力滑雪场介绍

亚布力雪场拥有各类不同等级雪道 17 条，雪道总长度达到 31 075 米。中国滑雪文化中最具传奇色彩的 6 号雪道和 9 号雪道，目前是我们的 A1、A5 雪道。A1 雪道（原 6 号道）是目前国内最长的一条中级雪道，全长 3842 米，最大坡度 18，最小坡度 3，平均宽度 25 米，适合于大众滑雪，属于中级雪道，深受广大滑雪爱好者喜欢，被称为"幸福雪道"。A1 雪道入口处宽 60 米，雪道宽 15 米，整体上看宽敞大方、线条流畅、雪道平坦，滑雪者只有在这条雪道上才会体会到滑雪运动带来的冲击、刺激、酣畅淋漓的感觉，充满着胜利者的豪情，征服者的快意。A1 雪道已经成为滑雪水平等级的代表。A5 雪道（原 9 号道）全长 2700 米，最大坡度 32，最小坡度 6，平均宽度 35 米，是高级雪道，也被人们称为"勇敢者之路"。在这条雪道上成功举办过许多赛事和活动。

（四）中国之最

中国第一次滑雪比赛：于 1957 年 2 月在吉林省通化市举行。

中国首次参加冬奥会滑雪比赛：1980 年 2 月，中国首次参加在美国普莱西德湖举办的第 13 届冬季奥林匹克运动会。

全国第一个滑雪冠军：单兆鉴（1957 年 2 月，全国第一次滑雪比赛滑雪越野男子 10 千米）。

中国第一个世界杯冠军：郭丹丹（1987 年 8 月，澳大利亚墨尔本，自由式滑雪空中技巧女子项目）。

中国第一枚冬奥运会奖牌获得者：徐囡囡（1998 年 2 月，日本长野第 18 届冬季奥运会，自由式滑雪空中技巧女子项目）。

中国第一枚冬奥运会金牌获得者：韩晓鹏（2006年2月24日，都灵冬奥会自由式滑雪男子空中技巧项目）。

中国第一本滑雪技术书籍：1957年出版的《滑雪技术》，由顾明师编译。

中国第一部滑雪竞赛规则：于1956年以油印本颁发，1957年正式出版。

中国第一部滑雪运动史：《中国滑雪运动史》，由刘少年、单兆鉴、张德山等撰写，1994年出版。

中国第一次承办亚洲冬季运动会滑雪比赛的场地：黑龙江省亚布力滑雪场，1996年。

中国第一个国家训练基地：吉林省长白山国家冰雪训练基地。

（五）滑雪历史

早在几千年前，当人们的生产条件还很落后的时候，人类为了在恶劣的自然环境中生存，发明了可以代替行走的滑雪板，它的应用使得人们可以在浩瀚的森林中任意驰骋追寻猎物。滑雪运动起源并发展于斯堪的纳维亚国家（北欧大半岛，包括挪威和瑞典两个国家。长约1 850千米。国际滑雪联合会成立于1924年，北欧滑雪项目列入了1924年在法国沙莫尼举行的第一届冬季奥运会。在世界滑雪运动中居领先地位的国家有斯堪的纳维亚各国，如挪威、瑞典、芬兰，还有西欧的阿尔卑斯山脉周围的国家，如法国、意大利、奥地利、德国，以及美国俄罗斯等。一般说来，斯堪的纳维亚国家在北欧滑雪项目上占优势，阿尔卑斯山脉国家高山滑雪项目上占优势。

单兆鉴开创人类滑雪起源地学说研究，为中国以及世界滑雪运动做出重大贡献。他于1993年根据国外的资料分析，首先在国内提出了"中国新疆阿勒泰地区可能是人类滑雪的起源地"的学说，从此他历经13年的艰苦研究与考察工作，终于在2006年1月16日于新疆阿勒泰市与多名考古专家一起经过认真、科学研讨后，单兆鉴为主起草人，并由单兆鉴代表向世人宣读了《中国新疆阿勒泰地区是世界滑雪最早起源地》的阿勒泰宣言。同年12月15日在北京人民大会堂由新疆博物馆、西北大学、阿勒泰市政府、中国滑雪协会联合举办《新疆阿勒泰是人类滑雪最早起源地》新闻发布会，单兆鉴发表《阿勒泰国地区具备了滑雪起源的一切基本条件》的学术研究报告，并再次宣读了《阿勒泰宣言》。2007年年初，这一研究成果得到"大世界基尼斯之最"认证，并颁发了认证证书。

二、滑雪运动的特点

（一）滑雪运动分类

滑雪运动从历史沿革角度可划分为古代滑雪、近代滑雪、现代滑雪；从滑行的条件和参与的目的可分为实用类滑雪、竞技类滑雪和旅游类（娱乐、健身）滑雪。实用滑雪用于林业、边防、狩猎、交通等领域，现已多被机械设备所替代，逐渐失去昔日的应用价值。竞技滑雪是将滑雪升华为在特定的环境条件下，运用比赛的功能，达到竞赛的目的。娱乐健身滑雪是适应现代人们生活、文化需求而发展起来的大众性滑雪。

以上三类滑雪运动，从其所要求的器材、场地、设备及运动技术的形式来看，要达到的目的虽基本雷同,但作用和其他一些方面还是有很大差异的。

（二）滑雪运动项目

目前世界滑雪比赛正规的大项目分为高山滑雪、北欧滑雪(越野滑雪、跳台滑雪)、自由式滑雪、冬季两项滑雪、雪上滑板滑雪等。

其中越野滑雪是在低山丘岭地带(平地、下坡、上坡各约占 1/3)长距离滑行,虽然远不如高山滑雪有乐趣和魅力,但从安全和健身角度而言,更具有广泛的参与性。超短板滑雪、单板滑雪(双脚同踏一只宽大的雪板)比高山滑雪更具有刺激性,技术更灵活。高山滑雪的规范竞赛项目有滑降、超级大回转、大回转、回转、全能等。高山滑雪的技术种类很多,如不同的滑降技术,多变的转弯技术,应急的加速、减速、停止技术,惊险的跳跃技术及特殊技术等。一般初学者应根据自身的体育素质、年龄、滑雪基础、场地条件、可投入的时间等因素,选取滑雪入门的最优方案。

三、滑雪运动的锻炼价值

（1）高山滑雪、单板滑雪主要靠身体的重力,无须过多的肌肉力量参与。越野滑雪的滑动主要靠自身的肌肉力量,有一定的运动强度,因此对滑雪者的心肺功能及肌肉力量均有明显的锻炼功效,对身体均衡发展、保持修长体态等方面效果也很明显。

（2）滑雪运动的乐趣主要体现为在冬季里滑雪翻过高山,穿越平原、结冰的湖面,欣赏冬季里大自然的雪上风光,呼吸清新的空气;纵情驰骋在洁白宽广的雪面上,在林海雪原里领略秀美壮丽的大自然风光的过程中,即可达到增强体质健康的目的;同时滑雪还可以塑造人们坚定、沉着、果敢、自信等现代人最可贵的品格,这也正是滑雪运动深受大众喜爱的原因之一。

（3）滑雪适于广泛人群参加。由于滑雪场地、器材相应简单,安全性好,即便摔倒了,自己也可以顺利地站起来,具体的滑雪方式可自己任意选取,滑行速度可快可慢,又可边走边滑,十分惬意,不管是年龄大小,本质强弱,是男是女,是胖是瘦,是否有慢性疾病,都可以穿起轻便的越野滑雪器材在雪中"散步",可滑几百米、几千米,激情高涨时可滑出几万米。

（4）滑雪运动不等于危险,但滑雪运动有危险,所以在学习滑雪之初,首先从越野滑雪入门,将会对滑雪者的安全与健康十分有利。首先练习越野滑雪,待较熟练掌握了犁式技术之后,再进行高山滑雪的练习,这样学习高山滑雪技术就会容易得多,安全得多,很快就会进入角色。

（5）滑雪具有融洽和谐的特点。高山滑雪与单板滑雪基本是在山坡上快速向山下单体滑行,而越野滑雪可在林海雪原中结伴而滑,全家参与,一边滑雪,一边拍照,谈笑风生,甚至放喉歌唱,把滑雪、赏雪、嬉雪结合在一起,其乐融融,国外经常有上千人乃至上万人参加越野滑雪的大场面,滑行几十千米是常事,其过程中要穿过城市,通过景点,队伍浩浩荡荡,像一条长河,望不到头,见不到尾。

（6）当我们都能真正了解了越野滑雪的诸多益处并参与其中时,这项运动同样会成为中国人冬季生活的重要组成部分,一部分人也可能成为越野滑雪的业余爱好者。

第五节　滑雪运动基本技术及练习方法

一、滑雪技巧

（一）回转

回转是高山滑雪比赛项目之一,也称"回转滑雪"或"回转障碍"。北欧斯堪的那维亚半岛地区冬季雪多,适于开展滑雪运动,但因缺乏阿尔卑斯山脉那样的高山,高山滑雪不够普及和发达,而越野滑雪和跳台滑雪却得到较好的开展,于是出现了既要求越野滑得快,又要求跳雪跳得远的北欧两项比赛项目,这个项目是北欧几个国家的体育强项。

（二）大回转

大回转是高山滑雪比赛项目之一,1952年第6届冬季奥运会开始列为比赛项目,比赛在坡度5°~32°的覆雪山坡上进行。线路长度男子为1 500~2 000米,女子在1 000米以上。起终点高标差:男子250~400米,女子250~350米。线路上设置多种形式的旗门,组成障碍,运动员从山顶沿线路通过旗门下滑。

（三）空中技巧

运动员在覆盖较厚积雪的山坡上,借助下滑惯性在跳台起跳,纵身腾入空中,然后在空中完成各种向前、向后的空翻并加转体等高难动作。评分标准是:腾空、起跳、高度及距离占20%;身体姿势和技巧动作表演水平占50%;落地占30%。根据动作的难易规定不同的难度系数。空中技巧表演场地的跳台分小、中、大3种。运动员依所做动作的需要自选。但着地必须有37°左右的倾斜度和60厘米以上的软积雪层(图16-5-1)。

图16-5-1

二、自由式滑雪

自由式滑雪是滑雪运动项目之一,主要分为雪上技巧、空中技巧、场地追逐等。自由式滑雪产生于 20 世纪,1988 年第 15 届冬季奥运会列为表演项目。1992 年第 16 届冬季奥运会将自由式滑雪中的雪上技巧(男女)列为正式比赛项目。20 世纪 60 年代末,自由式滑雪为美国具有开拓精神的年轻一代滑雪运动员们所创,最初人们称这种滑雪运动为花样滑雪。

图 16-5-2

图 16-5-3

图 16-5-4

图 16-5-5

三、高山滑雪

高山滑雪是特定的地理环境产生特定的求生方式,经常处于冰天雪地的北欧早在五千多年前就已经开始有滑雪运动了。与其他起源于欧洲的冰上运动类似,它也是由原始狩猎演变而来并逐渐成为一种交通方式在北欧流行开来。

四、高山速降

高山速降要求运动员从山顶按规定线路穿过用旗插成的门形向下滑行,是竞速滑雪比赛项目。线路长 2 000 米以上,坡度 5°~35°,平均 20°,起点到终点高度男子为 500~700 米。线路两旁插一定数量的旗杆作为各种门形。男子比赛插红色旗,女子比赛插红蓝两色旗。旗门间距为 4~8 米,上下旗门间距一般为 30 米左右,以滑降两次的时间计算成绩,决定名次。技术动作有直滑降、斜滑降、乙形滑降、起伏地滑降、犁式和半犁式滑降等,身体姿势分高、中、低三种。

五、小回转滑雪

小回转滑雪要求运动员从高山上滑下时不断穿过门形和障碍物,连续转弯高速下滑,是一项竞速滑雪比赛。比赛线路长度男子为 600~700 米,女子 400~500 米,坡度 30° 以上的段落占比赛全程的四分之一。标高差男子为 140~200 米,女子为 120~180 米。在男子的比赛线路上插有 55~75 个门形,女子比赛线路上插有 45~60 个门形。比赛中在高速转弯通过线路上的各种门形时,需要两脚过门。碰倒旗杆不算犯规,漏门或骑杆过门算犯规不计成绩。在两条线路上各滑一次,以两次成绩总和评定名次,如第一次犯规则不能滑第二次。比赛前可以从上向下察看线路,但不能着滑雪板从上向下模拟滑行或穿越门形。

六、大回转滑雪

大回转滑雪是高山滑雪比赛项目之一。运动员要快速从山上向下沿线路连续转弯,穿越各种门形。男子比赛线路长度为 1 500~2 000 米,女子为 1 000 米以上。男子线路标高差为 300~400 米,女子为 250~350 米。坡度为 15°~32°。以两次滑行时间计算成绩。大回转的转弯设计速度为 15~20 米 / 秒。

七、超级大回转

超级大回转比赛按一次滑行成绩决出名次。超级大回转的滑降道落差最大,距离也最长,最高时速达 130 公里。超级大回转由于旗门数较多,速度稍慢。

八、跳台滑雪

跳台滑雪就是运动员脚着特制的滑雪板,沿着跳台的倾斜助滑道下滑。借助速度和弹跳力,使身体跃入空中,使整个身体在空中飞行 4~5 秒钟后,落在山坡上。1972 年首届世界跳台滑雪锦标赛在南斯拉夫举行。该项目从 1924 年第 1 届冬奥会即被列为比赛项目。根据国际滑雪联合会规定,在冬季奥运会及世界滑雪锦标赛的跳雪比赛中,设有 70 米级和 90 米级台的两个跳雪项目。从 1964 年第 9 届冬奥会开始统一跳台级别,才分别规定为上述的 70 米和 90 米两种。这并不单指跳台高度,还包括跳台助滑道的坡度即 35°~40°,以及长度 80~100 米。

九、北欧两项

北欧两项(nordic combined)起源于北欧,由越野滑雪和跳台滑雪组成,在挪威、瑞典流传很长时间,成为北欧的传统项目,故又称"北欧全能"。19世纪中期,北欧两项运动首先出现在挪威,1924年第1届冬季奥运会北欧两项即被列为比赛项目,1988年第15届冬季奥运会开始设团体项目。

第六节　滑雪运动的安全与救助常识

一、滑雪运动的安全

　　滑雪是一项动感强烈、很富于刺激的体育运动。初学者首先应该学好基本的滑雪技术,要请一名富有经验的滑雪教练进行系统的培训。初学者在选择滑雪场地时,坡度不能太陡,6°左右最好,滑雪道要宽,50米左右为宜,要有乘坐式索道来运送滑雪者(牵引式索道不利于滑雪者休息),雪质要好,要有大型雪道机对雪面进行修整和保养,这一点对初学者很重要。

二、滑雪运动救助常识

　　(1)了解当地的气候情况和近期的天气变化,以防天气突变。

　　(2)初到雪场时应先了解滑雪场的大概情况,要仔细了解一下雪道的高度、坡度、长度、宽度及周边的情况,根据自己的滑雪水平来选择相应的滑道。熟悉地图——雪场设施的分布位置,出事获救情况,并严格遵守滑雪场的有关安全管理的规定。注意索道开放时间,在无人看守时切勿乘坐。

　　(3)初练滑雪应注意循序渐进,量力而行。在训练期间要按教练和雪场工作人员的安排和指挥去做,在未达到一定水准时,别擅自到技术要求高的雪区去滑雪,以免发生意外。

　　(4)在滑雪时,要注意与他人保持一定的间距,以免碰撞。人员较多时应调节好速度,不要过快过猛。

　　(5)选择全封闭型滑雪镜;防止衣服进雪;防止紫外线灼伤皮肤;补充水分、蔬果;防止冻伤。

本章思考练习题

1. 滑冰基本姿势是什么?
2. 怎样练习直道滑跑技术?
3. 速度滑冰弯道滑跑为什么比直道快?
4. 学会滑雪站起来的方法?
5. 学会滑雪怎样倒下,倒下后有能力站立起来。
6. 怎样在滑雪倒下之后没有外力帮助下自己站立起来?

第十七章 《国家学生体质健康标准》测试操作方法

一、大学生健康测试操作方法

测试项目：
按照中华人民共和国教育部、国家体育总局《国家学生体质健康标准解读》要求执行。

（一）身高

1. 测试目的

测试学生身高,与体重测试相配合,评定学生的身体匀称度 评价学生生长发育的水平及营养状况。

2. 场地器材

身高测量计。使用前应校对 0 点,以钢尺测量基准板平面至立柱前面红色刻线的高度是否为 10.0 厘米,误差不得大于 0.1 厘米。同时应检查立柱是否垂直,连接处是否紧密,有无晃动,零件有无松脱等情况并及时加以纠正。

3. 测试方法

受试者赤足,立正姿势站在身高计的底板上(上肢自然下垂,足跟并拢,足尖分开成 60°角)。足跟、骶骨部及两肩胛区与立柱相接触,躯干自然挺直,头部正直,耳屏上缘与眼眶下缘呈水平位。测试人员站在受试者右侧,将水平压板轻轻沿立柱下滑,轻压于受试者头顶。测试人员读数时双眼应与压板水平面等高进行读数,记录员复述后进行记录。以厘米为单位,精确到小数点后一位,测试误差不得超过 0.5 厘米。

4. 注意事项

（1）身高计应选择平坦靠墙的地方放置,立柱的刻度尺应面向光源。

（2）严格掌握"三点靠立柱""两点呈水平"的测量姿势要求,测试人员读数时两眼一定与压板等高,两眼高于压板时要下蹲,低于压板时应垫高。

（3）水平压板与头部接触时,松紧要适度,头发蓬松者要压实,头顶的发辫、发结要放开,饰物要取下。

（4）读数完毕,立即将水平压板轻轻推向安全高度,以防碰坏。

（5）测量身高前,受试者应避免进行剧烈体育活动和体力劳动。

（二）体重

1. 测试目的

测试学生的体重,与身高测试相配合,评定学生的身体匀称度,评价学生生长发育的水平及营养状况。

2. 场地器材

杠杆秤或电子体重计。使用前需检验其准确度和灵敏度。准确度要求误差不超过 0.1%,即每百千克误差小于 0.1 千克。检验方法是:以备用的 10 千克、20 千克、30 千克标准砝码(或用等重标定重物代替)分别进行称量,检查指标读数与标准砝码误差是否在允许范围。灵敏度的检验方法是:置 100 克重砝码,观察刻度尺变化,如果刻度抬高了 3 毫米或游标向远移动 0.1 千克而刻度尺维持水平位时,则达到要求。

3. 测试方法

测试时,杠杆秤应放在平坦地面上,调整 0 点至刻度尺水平位。受试者赤足,男性受试者身着短裤;女性受试者身着短裤、短袖衫,站在秤台中央。测试人员放置适当砝码并移动游标至刻度尺平衡。读数以千克为单位,精确到小数点后一位。记录员复诵后将读数记录。测试误差不超过 0.1 千克。

4. 注意事项

（1）测量体重前受试者不得进行剧烈体育活动或体力劳动。

（2）受试者站在秤台中央,上下杠杆秤动作要轻。

（3）每次使用杠杆秤时均需校正。测试人员每次读数前都应校对砝码标重以避免差错。

（三）肺活量

1. 测试目的

测试学生的肺通气功能。

2. 场地器材

电子肺活量计。

3. 测试方法

房间通风良好;使用干燥的一次性口嘴(非一次性口嘴,则每换测试对象需消毒一次,每测一人时将口嘴下倒出唾液并注意消毒后必须使其干燥)。肺活量计主机放置平稳桌面上,检查电源线及接口是否牢固,按工作键液晶屏显示"0"即表示机器进入工作状态,预热 5 分钟后测试为佳。

首先告知受试者不必紧张,并且要尽全力,以中等速度和力度吹气效果最好。令被测试者面对仪器站立、手持吹气口嘴,面对肺活量计站立试吹 1 至 2 次,首先看仪表有无反应,还要试口嘴或鼻处是否漏气,调整口嘴和用鼻夹(或自己捏鼻孔);学会深吸气(避免耸肩提气,应该像闻花式的慢吸气)。受试者进行一两次较平日深一些的呼吸动作后,更深得吸一口气,屏住气向口嘴处慢慢呼出至不能再呼为止,防止此时从口嘴处吸气,测试中不得中途二次吸气。吹气完毕后,液晶屏上最终显示的数字即为肺活量毫升值。每位受试者测 3 次,每次间隔 15 秒,记录 3 次数值,选取最大值作为测试结果。以毫升为单位,不保留小数。

4. 注意事项

(1)电子肺活量计的计量部位的通畅和干燥是仪器准确的关键,吹气筒的导管必须在上方,以免口水或杂物堵住气道。

(2)每测试 10 人及测试完毕后用干棉球及时清理和擦干气筒内部。严禁用水、酒精等任何液体冲洗气筒内部。

(3)导气管存放时不能弯折。

(4)定期校对仪器。

(四)坐位体前屈

1. 测试目的

测量学生在静止状态下躯干、腰、髋等关节可能达到的活动幅度,主要反映这些部位的关节、韧带和肌肉的伸展性和弹性及学生身体柔韧素质的发展水平。

2. 场地器材

坐位体前屈测试计。

3. 测试方法

受试者两腿伸直,两脚平蹬测试纵板坐在平地上,两脚分开 10~15 厘米,上体前屈,两臂伸直前,用两手中指尖逐渐向前推动游标,直到不能前推为止。测试计的脚蹬纵板内沿平面为 0 点,向内为负值,向前为正值。记录以厘米为单位,保留一位小数。测试 2 次,取最好成绩。

4. 注意事项

(1)身体前屈,两臂向前推游标时两腿不能弯曲。

(2)受试者应匀速向前推动游标,不得突然发力。

(五)立定跳远

1. 测试目的

测试学生下肢爆发力及身体协调能力的发展水平。

2. 场地器材

沙坑、丈量尺。沙面应与地面平齐,如无沙坑,可在土质松软的平地上进行。起跳线至沙坑近端不得少于 30 厘米。起跳地面要平坦,不得有坑凹。

3.测试方法

受试者两脚自然分开站立,站在起跳线后,脚尖不得踩线(最好用线绳做起跳线)。两脚原地同时起跳,不得有垫步或连跳动作。丈量起跳线后缘至最近着地点后垂直距离。每人试跳 3 次,记录其中成绩最好一次。以厘米为单位,不计小数。

4.注意事项

(1)发现犯规时,此次成绩无效。3 次试跳均无成绩者,应允许再跳,直至取得成绩为止。

(2)可以赤足,但不得穿钉鞋、皮鞋、塑料凉鞋参加测试。

(六)一分钟仰卧起坐

1.测试目的

测试学生的腹肌耐力。

2.测试方法

受试者仰卧于垫上,两腿稍分开,屈膝成 90° 角左右,两手指交叉贴于脑后。另一同伴压住其踝关节,以固定下肢。受试者坐走时两肘触及或超过双膝为完成一次。受试者双脚必须放于垫上,借用肘部撑垫或臀部起落的力量起坐时,该次不计数。

(七)引体向上

1.测试目的

测试学生的上肢肌肉力量的发展水平。

2.测试方法

受试者跳起双手正握杠,两手与肩同宽成直臂悬垂。静止后,两臂同时用力引体(身体不能有附加动作),上拉到下颌超过横杠上缘为完成一次。记录引体次数。受试者应双手正握单杠,待身体静止后开始测试,身体不得改大的摆动。

(八)50 米跑

1.测试目的

测试学生速度、灵敏素质及神经系统灵活性的发展水平。

2.测试方法

受试者至少两人一组测试。站立起跑,受试者躯干部到达终点线的垂直面停表。受试者测试最好穿运动鞋或平底布鞋,赤足亦可,但不得穿钉鞋、皮鞋、塑料凉鞋。不准抢跑,如遇风时一律顺风跑。

（九）1000米（男）/800米（女）跑

1. 测试目的

测试学生耐力素质的发展水平，特别是心血管、呼吸系统的机能及肌肉耐力。

2. 测试要求

不穿拖鞋、凉鞋、高跟鞋或钉鞋。有心脑血管疾病等不便于参加此项运动的学生避免测试。测试必须统一穿号衣，以便管理。注意体力即速度的合理分配，生理极限节点的坚持与放弃等。

二、大学生体质健康评分标准

（一）《标准》成绩

本标准的学年总分由标准分与附加分之和构成，满分为120分。标准分由各单项指标得分与权重乘积之和组成，满分为100分。附加分根据实测成绩确定，即对成绩超过100分的加分指标进行加分，满分为20分；加分幅度为20分；大学的加分指标为男生引体向上和1 000米跑，女生1分钟仰卧起坐和800米跑，各指标加分幅度均为10分。

根据学生学年总分评定等级：90.0分及以上为优秀，80.0~89.9分为良好，60.0~79.9分为及格，59.9分及以下为不及格。

学生《标准》测试成绩进行年度测试，年度成绩79.9分及以下者，取消其本年度评优、评先、奖学金等评定资格。其毕业《标准》成绩综合分未达到50分者，以肄业处理。

学生毕业《标准》成绩，以毕业年度成绩占50%加前几年度均分的50%计算。

例如：

毕业《标准》成绩＝（大一《标准》成绩＋大二《标准》成绩＋大三《标准》成绩）÷ 3 × 50% + 大四《标准》成绩 × 50%

注：以四年制本科学生为例。

（二）体育成绩

学生本年度"体育成绩"包括：本年度"体育课"成绩和本年度"《标准》"成绩两个部分。

体育成绩计算方法：

体育成绩＝年度"体育课"平均成绩 ×70% + 年度"《标准》"成绩 ×30%

注：这里以大一、大二开设体育必修课的年级为例，未开设体育必修课的年级以"《标准》"成绩作为学生年度"体育成绩"。

（三）体质成绩三个关键数字

80.0分：年度体质测试成绩80.0分及以上者，方可参加评优与评奖，有资格参加评定者，则以相应的体质健康测试分值进行年度综合成绩加分。79.9 分及以下者,学校采用一票否决制,取消其年度评优、评先、奖学金评定等资格。

59.9 分:年度体质测试成绩 59.9 分及以下者,属于不及格,以教育部相关文件要求,年度成绩不及格者,学生可有一次自愿参与补测的机会,学生的最终年度成绩以补测实际分数计。学生补测时,可根据自身情况自愿参与部分项目补测或全补或放弃补测。另外,每年的体质健康测试属于体质状况监测,不是课程,故不存在不及格挂科和减扣学分的问题。

50 分:毕业体质测试综合成绩 50 分以下者不具有毕业资格,以肄业处理。故年度成绩高低和是否及格与最终是否符合毕业条件有关,但关系不大。计算方法见上述"《标准》成绩"。另外,体质测试毕业总成绩与研究生推免成绩挂钩。

三、成绩上报

根据教育部的规定,学生在校期间都要参加《国家学生体质健康标准》测试,教研部将测试成绩整理并上报,记入学生档案中。

参考文献

[1] 姚鸿恩.体育保健学 [M].4 版.北京：高等教育出版社,2006.

[2] 杨则宜.生命在于运动和营养 [M].北京：北京体育大学出版社,2006.

[3] 曲绵域,于长隆.实用运动医学(第四版)[M].北京：北京大学医学出版社,2003.

[4] 季浏等.体育与健康 [M].上海：华东师范大学出版社,2000.

[5] 王安利.运动医学 [M].北京：人民体育出版社,2007.

[6] 王永盛,等.大学体育教育教程 [M].北京.中国档案出版社,2007.

[7] 荣湘江,等.体育康复、运动处方、医务监督 [M].桂林：广西师范大学出版社,2002.

[8] 赵斌.体育保健学学习指导 [M].桂林：广西师范大学出版社,2002.

[9] 莫恩.运动营养 [M].杨则宜,译审.北京：人民体育出版社,2006.

[10] 曲绵域,田得祥.运动创伤检查法 [M].北京：北京医科大学出版社,1998.

[11] 体育保健学实验指导编写组.体育保健学实验指导 [M].北京：高等教育出版社,1998.

[12] 国家体育总局干部培训中心.高水平竞技运动损伤防治与康复研究 [M].北京：北京体育大学出版社,2008.

[13] 荣湘江,姚鸿恩.体育康复学 [M].北京：人民体育出版社,2008.

[14] 刘纪清.实用运动处方 [M].哈尔滨：黑龙江科学技术出版社,1993.

[15] 陈永清.运动营养指南 [M].北京：北京体育学院出版社,1992.

[16] 陈映辉,等.实用临床按摩手册 [M].北京：中国中医药出版社,1993.

[17] 严隽陶,等.推拿学 [M].北京：中国中医药出版社,2003.

[18] 王国才,等.推拿手法学 [M].北京：中国中医药出版社,2003.

[19] 周士枋.实用康复医学 [M].南京：东南大学出版社,1998.

[20] 徐艾,等.医疗体育与健美锻炼 [M].贵阳：贵州人民出版社,1986.

[21] 任意.运动健身与自我医疗 [M].珠海：珠海出版社,2002.

[22] 张雅玲,等.医疗体育方法 [M].香港：华东科技出版社,2004.

[23] 李晓,等.当代大学体育 [M].北京：人民体育出版社,2006.

[24] 孙民治.篮球 [M].北京：高等教育出版社,1997.

[25] 闫育东.篮球裁判晋级必读 [M].北京：北京体育大学出版社,2006.

[26] 孙麒麟.体育与健康教程 [M].大连：大连理工大学出版社,2005.

[27] 李振斌.体育教程 [M].北京：高等教育出版社,2002.

[28] 全国体育院校教材委员会.排球运动 [M].北京：人民体育出版社,2002.

[29] 中国排球协会.排球竞赛规则 [M].北京：人民体育出版社,1998.

[30] 刘建和.乒乓球 [M].北京：人民体育出版社,2006.

[31] 中国乒乓球协会 . 乒乓球竞赛规则 [M]. 北京：人民体育出版社,2011.

[32] 中国羽毛球协会 . 羽毛球竞赛规则 [M]. 北京：人民体育出版社,2000.

[33] 肖杰 . 羽毛球运动理论与实践 [M]. 北京：人民体育出版社 .2005.

[34] 林丽,等 . 瑜伽 [M]. 北京：北京体育大学出版社,2007.

[35] 韩俊 . 瑜伽初级教程 [M]. 沈阳：辽宁科学技术出版社,2006.

[36] 国际武联指定教材 . 太极拳初级教程 [M]. 北京：人民体育出版社,2000.

[37] 武术院系通用教材 . 太极拳 [M]. 北京：人民体育出版社,1999.

[38] 张瑞林 . 游泳 [M]. 北京：高等教育出版社,2010.

[39] 林志超 . "十一五"国家级规划教材大学体育与健康教程 [M]. 北京：北京体育大学出版社,2009.

[40] 黄力平 . 体育康复学 [M]. 北京：高等教育出版社,2006.

[41] 李宗述 . 体育康复学 [M]. 成都 四川教育出版社,1995.

[42] 南登昆 . 康复医学 [M]. 北京：人民卫生出版社,2002.

[43] 宁宁 . 骨科康复护理学 [M]. 北京：人民军医出版社,2005.

[44] 韩俊 . 瑜伽中级教程 [M]. 沈阳：辽宁科学技术出版社,2006.

[45] 金宁 . 高等医学院校康复治疗学专业教材：文体疗法学 [M]. 北京：华夏出版社,2012.

[46] 庞宏陆,李静 . 体育锻炼与欣赏 [M]. 郑州：郑州大学出版社,2008.

[47] 朱清梅 . 新编羽毛球理论与实训 [M]. 西安：西北工业大学出版社,2012.

[48] 郝卫宁 . 羽毛球竞赛规则问答 [M]. 北京：北京体育大学出版社,2008.

[49] 程凯 . 人体穴位使用图解 [M]. 北京：军事医学科学出版社,2014.

[50] 李志锐,吴彪 . 排毒拔罐疗法 [M]. 沈阳：辽宁科学技术出版社,2005.

[51] 中国就业培训技术指导中心组织 . 保健按摩师(第 2 版)(基础知识)[M]. 北京：中国劳动社会保障出版社,2007.

[52] 王敬 . 一刮灵：跟名师学刮痧 [M]. 北京：北京科学技术出版社,2012.

[53] 吴中朝,汉竹 . 经络穴位传统疗法全书(汉竹)：按摩、艾灸、刮痧、拔罐全齐了 [M]. 南京：江苏科学技术出版社,2013.

[54] 查炜 . 经络穴位按摩大全 (汉竹)：找穴不出错久按成良医 [M]. 南京江苏科学技术出版社,2012.

[55] 左庆生,张海民,邱勇 . 现代篮球运动教学训练实用指导 [M]. 北京：北京师范大学出版社,2013.

[56] 《中华武术》编辑部 . 太极拳入门 [M]. 北京：人民体育出版社,1993.

[57] 唐豪,顾留馨 . 太极拳研究 [M]. 北京：人民体育出版社,1996.

[58] 邓树勋,庄弼 . 游泳 [M]. 广州：广东高等教育出版社,2006.

[59] 王正树,高峰彬 . 游泳之路 [M]. 大连：大连理工大学出版社,2014.

[60] 王树本 . 滑冰 [M]. 北京：人民体育出版,2014.

[61] 王娟 . 大学健身瑜伽教程 [M]. 北京：北京理工大学出版社,2014.

[62] 史密斯 . 滑雪 [M]. 庞敬超,译 . 北京：人民体育出版社,2011.

[63] 张枝梅,冯明新 . 球类运动 [M]. 北京：化学工业出版社,2012.

[64] 邵明虎 . 小球教程：乒乓球、羽毛球、网球 [M]. 北京：北京师范大学出版社，2012.
[65] 余松林，常辉，范菲 . 球类运动进攻性技战术研究 [M]. 北京：人民日报出版社 2014.
[66] 秦子来 . 柔力球：社区晨练丛书 [M]. 武汉：湖北科学技术出版社，2013.
[67] 刘占锋，盛克庆，刘会玲 . 柔力球实用教程 [M]. 武汉：华中科技大学出版社，2014.
[68] 毛晓荣，郑志刚 . 乒乓球运动教程 [M]. 成都：四川大学出版社，2006.
[69] 梁健 . 排球 [M]. 北京：北京师范大学出版社，2008.
[70] 虞荣安 . 新编乒乓球教程 [M]. 西安：西北工业大学出版社，2011.
[71] 孙民治，篮球运动教程 [M]. 北京：人民体育出版社，2007.
[72] 苏晓明 . 高山滑雪 [M]. 长春：吉林出版社，2008.
[73] 范晓清 . 大众健美操与舞蹈健身 [M]. 北京：人民军医出版社，2005.
[74] 沈国琴 . 现代健美操 [M]. 北京：北京体育大学出版社，2010.
[75] 华嘉增，朱丽萍 . 现代妇女保健学 [M]. 上海：复旦大学出版社，2011.
[76] 陈钧 . 滑冰滑雪游泳运动手册 [M]. 北京：金盾出版社，2012.
[77] 张瑞环 . 体育保健与康复 [M]. 北京：高等教育出版社，2005.
[78] 我乐 .NBA 的历史 [EB/OL]. 2011-07-24 21：03：53 http：//www.56nba.com/2011/0724/32925.html.
[79]Ron Smith.The Complete Encyclopedia of Basketball[M].Carlton Books LTD，2001.
[80]Tim Bourret. Basketball for Dummies (2nd Revised edition) [M].HUNGRY MINDS，2000.
[81]Richard Phelps，John Walters，Tim Bourret. Basketball for Dummies (2nd edition) [M]. Indianapolis，Indiana：Wiley Publishing，Inc，2010.
[82]Mark Vancil .Nba Basketball an Official Fans Guide[M]. San Francisco：Coll ins Publishers，1995.
[83] 黄宇，翟烜 . 文明放大镜 [N]. 北京娱乐信报 .2005.05.17 .http：//news.sina.com.cn/c/2005-05-17/22375913965s.shtml.

相关网站：

1.http：//www.cnyybj.com/　中国营养保健网
2.http//www.moe.edu.cn　中国教育部——体育卫生与艺术司
3.http：//www.cnsoc.org/　中国营养学会
4.http：//skating.sport.org.cn　中国滑冰协会
5.http：//www.ISU.org　国际滑冰联合会